기독교 실천윤리

기독교 가치와 그리스도인의 행동
Christian Values and Christian Acts

기독교 실천윤리

기독교 가치와 그리스도인의 행동

초판 1쇄 인쇄 | 2020년 8월 31일
초판 1쇄 발행 | 2020년 9월 10일

지은이 김은혜
펴낸이 임성빈
펴낸곳 장로회신학대학교 출판부

등록 제1979-2호
주소 04965 서울시 광진구 광장로5길 25-1(광장동 353)
전화 02-450-0795
팩스 02-450-0797
이메일 ptpress@puts.ac.kr
홈페이지 http://www.puts.ac.kr

값 17,000원
ISBN 978-89-7369-466-2 93230

＊이 도서의 국립중앙도서관 출판예정도서목록(CIP)은
서지정보유통지원시스템 홈페이지(http://seoji.nl.go.kr)와
국가자료공동목록시스템(http://www.nl.go.kr/kolisnet)에서
이용하실 수 있습니다. (CIP제어번호 : CIP2020035795)

기독교
실천윤리

기독교 가치와 그리스도인의 행동

김은혜 지음

장로회신학대학교출판부

이 책을

신학함의 동지이자

그 어떤 순간에도 격려를 아끼지 않았던

사랑하는 남편 안택윤 교수와

내 삶의 가장 아름다운 선물 두 자녀

안민아와 안민수에게

드립니다.

서문

신앙과 행위의 연결을 위한 기독교 실천윤리

종교개혁 500주년 맞이하면서 많은 행사가 치러지고 많은 교회 지도자가 유럽의 종교개혁 현장을 방문하였다. 그리스도인들은 오래전 유럽에서 시작되었던 개혁의 정신이 한국교회에도 타오르기를 간절히 열망했지만, 진정한 개혁과 갱신을 이루지 못했다. 어쩌면 한국교회의 위기는 위기를 정직하게 대면하는 성찰의 힘을 잃은 것일지 모른다. 복음전파는 본질적으로 하나님과 인간, 교회와 세계, 그리고 그리스도인들과 이웃 사이의 공감과 소통을 전제로 이루어지는데 사회 속에 고립되어가는 교회가 성장을 할 수 없는 것은 자연스러운 결과이다. 복음은 진공상태에서 전파되는 것이 아니라 그리스도인들이 사회적 맥락에서 신앙의 가치를 행동하며 전해지기 때문이다. 교회는 시대적 사명을 감당하기 위해 복음의 공공성이 지역과 사회에 가시적으로 공유되는 상황 속에서 전해진다는 것을 인식해야 한다. 그리스도인의 신앙 행위의 필수적 수반과 교회의 공적 역할이 세상 속에서 드러나야 하는 것이 복음의 본질이라는 말이다. 가시나무에서 포도를 딸 수 없으며 엉겅퀴에서 무화과를 딸 수 없듯이 열매는 곧 그 사람의 행위대로 나타난다. 그래서 열매는 그 사람의 신앙을 판단하는 척도이다.

한국교회의 현실을 성찰하기 위해서 그리스도인들이 복음과 신앙 정체성, 그리고 복음의 공공성과 사회적 책임성과 긴밀하게 연결되어 있음을 인식해야 한다. 또한 교회는 동시대를 이루어가는 사회의 한 조직으로 그리고 그리스도인은 한 국가의 시민으로 신뢰받는 존재인가를 물어야 한다. 교회를 회복한다는 것은 그리스도인들이 바른 정체성을 가진다는 의미이며 교회의 사회적 책임을 실천한다는 것은 지역에서 기독교적 공공선의 열매들로 나타남을 의미한다. 왜냐하면, 복음전파는 예수 그리스도의 가르침이 그리스도인들의 삶을 통해 이 땅 가운데 행해지는 것과 동시에 하나님의 공의와 사랑이 세계에 확장되는 것이기 때문이다. 세속화의 한 쪽 판에서 그리스도인들이 신앙의 가치로 사는 것과 믿음대로 행동하는 것은 어렵고 때로는 광야에 홀로 존재하는 것처럼 고립감을 느낄 때가 있다. 그것은 교회의 가르침과 성도의 일상이 그리고 성도의 믿음과 교회가 터하고 있는 세계와의 접촉점과 연결점을 발견하기 쉽지 않기 때문이다.

그리스도인들이 그들이 섬겨야 할 사회와 이웃과 결속되지 않고 연대하지 못하고 교회가 그들만의 동질적 공동체로 개방적이기 보다는 배타적인 이유는 간단하다. 예수의 제자로서의 행동하기에 턱없이 부족한 '타자에 대한 인식의 부재', '사회윤리의 부재', '지성의 부재', '공감의 부재'로 말씀의 성육신을 이루지 못했기 때문이다. 짐 월리스의 하나님의 정치[1]에 보면 "하나님은 개인적이고 인격적이지만 결코 사적이지 않다"고 말한다. 즉 복음은 개인적이고 실존적으로 하나님을 만나는 일이지만, 개인이 만난 하나님이 주신 그 복음은 그저 사적이거나 개인적인 영역에 고정되지 않는다는 말이다. 복음이 고백적이지만 사적이지 않은 이유는 우리가 믿고 따르는 그 진리가 특수한 정치 이데올로기나 특정한 권력을 대변하는 것이 아니며 창조신학적 관점에서 세계의 보편적 진리로 소통가능한 공통의 토대를 가지고 있다는 말이다. 그래서 하나님을 사랑하는 백성은 이웃을 사랑할 수 있고 그 사랑의 능력으로 타자를 향한 복음전파가 가능하다. 그러므로 세상 속에서 하나님 나라의 실현은 교회에서 선포되어진 말씀이 우리들의 행동을 통해 육화되어야 하고 incarnation 그리스도인들의 행위를 통해 교회 안에 정체된 복음이 아니라 온 세계에 하나님의 현존을 증거한다.

　　바울 사도는 성령의 열매는 사랑과 희락과 화평과 오래 참음과 자비와 양선과 충성과 온유와 절제라고 하였다. 성령을 따른다고 하면서도 성령의 열매들이 나타나지 않는다면 그의 신앙은 거짓이다. 미가서 6장 8절 여호와께서 우리에게 구하시는 것은 오직 정의를 행하며 인자를 사랑하며 겸손하게 하나님과 '함께 행하는 것'이라고 말씀하셨다. 그리스도인의 사랑은 이렇게 하나님과 함께 행하는 것이다. 그러므로 예수를 삶으로 따르는 제자의 삶은 십자가를 가볍게 해달라고

1　Jim, Wallis, *On God's Side*, 박세혁 옮김, 『하나님 편에 서라』(서울: IVP, 2014). 이 책은 교회가 감당해야 할 공적인 사명에 대한 책이다. 복음은 결코 사적이지 않다. 예수님은 개인의 속죄만 이루신 분이 아니다. 예수님과 함께 십자가에 달린 것은 온 세상이고(갈 6:14) 예수님은 세상을 사랑하셔서(요 3:16) 세상의 죄를 지고 대신 죽으셨다(요 1:29).

기도할 것이 아니라 십자가를 질 수 있는 사랑의 힘으로 행동할 수 있는 의지와 인격과 영성을 위해 기도해야 한다. 따라서 넘어지고 절망하는 것이 죄가 아니라 일어나지 않고 변하지 않는 것이 문제이다.

신학이란 근본적으로 현실변혁의 학문이다. 그리스도인들은 어떠한 시대적 한계에서도 궁극적으로 하나님 나라를 지향하기 때문이다. 본서는 기독교 실천윤리의 신학적 토대를 재구성하고 그리스도인이 세계변혁의 주체로 살아가게 하는 윤리적 관점과 하나님 나라의 구현을 위해 참여하고 행동해야 할 사회이슈와 실천원리를 성찰하고자 한다. 기독교 실천윤리의 신학적 구성으로 성육신의 의미를 살피고 신앙의 가치와 주체적 행동 간의 관계형성을 위해 세계성과 물질성 그리고 육체성에 대한 새로운 신학적 함의를 모색한다. 이와 더불어 정신과 영혼의 체현으로서의 육체와 욕망에 대한 긍정의 해석학으로 한국교회가 추구하는 탈신체적 영혼구원이 내포하는 행동 없는 그리스도인의 무책임을 극복하는 신학을 구성한다. 신앙과 삶의 괴리뿐 아니라 정치경제적 현실에 대한 무관심과 부조리한 삶의 현장에서 그리스도인의 무력함은 최근 청년과 젊은 여성의 빠른 교회 이탈과 관련이 있다. 신앙생활은 교회생활이 아니다. 신앙은 교리를 배우는 것이 아니라 생기 있고 충만한 삶을 살아가는 과정으로서의 생활이다. 그야말로 신앙은 생활이어야 한다는 말이다.

교회를 떠난 가나안 성도들은 이렇게 말한다. 한국 그리스도인들은 영성과 오늘의 삶을 관련시키지 못하고, 말씀은 꿰뚫고 있으나 타인에 대한 태도는 무례하고, 신앙적 확신이 고귀한 품성과 상관없어 보일 때가 많고, 일상을 무시하듯 초월을 사모하지만 가장 세속적으로 집단으로 비추어지고, 상식을 뛰어넘는 신앙적 열심을 가지고 있지만 생활현장에서 도무지 감동이 없다. 또한 가나안 성도들은 그리스도인은 수려한 기도와 미사어구로 신앙의 세계를 설명하지만 교회 울타리를 넘어 생활세계에서 한없이 무력한 모습에 실망하고 있다고 말한다. 복음은 이렇게 무기력한가? 신앙은 생활세계와 상관없는가?

기독교윤리실천운동^{기윤실}에서는 2020년에도 한국기독교 신뢰도 조사를 진행하였다. 한국교회를 신뢰하지 않는다는 비율이 63.9%로 응답했고 특히 30-40대는 4명중 3명이 불신한다고 응답했다. 조사는 한국교회가 한국사회와 소통하는가에 대한 응답도 그렇지 않다가 61.6%로 교회가 세상과의 소통도 원활하지 않고 사회통합에도 기여하지 않는다고 평가하였고 이러한 교회의 배타적인 모습으로 신뢰도를 잃어간다고 분석하고 있다. 교회와 사회 관계를 회복하지 않은 채 한국교회가 영혼구원을 강조하고 공격적 선교를 감행한다 하여도 오히려 그것은 세상 사람들에게는 무례함으로 그리고 비상적적 집단으로 비추어지고 있음을 깨달아야 한다. 기윤실에서 처음 조사를 시작한 2008년 이래로 한국교회는 이렇게 대 사회 신뢰도의 추락과 답보상태에서 십 여 년을 지나온 것이다.

기독교 윤리학자로서 주목하는 부분은 교회가 신뢰도를 회복하기 위해 어떤 사회적 활동을 해야 할지 묻는 물음에 윤리와 도덕 실천운동이 49.8%로 거의 절반에 가까운 응답을 하였다는 점이다. 특별히 목회자에게는 윤리와 도덕성 개선이 51.9%로 압도적이었다.[2] 즉 교회의 신뢰회복을 위해서는 무엇보다도 그리스도인의 윤리적 태도와 도

---

2   개신교인들이 개선할 점으로 남에 대한 배려부족(26.6%), 부정직(23.7%), 그리고 배타성(22.7) 등이 비슷한 값으로 응답하였다.

덕적 행동에 대한 개선이 요구된다. 변화는 단순이 도덕적 규범의 강조로만 실현되는 것이 아니라 타인에 대한 배려와 다른 가치를 지향하는 수많은 이웃들에 대한 자세의 개선이다. 변화는 믿음의 공동체로서 교회의 본질적 회복과 교회 공동체에서 양육되는 그리스도인들의 품성과 인격으로 획득되는 윤리 감수성이 함양에서 시작된다. 이러한 응답의 결과를 반성하자면 분명한 것은 지난 십 년 동안 교회신뢰도를 끌어 올리지 못한 가장 중요한 원인이 그리스도인들이 믿고 고백하는 복음의 가치대로 행동하지 않았다는 점이다. 예수를 믿기는 했으나 따르지 않았다는 것이며 그것이 진정한 믿음인가 되물을 필요가 있다.

기독교 실천윤리는 첫째, 그리스도인들이 선한 일을 수행하는 도덕적 행위자로 사회의 모든 영역에서 신적인 은총으로부터 배제와 박탈을 경험하는 생명들과 연대하고 그들과 함께 세계변화의 주체로 실천성을 갖추는 길을 모색한다. 하나님 나라를 지향하는 신학은 본질적으로 세계변혁적 학문이고 하나님 앞에서 Coram Deo 근원적으로 삶을 반성케 하고 변화시키는 학문이다. 기독교 실천윤리는 그리스도인들이 말씀을 통해 알게 된 진리와 가치를 믿음으로 고백하는 동시에 사회적, 역사적 맥락 속에서, 각자의 삶의 현장에서 책임적 주체로 그리고 믿음의 행위자로 동력을 회복하여 하나님 나라를 꿈꾸는 정치적 주체로 세워지도록 지지하는 신학이론과 실천적 대안을 모색한다.

둘째, 기독교 실천윤리는 세계를 구속받아야 하는 타락한 곳이라기보다는 새 하늘과 새 땅을 이루어가는 하나님 나라 실현의 장소로서 창조된 세계의 선함을 강조하는 긍정의 윤리를 추구한다. 믿음의 공동체로 인간의 모든 이데올로기와 사상을 상대화시키되 교회와 그리스도인의 행위를 통해 생명 평화 정의 등 기독교의 핵심 가치들을 실천하는 예수의 제자들로서 역량을 갖춘 행위 주체를 위한 책임윤리를 지향한다.

셋째, 기독교 실천윤리는 21세기 한국교회의 희망이 논리적 변증이나 형식적 신앙이나 교리적 지식에 있지 않고 말씀이 하나님의 명령임을 확신하며 진리를 행하는 신앙 공동체의 경험이고, 전 존재와 삶을 드려서 예수의 삶의 방식과 가치를 따르는 그리스도인의 행위에 있음을 강조하는 행위윤리이다.

본서는 기독교 실천윤리적 관점에서 그리스도인이 사회의 전 영역에서 기독교의 진리와 복음의 가치를 실행하는 행위자 주체성 agential subjectivity 을 형성할 수 있는 새로운 신학적 구성 theological construction 이다. 동시에 본서는 믿음의 형식주의를 극복하고 신앙적 고백과 교리적 확신을 넘어 성숙한 사랑의 행위를 실천하는 인격과 품성, 의지와 영성을 강조한다. 구체적으로 지난 2014년 이후 격변하는 한국 정치적 맥락에서 신학자로 응답하고 자 발표된 논문들과 그간 연구하여 온 실천윤리의 신학적 기초와 주제에 대한 글들을 함께 모았다. 부족한 부분, 단편적 분석, 오래된 통계들이 포함되어 있지만 본서의 모든 글이 변치 않는 복음과 세계 속에 하나님 나라의 궁극적 실현을 지향하고 있음을 밝히며 이 시대를 살아가는 그리스도인이 당면한 수많은 과제와 시대적 임무를 수행하기 위해 지금도 이 땅의 모든 영역에서 일하시는 하나님의 부르심에의 응답하기를 바란다.

기존에 발표된 논문들과 저서들은 다음과 같이 활용되었다.

Ⅰ부는 실천윤리의 신학적 토대로 2013년 이후로 계속 연구해

온 '성육신 신학'을 중심에 두고 〈신학과 사회〉에 실린 종교개혁 500주년을 기념하며 발표한 "신학적 인문주의자, 칼뱅연구: 새로운 기독교 인간주의의 복원을 위하여" 2016와 신앙과 삶의 영역의 재결합을 위한 핵심개념으로 기독교 인간주의를 제안한 〈선교와 신학〉에 발표된, "기독교 인간주의에 대한 성찰: 새로운 문화현상에 대한 신학적 응답" 2014, 이 두 논문을 부분적으로 보안하여 구성하였다. Ⅱ부는 2013년에 장로회신학대학교 교내연구 프로젝트로 수행한 한국교회 청년이탈에 대한 조사와 분석을 기본토대로 작성되었고 〈기독교사회윤리〉에 발표한 논문 "한국교회 청년문제를 통해 본 한국교회의 위기와 기독교 윤리적 대안" 2014을 중심으로 그간 틈틈이 연구하여 온 청년 문제에 대한 연구를 새로 추가하여 작성하였다. Ⅲ부는 여러 언론 전문가들과 문화연구 전문가들이 함께 공동 집필한 『디지털 시대의 교회와 커뮤니케이션』 2017에 발표한 논문과 장로회신학대학교 교수학습개발원에 공모하여 연구한 미발표 논문 〈교육과 영화의 만남〉을 중심으로 재구성하고 절반 정도는 새로 쓴 것이다. Ⅳ는 2013년에 장신대에서 수행한 여신학생의 교육과 진로모색에 대한 설문조사와 분석을 기초자료로 하여 그 이후 여러 곳에서 강의한 양성평등과 목회윤리에 대한 내용을 재 기술하였다. Ⅴ부는 지난 2014년 이후 한국사회의 심각한 변동이 있을 때마다 동시대를 살아가는 신학자로서 하나님의 뜻을 구하며 기후변화에 응답한 "삼위일체적 생태신학과 온신학" 〈교회와 신학〉 2017과 세월호에 대한 응답으로 "기억의 윤리와 기독교 생명가치" 〈장신논단〉 2015에 마지막으로 "미투#MeToo 운동에 대한 기독교 윤리적 고찰: 사회변혁과 여성주체성 형성의 상관관계를 중심으로" 〈신학연구〉 2018등 3편의 논문을 수정했다.

각 장은 한국 사회에서 핵심적으로 다루어지고 있는 기독교 실천윤리의 주제들로 구성하였고 한 권의 통일된 책으로 재구성하기 위해 기독교 가치와 행동의 일치를 지향하며 그 일관성을 찾아가도록 글을 새롭게 작성하였다. 책이 완성되기까지 출판과정을 도와주신 김정형 박사와 교정을 도와준 심광일, 김용준 조교에게 진심으로 감사를 드린다.

기독교 진리와 가치에 대해 증인으로서의 응답은 행동이다. 신학이론이 윤리적 실천이 될 때 복음의 핵심인 하나님 나라는 이론이 아니라 현재형이 된다. 이러한 기독교 실천윤리는 그리스도인들에게 '오늘의 삶'에 대한 깊은 의미와 행동하는 양심과 진리를 행하는 영성과 힘을 제공한다. 구원은 교리적 완성이나 감정의 충족이 아니며 신앙적 행동과 몸의 훈련을 통한 인격과 품성의 변화를 필연적으로 수반하는 영적인 여정이다. 하나님은 날마다 우리를 새롭게 하시기 때문이다.

차례

I 부

*

신앙적 가치와
그리스도인의
행위의 관계성에 대한
신학적 재구성

1장

신행일치의 삶과 성육신 신학

　　근대사회는 가장 적나라하게 초월부재의 사회문화를 형성시키며 인간의 근원을 상실했다. 이성, 물질, 그리고 과학기술의 숭배와 인간중심의 다양한 이론들 속에서 그 근원을 비추어야 하는 종교는 공적 관심에서 멀어지고 무력해진지 오래다. 한국뿐 아니라 북미유럽의 탈 종교현상은 이미 오래전부터 심각했다.[1] 현대인들은 더욱 풍요롭고 의미 있는 생활을 위해 종교를 떠난다. 최근 미국의 주류교단에 큰 반향을 일으켰던 제임스 에머리 화이트James Emery White의 『종교없음』The Rise of the Nones[2]은 대부분의 개신교 중심교단 교인 수의 가파른 하락과

1　예수를 믿지만 교회에 나가지 않는 가나안 성도의 숫자가 얼마나 되는지 정확하게 파악할 수 없지만 그 수는 계속 늘어가고 있다는 분석이 지배적이다. 한국교회 청년들은 교회의 내적 개혁보다 소리 없이 떠나는 쪽을 선택했다. 최근 한국교회의 청년이탈 현상을 잘 요약한 내용으로는 다음을 참조하라. 김은혜, "한국교회 청년문제를 통해 본 한국교회의 위기와 기독교 윤리적 대안," 『기독교사회윤리』 30 (2014), 7-36.

2　퓨리서치센터에서 발표한 조사에 의하면 미국 크리스천 인구는 앞으로 계속 줄어들지만 무신론자 등 비종교인은 더욱 늘어날 전망이다. 이주사랑, "35년 후엔 66.4%만 크리스천 … '종교이탈' 가속화," [온라인자료] http://www.koreadaily.com/news/read.asp?page=1&branch=NY&source=NY&category=&art_id=3316645 (2016.09.13. 접속).

함께 현재 미국에서 가장 빠르게 늘어가는 "무종교인들"의 급증에 관한 연구이다. 이렇게 현대사회의 탈종교 현상은 시간이 지나면서 종교 무익론으로 확대되고 있다. 탈종교, 무종교, 그리고 종교 무용론을 주장하는 2030 젊은이들이 대안적 삶의 가치를 찾아서 교회를 떠나는 현상이 뚜렷하다.[3]

이와는 다른 그룹으로 가나안 청년들은 제도적 종교를 거부하는 경향이 강하지만 동시에 다양한 방법으로 영성 spirituality 을 추구한다.[4] 공적인 종교조직의 교인이 되고 정기적 예식에 참여하고 특정한 교단의 교리와 형식에 얽매이는 것은 싫어하지만 개인적이고 사적인 영역에서 궁극적 실재에 대한 경험을 추구하기도 하고 신비주의도 마다하지 않는 청년들이 증가 한다. 이러한 종교현상은 다양한 방식으로 제도적이고 형식적이며 삶과 괴리된 신앙을 떠난 사람들의 마음을 깊숙이 파고들고 있다. 이제 교회를 떠난 젊은이들은 흥청망청 살지 않는다. 다양한 방식으로 영적인 것을 갈망하고 제도교회에 출석하지 않아도 신앙적 삶의 차원을 발전시켜 가고 있다.

근대성이 발전시킨 인간중심 문화는 오히려 인간성을 파괴하고, 생명력을 상실한 종교는 사사화私事化되면서 공적 영역에서 빛을 잃

3　한국 갤럽이 지난 1983년과 1989년, 1997년과 2004년 그리고 2014년 등 모두 다섯 번에 걸쳐 한국인의 종교 실태를 조사한 결과 종교를 갖고 있는 사람의 비율은 1984년 44%에서 2004년 54%까지 늘었다가 2014년 조사에서는 50%로 줄었다. 2015년 한국인의 종교보고서에서 눈에 띄는 것은 젊은 층의 종교 이탈인데 종교를 믿는 20대 비율은 10년 전 45%에서 31%로 14%포인트 감소했다. 30대 종교인 비율 역시 10년 전 49%에서 38%로 11%포인트 감소했다. 40대와 50대 종교인도 각각 6%포인트(57% → 51%)와 2%포인트(62% → 60%)감소했다. 반면 60세 이상의 종교인 비율은 6% 포인트 늘었다. 이러한 과정에서 2018년 개신교인의 수는 한국종교 역사상 불교를 제치고 1위의 종교로 발표 되었다.

4　이러한 새로운 종교현상이 바로 "영적이지만(영적인 것에 관심을 갖고 있으나) 종교적이지 않은 (제도종교에 소속되는 것을 꺼려하는)" 이른바 "SBNR"(spiritual but not religious)이라 불리는 주로 젊은 세대에서 많이 나타나는 영적 자유주의적 경향이다.

고 사회 속에서 고립되면서 사회변화에 민감하지 못한 초월부재의 문화[5]를 형성하였다. 궁극성의 상실, 초월의 부재, 그로 인한 세속화는 근원으로부터 분리된 근대 문화정신의 결과이다. 따라서 근대성에 대한 철저한 신학적 성찰은, 분리적 세계관 즉, 세계와 다시 유리되고 생활세계와 분리된 초월로는 이 고통 받는 세계에 구원의 빛을 비출 수 없음을 인식한다. 후기 세속화의 시대, 다시 소환되고 있는 초월을 통해 생활세계는 물질성과 육체성과의 관계 속에서 현존하는 하나님이 활동하시는 자리로 고백 되어야 한다. 그리스도인이 교리와 형식에 얽매여 신앙의 생명력을 잃고 배제와 분리 그리고 배타적 자세와 혐오를 생산해 내는 집단이 되어가는 기독교의 현실을 극복하기 위해, 후기 세속화 시대를 살아가는 그리스도인들은 이제 책임적 삶과 충만한 생명으로 하나님 나라를 살아갈 수 있어야 한다.

본장에서는 기독교 실천윤리의 신학적 기초를 다지기 위하여, 한국 개신교회에 막강한 영향을 미친 칼뱅 Jean Calvin 이 자신의 시대에 과감한 문화적 성육신의 실천을 가능하게 한 신학과 인문주의와의 상호관계성을 살펴봄으로 신행일치의 삶을 추구하는 그의 이론적 토대로서 기독교 인간주의를 의의를 살펴보고자 한다. 또한 인간 존엄성이 그 근원에서 흔들리는 기술 문명과 현대 사회문화 속에서 인간됨의 의미를 재정립하고 인간이 무엇인지에 대한 근원적 질문에 책임적으로 응답하며 어떻게 그리스도인으로 살아갈 것인가에 대한 윤리 신학

---

5 초월부재의 시대상황은 1920년대 변증신학, 위기신학 이후 불트만(Rudolf Karl Bultmann)의 '성서의 비신화화론', 본회퍼(Dietrich Bonhoeffer)의 '기독교의 비종교화', '기독교의 비종교적 해석' 등에서 선구적인 '탈초월의 조짐'을 드러냈고 1960년대 이후 이들의 업적은 '신의 죽음의 신학', '종교의 세속화론' 등의 토론으로 이어짐으로써 서양의 종교사상과 문화 전반에 걸쳐 커다란 충격을 주었다.

적 원리를 제시하고자 한다.

특히 생활세계 속에서 복음의 역동성을 상실한 한국교회를 반성하면서, '신행일치'의 신앙을 설파한 칼뱅의 신학 형성과정과 그의 신학과 신앙의 문화적 육화를 적극적으로 실현하게 했던 그의 인문주의적 정신을 살펴보는 것은 매우 중요하다. 즉 칼뱅이 르네상스 문화 전반의 급격한 변화 속에서 그리스도인들의 실제적 삶의 문제를 성서적으로 해명하였던 그의 신학과 인문주의와의 관계를 성찰하는 것은 신앙의 형식화를 극복하고 생활신앙으로의 전환을 위해 의미 있는 작업이다. 칼뱅에게 시대정신에 대한 영적 성찰과 인문주의자들과의 학문적 교류는 신앙의 세계와 삶의 현장에 생명을 불어넣는 적극적 육화embodiment의 한 방법이었기 때문이다. 더 나아가 칼뱅의 신학은 21세기 포스트모던 시대에 영적인 갈망에 목말라하는 현대인들과 생활 속에서 신앙의 성숙을 실현해야 하는 그리스도인들을 위해 인간 존엄의 초월적 가치를 복원시킴으로 기독교 가치의 행위자로서 세워지도록 도전을 준다. 이러한 칼뱅의 문화적 육화의 도전은 신행일치의 삶을 살아가기 위해 기독교 인간주의[6]를 부활시킴으로 그리스도인으로 하여금 이웃사랑의 행위가 하나님 사랑의 구체적 표현임을 다시 강조한다. 그리스도인들에게 가장 깊은 영성은 탈세계적 퇴각이 아니라 일상의 영역에서 구체적 사랑의 행위를 불러오기 때문이다.

이 장은 포스트모던 시대의 삶의 영성을 추구하며, 칼뱅의 신행

---

[6] 기독교 인간주의는 반생명 문화에 대한 적극적 저항과 대안의 의미로 생명의 가치와 존엄성을 최우선에 두고 인간의 책임을 강조하는 관점이다. 새로운 기독교 인간주의는 '인간의 자기완성'이라는 고전적 인간주의와 '인간다운 인간의 자기실현'이라는 근대적 인간주의를 넘어 '인간과 타생명의 연대에 기초한 하나님의 형상으로서의 책임적 인간을 지향 한다.

일치의 삶을 가능하게 하였던 르네상스[7] 인문주의와 종교개혁 정신의 만남을 성찰함으로 믿음과 행위의 균형을 가능하게 하는 날마다 개혁하는 신학의 정신을 살펴보고자 한다.

1. 인간성 상실의 시대와 새로운 인간주의의 등장

탈종교의 시대, 신(神)부재의 문화는 결과적으로 인간소외의 시대를 가져왔다. 자본과 기술이 현대사회의 가치를 지배하면서 윤리와 도덕 역시 실종되었고 결국 휴머니즘을 심각하게 약화했으며 급기야 인간성의 가치마저 위협하고 있다. 인공지능, 바이오·나노기술, 신경 인지과학과 정보기술에 대한 유토피아는 동시에 인간에게 미래사회에 대한 두려움 속에서 인간의 오래된 질문인 "인간이란 무엇인가?"를 다시 묻는다. 이러한 의미에서 과학기술혁신도 인간에 대한 근원적 질문을 재설정하고 인간주의적 가치를 생산하는 사회문화적 변화와 반드시 함께 가야 한다.[8] 현대문명이 기계화되고 정보화됨에 따라 인간과 종교의 관계는 더욱 미묘한 긴장과 갈등을 초래하고 있고, 이윤의 극대화를 최우선적 가치로 하는 자본주의 문명을 일구어내면서 인간을 효율성에 근거한 도구적 실체로 전락시키는 결과를 가져왔다. 그

---

7   르네상스는 프랑스어의 renaissance로 새롭게 태어난다는 뜻으로 학문 또는 예술의 재생·부활이라는 의미를 가진다. 이 말은 신약성서의 틀 안에서 그리고 시편과 예언서에서 그 근원을 찾을 수 있다.

8   이서희, "4차 산업혁명 시대에도 제조업은 여전히 한국경제의 뿌리," [온라인자료] http://hankookilbo.com/v/49af46322bb440dca3fb2d1f95d65407 (2016.09.13 접속).

어느 때보다도 도덕적 해이와 인간성 상실에 대한 우려가 크다. 고도 과학기술의 시대는 이제 인간만이 가능한 상상력과 창조성 그리고 공감 능력과 윤리의식 그리고 기술과 가치의 융합으로 오히려 인간주의를 새롭게 복원해야 한다.

최근 코로나 이후 인류는 미증유의 새로운 길을 가고 있다. 예측불허 인류의 현실 앞에 빈번하게 발생하는 생명 위기, 경제위기, 지구위기를 보면서 인문학적 사유의 필요성과 인문학에 희망을 거는 사람들이 많다. 무한경쟁 사회에서 성공을 위해 살아가며 인간의 본질을 잃어가고 있기에 사람에 대한 본질적인 고찰의 중요성이 주목받고 있다. 선진국들은 인문학적 통찰을 인류의 진보를 가져오는 중요성으로 인식하고 인간의 창의력과 상상력을 존엄한 인간의 중요 특징으로 본다.[9] 전 지구적 생명 위기의 현실 앞에서 인간이 자신의 근원을 회복하기 위한 모든 인간주의가 추구하는 핵심 질문은 인간이란 무엇일까? 인간은 무엇을 위해 어떻게 살아갈까? 즉 삶의 의미와 책임의 강조이다.

인간에 대한 새로운 시선과 지식을 부여하며 부상하고 있는 기술과학과 인문학의 공통적인 토대는 인간이다. 인간 이해는 인간의 구원을 위한 필수적 과제로서, 신학은 산업화와 민주화와 디지털 혁명을 이루어낸 한국 사회 속에서 포스트휴먼 사회로의 변화하는 정신문화를 바르게 인식하고 새로운 인간의 욕망과 인류의 방향을 정직하게

---

9   테크놀로지가 인문학과 결합할 때 인간을 감동시킨다. 스티브 잡스는 신형 아이패드를 공개하면서 "테크놀로지가 교양학과 결합할 때 우리의 심금을 울리는 결과물이 탄생"한다고 말한 바 있다. 마크 저커버그의 페이스북 창업은 인터넷 속에서 자신의 신분을 드러내고 싶어 하는 사람들의 심리를 파악한 컴퓨터 사이언스와 만난 심리학적 통찰이 인터넷 세계를 바꾸어 놓은 플랫폼이 된 것이다.

직시할 수 있어야 한다. 즉 이성 중심의 협소한 인간이해를 넘어 보다 넓고 깊은 인간에 대한 본질적 질문에 신학은 진지하게 응답해야 한다. 신학은 이제 인간에 대한 변화를 예고하는 새로운 사유와 관념을 포착하며 신앙의 진리를 인간과 세계에 구체적으로 적용하고, 사회에 의미 있는 정신과 가치를 제공하며 새로운 행위의 양식을 제시할 수 있어야 한다.

근대 인간주의의 출발이 된 르네상스의 인문주의는 방대한 연구주제이며 지금까지도 인문주의의 정의에 대해 학계는 완전한 합의점을 찾지 못하고 있다.[10] 이때의 인문주의자란 인간과 세계를 그 자체로 사랑하고 연구하는 자들로 르네상스 시대에 있어서 이들이 추구하는 새로운 삶이란 고대 그리스 및 로마의 문화를 모범으로 하는 새로운 정신을 의미한다. 그 정신은 선한 삶을 목적으로 살아가는 윤리적이고 이념적인 삶의 방식을 뜻한다. 이처럼 르네상스를 통해 극대화된 인간에 대한 관심과 탐구는 휴머니즘을 탄생시켰고 인간의 존재가치를 새롭게 검토하게 했다. 르네상스 시대의 인간존재는 본질적으로 초월적이고 종교적으로 이해되면서 인간의 가치를 확보한다.[11] 인간은 삶의 본질적인 것을 잃을 때 황폐해지고, 궁극적으로 인간존엄은 해체될 수밖에 없다. 이러한 과정에서 인간에게 '나는 누구인가'라는 내면적인 탐구가 핵심적 질문이 되며 이 질문은 '어떻게 살아야 하나'를 묻는 자기 결정의 주체적이고 윤리적 질문을 요청한다.

휴머니즘이라는 말은 라틴어의 후마니타스[humanitas]에서 유래했

---

10 오형국, 『칼뱅의 신학과 인문주의』(경기: 한국학술정보, 2006), 265.
11 임영방, 『이탈리아 르네상스의 인문주의와 미술』(서울: 문학과지성사, 2003), 66.

으며, 일반적으로 인간주의 또 인도주의 등으로 번역된다. 휴머니즘은 수사학·시학·역사·윤리 및 정치 등 인간적인 학문을 연구하며 인간성을 존중하려는 경향을 의미한다. 르네상스 시대의 휴머니즘은 그리스와 로마의 고전작가의 작품을 수집, 정리 및 연구하는 동시에 이를 가르치고 배우는 기풍을 말하며, 이러한 일에 종사하는 사람들을 휴니스트라고 불렀다. 역사적으로 다양한 휴머니즘이 등장했는데 18세기 독일의 신 휴머니즘, 칼 막스의 사회적 휴머니즘, 샤르트르의 실존적 휴머니즘 등 휴머니즘은 다양한 변화를 거쳤다. 르네상스의 휴머니즘은 오늘날의 휴머니즘^{인간주의, 인문주의, 인류주의}의 기원이 되며, 이를 구별하기 위하여 인문주의라고 번역한다.[12] 본 장에서는 현대사회의 신학적, 철학적 개념으로 가장 포괄적인 개념인 인간주의로 통일한다.

프랑스의 인문주의의 핵심적인 원리는 '근원으로 돌아가자'^{ad fontes}이다. 근원과 본질에 대한 갈망은 인간만이 가지는 욕망이다. 더 나아가 이를 체계적으로 추상화 할 수 있는 능력을 소유하고 있는 생명체도 유일하게 인간이다.[13] 파스칼^{Blaise Pascal}은 "우주는 나를 생각할 수 없지만 나는 우주를 생각할 수 있기 때문에 내가 우주보다 중하다"고 말한다. 시대정신[14]이 변한다고 해도 인간은 이렇게 최우선적이고 신적인 차원의 존엄한 가치를 갖는다.

역사적으로 휴머니즘이 분명한 신념의 형태로 나타난 것은

12　임석진 외, 『철학사전』(서울: 중원문화사, 2009).

13　마가복음 8장 36절에 의하면 예수는 천하보다 귀한 것이 사람의 목숨이라고 말하고 있으며 요한복음 10장 10절에 의하면 생명의 존엄성은 이 땅에 예수 그리스도가 오신 목적이라고 말한다.

14　시대정신(時代精神, Zeitgeist)은 헤겔에 따르면 그 시대를 관통하는 하나의 절대정신으로 이해하였으나 여기서는 삶의 자리에서 나타나는 한 시대에 지배적인 지적 정치적 사회적 흐름을 나타내는 정신적 자세를 의미한다.

14-16세기 르네상스 시대였다. 르네상스는 단순히 고전 문화의 부흥뿐 아니라 그리스 로마 문화의 핵심인 인간존중과 인간중심의 지적인 문화이념을 되살린 운동이다. 중세의 암흑과 야만의 시대를 넘어 인간의 창조성을 복원시키려는 원대한 인문주의의 이상은 이성 중심의 근대를 지나면서 인간소외, 획일화, 동질화, 그리고 이성의 도구화 등 오만과 탐욕 그리고 편협한 인간의식과 폭력적 이념들로 점철된 비인간화의 길을 걸어왔다. 하이데거 Martin Heidegger 는 "인간의 인간성을 존재의 이웃에서 사유하는 것이 휴머니즘이다."라고 정의하였는데 그는 인간성을 인간적인 것 이성에서 찾지 않고 인간적인 것이 아닌 존재에서 찾아야 한다고 말했다.[15] 이성은 인간의 근원이 될 수 없기 때문이다.

현대 한국사회와 한국교회에서 새로운 인간주의가[16] 부상하는 이유에 대한 다양한 분석을 보면, 특별히 젊은 청년들과 가나안 성도들로부터 지나치게 형식화된 종교에 대한 실망과 삶과 관련이 없어 보이는 제도종교에 대한 비판이 있다. 하비콕스는 종교의 근본적 변화를 일으키는 현대사회의 종교 감성은 내적인 것 안에서 신성을 재발견하거나 혹은 세속적인 것 안에서 영적인 것을 발견하려는 경향이라고 분석하며[17] 교리보다는 영적 훈련과 윤리적 지침을 통한 생활신앙에 관심을 보인다고 강조했다.[18] 이렇게 후기 세속주의 사회를 연구하

---

15 여종현, "근대적 휴머니즘에서 탈-근대적 휴머니즘으로-노자(老子)의 도(道) 사유와 하이데거의 존재 사유를 중심으로," 『현대유럽 철학연구』 4 (1999), 487

16 새로운 인간주의는 자연과 인간의 생명적 관계를 중요하게 생각하는 생명중심주의이다. 자연과 인간의 관계 속에서 인간을 조명할 때 인간의 자율성과 책임성 상호성 공동체성을 강조하는 인간주의이다. 따라서 새로운 인간주의는 낭만적 생태중심주의에서 나타나는 자기 말살의 반인간주의도 반대하고 자기 확장이나 약탈에 근거한 근대의 구성된 휴머니즘(인간중심주의)도 반대한다. 김은혜, "기후변화와 생태위기에 대한 신학적 성찰: 새로운 인간주의를 향하여," 『장신논단』 36 (2009), 194.

17 Cox, Harvey Gallagher, *Futuer of Faith*, 김창락 옮김, 『종교의 미래』(서울: 문예출판사, 2010), 11.

는 종교[18]사회학들은 과거의 세속주의 사회와 다르게 신앙과 비신앙을 교리적 대상으로 이해하지 않고 오히려 세상에서 자신의 삶을 살아가는 방식으로 종교를 이해한다고 말한다. 이러한 과정에서 새로운 탈경계적 영성을 반대하는 더욱 강력한 근본주의가 나타나기도 하고 교리와 신조를 절대화하여 종교적 형식으로 신앙의 세계를 왜곡하기도 한다. 즉 현대사회는 전통적인 관점에서 종교를 유지하는 것은 매우 어렵고, 새로운 종교 감성은 내세를 준비하기보다는 세상을 더욱 좋게 변화시키고 삶을 충만하게 하는 방식으로서의 신앙에 관심을 가진다.

이러한 시대에 신학적 과제는 신앙의 생명력이 생활의 세계와 만나는 삶의 신학이다. 삶의 신학의 중요한 근원은 창조신학이다. 새롭게 주목받는 이 창조신학[19]과 하나님의 형상의 성서적 토대에 기초한 기독교 인간주의는 하나님 형상의 형성과정으로서 근대에 논의된 이성 중심의 무신론적 인간주의를 넘어 마음, 감정, 영성 등과의 관련 속에서 다양하게 논의되고 있다. 즉 인간은 세계에 의미와 가치를 부여하는 특별한 능력과 상호 공감과 소통의 능력 때문에 지구 생명 전체에 대한 확고한 책임을 가져야 한다. 따라서 개혁교회 전통에 뿌리를 내린 한국 개신교에게 기독교 인간주의의 재정립과 인간 그 근원의 의미를 다시 복원하기 위한 종교개혁자 칼뱅의 신학과 르네상스 인문주의와의 관계성의 연구는 중요하다.

인간주의는 세속적 개념인가? 기독교 신앙과 인간주의는 양립

---

18 위의 책, 310-311.
19 1960년대 이후 창조신학의 르네상스로 평가하고 있는 배경은 창조는 성서의 독립된 주제임에도 불구하고 구원신앙에 종속된 역사를 비판하고 환경파괴와 우주의 기원과 생명의 발생을 신학적으로 응답해야 하는 자연과학과의 대화의 필요성 등에 의해 강조되기 시작하였다. 박영식, "창조와 삶의 신학,"『한국조직신학 논총』38 (2014), 7.

가능한가? 기독교 인간주의는 어떻게 말할 수 있는가? 이러한 인간주의에 대한 오래된 질문은 르네상스에서 처음 언급된 후 19세기 계몽주의를 지나며 찬란하게 꽃피웠고, 이후 무신론과 함께 공존하면서 기독교의 인간주의에 대한 담론은 점점 약화되어 신학의 중심 담론에서 멀어졌다. 인문학자로서 "기독교 휴머니즘의 역사적 의미"라는 논문을 쓴 김경한은 기독교 휴머니즘이 르네상스나 현대문학의 논의에서 그 특유의 비평적 활력을 상실해가고 있으며 많은 학자들은 이 용어의 사용을 꺼리는 추세라고 말하고 혹자들은 심지어 기독교 휴머니스트들에 핵심적인 요소인 휴머니즘의 존재도 부인하고 있다고 분석했다.[20] 이러한 비판에 대해 신학은 성찰적 자세로 인간주의의 고양을 위한 보편적 담론에 어떻게 기여할 것인지를 고민해야 삶의 신학이 가능해진다. 기독교 진리의 보편성은 하나님의 육화적 세계에 대한 긍정으로 언제나 개방되어 있다. 기독교의 정체성은 그 진리의 특수성의 깊이와 무한한 확장성에서 보편과 만나고 때로는 그것을 넘어서는 신비의 힘으로 세상 속에 깊은 초월로 내재한다.

　　종교개혁과 르네상스의 역사적 관계 속에서 본래 기독교와 인간주의는 하나의 근원에 닿아있다. 칼뱅의 신학 형성과정에서 나타난 것처럼 르네상스 시대의 인문주의자들은 겉으로 갈등관계인 것처럼 보이는 신앙과 이성 그리고 기독성과 인간성을 교육과 작품들을 통해 조화시키려고 노력했다. 당시 기독교인들이 아닌 인문주의자들은 없었으며 기독교와 인문주의를 서로 분리해서 생각하는 것도 상상하기 어려웠다.[21] 인문학에서 이해하고 있는 서구 보편적 인간주의의 뿌리

20　　김경한, "'기독교 휴머니즘'의 역사적 의미," 『밀턴연구』 13-1 (2003), 1.

는 기독교적[21]역사와 분리하여 이해될 수 없는 것이다. 따라서 21세기 기후붕괴와 정보기술의 급변하는 사회문화 속에서 생명경외와 인간 존엄성을 고양시키기 위해 칼뱅의 신학적 인문주의의 정신을 계승하고 세계 속에서 역동성과 실천성을 담보한 그의 신학과 인문주의와의 관계성에 대한 연구는 시대적 의미가 있다. 르네상스의 시대정신과 인문주의 운동의 전반적인 변화 속에서 형성된 칼뱅의 신학은 21세기에도 여전히 보편 세계와 인간애를 추구하는 소통의 신학적 담론을 위한 도전을 주기 때문이다.

2. 칼뱅의 신학형성 과정과 르네상스 인문주의와의 관계

16세기 종교개혁 운동에 광범위한 영향력을 미친 칼뱅의 신학은 철저하게 신본주의적인 교의학과 경건에 자리하고 있다. 그러나 그의 신학의 역동성과 실천성은 그 당시 시대정신이며 사회문화적 가치의 토대인 인문주의와의 관계적 맥락 속에서 분명해진다. 프랑스의 인문주의자인 칼뱅은 고전에 대한 지식, 성서연구에 적용한 문헌학적 방법과 수사학적 언어의 능력이 탁월한 학자였다.[22] 칼뱅이 인문주의자들의 사상을 적극적으로 숙고한 것은 급변하는 르네상스의 문화적 변

---

21 위의 글, 14.
22 칼뱅은 문화사적으로는 르네상스에 속한 인물로서 에라스무스, 뷔데, 르페브로, 모 그룹 등 복음적 인문주의자들과 왕립 인문학강좌(Lecteur Royaux, 후에 꼴레쥬 드 프랑스)로 대변되는 프랑스 인문주의의 전성기에 파리, 몽떼귀, 부르쥬, 오를레앙 등의 대학에서 고전학과 법학으로써 당대의 최상의 교육을 받았다. 오형국, 『칼뱅의 신학과 인문주의』, 1.

화 속에서 살아가는 인간과 세계에 대한 실제적이고 현실적인 관심에 서였는데, 칼뱅의 신학사상과 그의 설교가 그 당신 대중들에게 강력한 호소력을 가질 수 있었던 것은 인문주의적 배경에 큰 영향을 받았던 대중에 대한 이해와 신앙의 실제적인 문제들에 대해 성서적 답변을 찾아가기 위하여 인문주의의 수사학적 언어를 사용하였기 때문이었다.[23] 르네상스의 인문주의란 고정된 신조적인 지식이 아니라 변화하는 문화 속에서 하나의 정신이나 사유 방식 또는 학문적 방법론이었다.

16세기 전반의 종교개혁 시대는 앞 시대인 르네상스 시대의 지적, 사회적 변동의 연장선상에 서 있었으며 이 시대는 세속화를 경험한 현대와 달리 교회와 사회, 종교와 정치, 신학과 타 학문의 구분이 어려울 만큼 종교와 문화가 통합되어있는 시대였다는 사실을 인식하는 것이 중요하다.[24] 적어도 영향력 있는 인문주의자들 가운데 탈종교나 세속주의를 적극적으로 표방한 인물은 프랑스에서는 거의 없었던 것으로 보인다. 14-16세기의 르네상스의 인문주의자들은 근대 이후 인간주의와는 다르게 종교적이었으며 그들은 교회의 붕괴가 아니라 교회의 갱신과 회복에 관심이 있었다. 따라서 칼뱅주의 신학담론에서 종교개혁과 인문주의를 대립만으로 바라보는 관점을 반성하고 그동안 간과했던 칼뱅신학[25]의 형성의 자리인 그 시대의 정신문화적 맥락

---

23 칼뱅은 그 도시에서 세계최초로 의무교육을 실시했고 장기적인 노력을 통해 제네바 대학의 전신인 제네바 아카데미를 설립했으며 시민종합병원을 세워서 치료와 구호를 겸하게 했고 고리대금업을 종식시켰고 자본가들과 오랜 협상과 투쟁을 마다하지 않으면서 대출자금에 대한 금리를 제한했다. 중소상공업자들이었던 망명자들의 정착과 자활을 위한 재단을 설립하고 싼 이자로 자금을 빌려줌으로써 제네바에 많은 중소기업들과 상업조직들이 들어서게 했다. 퇴폐와 향락의 풍조를 몰아내고 시민들의 삶을 '선하고 건강하게' 재조직하였다. 오형국, 『칼뱅의 신학과 인문주의』 3.
24 위의 책, ix.

을 연구하는[25]것은 칼뱅신학의 대사회적 영향력을 분석하는 과정에서 필수적이다.

르네상스와 종교개혁의 관련성은 일반적으로 르네상스 문화의 주요한 자리인 북방 인문주의를 중심으로 이해됐고, 북유럽의 인문주의자들은 고전과 고대에 관한 관심을 종교에 적용하여 성서와 교부 문헌 등을 복원하고 번역함으로 종교개혁 신학의 텍스트를 제공하며 종교개혁의 발발에 이바지하였다. 반면 르네상스의 본고장인 이탈리아의 인문주의자들은 문화적 각성을 통하여 중세의 신 중심적 세계관과 종교적 인간관을 극복하고 인간 본위의 세속주의적 세계관을 지향하며 무엇보다 지식 탐구 그 자체에서 인간 자신의 존재 이유를 명확히 규명하고자 하였다.[26] 이러한 배경 속에서 칼뱅은 기본적으로 종교개혁 운동이 르네상의의 인문주의 영향 속에서 일어난 운동이라는 점을 잘 인식하고 있었다.

칼뱅신학과 인문주의의 관계를 설명하는 데 몇 가지 비유적인 견해가 있다. 이양호 교수는 양자의 관계를 동심원 모형으로 설명하는데, 칼뱅 사상의 중심에는 종교개혁자로서의 신학이 내원으로 자리를 잡고 있고 인문주의적 요소들이 외원으로서 작용하고 있다는 것이다.[27] 한편 나우어트 찰스Nauert Charles는 르네상스 시대의 인문주의가 지적인 용매의 속성을 가지고 있음을 지적하였다.[28] 이러한 관점은 종교개혁신학과 인문주의 학문의 결합양식을 밝혀 주는 동시에 인문주의

---

25   칼뱅은 그의 처녀작, 세네카의 〈관용론〉을 자비로 출판하였는데 이 때 자신을 인문주의자로 소개하였다.
26   임영방, 『이탈리아 르네상스의 인문주의와 미술』, 33.
27   이양호, 『칼빈: 생애와 사상』(서울: 한국신학연구소, 2005), 68-73.

가 신학사상의 전달매체의[28]기능을 담당하였음을 의미한다. 따라서 칼뱅의 인문주의적 관심은 신학이론에 관심하지 않았던 르네상스 시대의 일반적인 인문주의 또는 도덕적 회복에 중점을 두었던 기독교 인문주의[29]와 차이가 있다. 이러한 칼뱅신학의 특성과 신학적 인문주의의 관점은 향후 기독교 신학과 인문학의 상호관계를 정립하는데 중요한 성찰의 토대가 된다.

종교개혁자들은 일반적으로 논리적 추론에 의지하는 중세의 스콜라주의자들의 사변적, 형이상학적 신학을 거부하고 성서의 계시에 기초한 신학체계를 추구하였다. 이렇게 종교개혁자들에게 스콜라주의에서 벗어날 수 있는 신학방법론을 제공한 것은 인문주의 정신이 미친 가장 큰 영향력이다. 칼뱅의 인문주의적 관점은 생명력을 상실한 스콜라 신학을 극복하고 고대 기독교 교부들과 그리스 로마의 철학이 말하는 세계와 인간 그리고 신에 대한 물음까지 진지한 통찰을 적극적으로 평가한다. 특히 근원으로 돌아갈 것을 강조한 위대한 인문주의자들의 공헌 중 가장 중요한 점은 성경의 우선성을 강조함으로 중세시대의 주석들의 복잡한 체계를 통하지 않고 직접 성경을 보도록 한 것이다. 인문주의자들은 헬라어에 능숙했고, 후기 르네상스의 학문적 이상 역시 히브리어, 헬라어, 라틴어 세 가지 언어의 수련가가 되는 것이었다.[30] 이러한 인문주의적 안목은 칼뱅으로 하여금 제도적이고 이

---

28 Charles Nauert, *The Humanism and the Culture of Renaissance Europe* (Cambridge: Cambridge University Press, 2000), 193. 리차드 뮬러(Richard Muller)는 스콜라주의 역시 특정한 신학이나 철학이 아니라 하나의 접근방식의 성격을 갖는 것으로써 아우구스티누스의 은혜신학을 포함하여 여러 가지 신학을 운반하는 일종의 학문적 수레바퀴와 같은 역할을 하였다고 본다.

29 대표적인 기독교인문주의자로는 이탈리아 학자들에 대비하여 협의의 의미에서 에라스무스, 모어 밀턴 등과 같은 경건한 북부 유럽의 휴머니스트만을 지칭하기도 한다.

데올로기적인 가톨릭교회의 중세적 문화에 반하여 르네상스의 정신 문화와 인문주의 운동의 전반적인 변화 속에서 인간의 새로운 종교적 열망을 인식하게 했음을 주목할 필요가 있다.[30]

르네상스의 인문주의가 직접적으로 종교적 성격으로 출발하진 않았지만 다양한 의미에서의 종교개혁과 인과적 연관성을 가지는 이유는 르네상스 문화 속에 들어있는 종교성과 시대정신에 대한 종교개혁 신학자들의 통찰이 있기 때문이다. 즉 변화하는 시대정신에 대한 칼뱅의 영적 분석은 그 시대의 그리스도인들에게 신앙생활의 실제적 영향을 가지고 살아갈 수 있도록 하는 중요한 전제가 되었다. 왜냐하면, 종교개혁은 르네상스 문화의 종교적 국면, 르네상스 문화의 형식과 실체를 구성하고 있던 교회의 도전과 갈망 그리고 변화에 대한 응답이었기 때문이다. 당시의 인문주의는 단순히 고대에 관한 문학적 지식이나 르네상스의 세속주의적 측면을 반영하는 인본주의 철학이 아니라 서구의 고전과 수사학 전통에 기반을 둔 그 시대의 새로운 학문 운동으로써 시대정신을 반영하고 있다. 특히 인문주의자들이 고대의 본문들이 경험을 중개해주는 것으로 보는 견해에 영향을 받아 성경을 바른 방법으로 읽고 연구함으로 사도시대의 생생함과 활력을 16세기에 재생할 수 있다고 믿었다.[31] 따라서 종교개혁은 르네상스 문화가 지향했던 변화의 종교적 성취라는 의미가 있다.[32] 역사적으로 종교는 그 시대 인류의 정신문화의 핵심을 구성할 뿐만 아니라, 새로운 시대의

---

30 McGrath, Alister E, *Reformation thought: an introduction*, 최재건 옮김, 『종교개혁사상』(서울: CLC, 2014), 236. 예를 들면 에라스무스의 헬라어 신약성경(1516)은 학자들이 헬라어 본문을 직접 읽게 만들었고 르페브르 테타플은 히브리어 시편본문(1509)을 제공하였다.

31 위의 책, 238.

32 오형국, 『칼뱅의 신학과 인문주의』, 4.

영성적 동력을 제공해왔다.[33] 종교는 문화의 저변을 구성해 왔으며 문화를 풍요롭게 만들어 왔고 문화를 이끌며 방향을 제시해 왔다. 칼뱅은 그 시대적 문화 속에 나타나는 종교성의 변화를 신학적으로 재구성하여 시대정신에 책임적으로 응답한 것이다.

결과적으로 칼뱅의 신학형성 과정에서 르네상스의 인문주의라고 하는 시대정신과의 조우 방식을 연구하는 것은 포스트모던 시대의 종교이탈과 새로운 종교 재부흥이라는 변화의 흐름 속에서 현대인들의 영적 갈망과 소통하지 못하고 점점 고립되어가는 개신교 신학에 중요한 방향을 제시할 수 있다. 한국교회에서 칼뱅의 신학은 여전히 개신교 전통의 주요한 핵심교리를 제공하고 있으며 신학의 전통을 이어가는 교리적 상징으로 지대한 영향을 끼치고 있는데, 이러한 칼뱅신학이 세상문화를 변혁하는 신학이념과 영적 운동으로 재창출되지 못하고 신학적 전통과 교리적 형식으로 머무는 것은 부정할 수 없는 현실이다. 한편 칼뱅과 칼뱅주의의 거리를 비판적으로 바라보는 바실 홀 Basil Hall 은 칼뱅이 칼뱅주의라는 단어를 사용하지 않았고 소위 칼뱅주의로 불리는 특정 교리의 주창자라고도 생각하지 않았음을 강조하였다. 오히려 수많은 그의 계승자들에게 칼뱅사상은 온전히 수용되지 않았다고 평가하고 있다.[34] 이러한 입장은 칼뱅주의의 신학이 칼뱅의 시대 안에서 역동적으로 작동했던 신학의 생명력과 인간에 대한 정신을

---

33 신광철, "한국의 종교, 종교운동 - 그 열린 쇄신을 위하여," 『제3회 미래사회와 종교성 심포지엄 발제문』(2006), 12.

34 Basil Hall, "*Calvin Against the Calvinist*," in *John Calvin*, ed. G. E. Duffield (Michigan: Grand Rapid, 2016), 20. 이러한 주장의 반대하는 학자도 있다. 뮬러는 역사적 칼뱅주의자들이 칼뱅을 가장 잘 계승하였다고 주장한다. 뮬러가 주장한 주요 내용은 다음을 참조하라. Richard A. Muller, "Was Calvin a Calvinist?" 『개혁주의생명신학회』 5 (2012), 11-79.

퇴색시키고 세계와 유리된 관념 또는 사회문화적 맥락과 소통하지 못하는 교리로 화석화되는 과정에 대한 비판적 성찰인 것이다.

　『칼뱅의 신학과 인문주의』를 집필한 오형국은 종교개혁과 인문주의의 사상적 유사성을 논할 때 종교개혁의 정신은 지적인 정직성, 인간의 삶에 대해 생생하고 실제적인 관심이라고 주장한다.[35] 칼뱅신학의 그 시대의 학문 및 문화적 사조와 결합하는 양식에 관한 연구는 동시대의 정신을 깊이 반영하면서 동시에 그 시대의 정신을 넘어서는 초월적 통찰을 제공한다. 이제 소통의 부재로 사회적 영향력을 잃고 세계 속에서 신앙의 실제적 비전을 제시하지 못하는 오늘날 한국의 사변적 신학 담론들을 반성하고 실제적 생활세계에서 어떻게 인간답게 살아갈 것인가에 대하여 정직한 지성으로 그리고 실천적 신앙으로 대답해야 한다.

3. 성육신적 신학구성과 문화이해의 중요성

　칼뱅의 신학 속에 뚜렷이 나타나는 실천적 특성과 신학적 체계의 탁월성은 신학이 시대를 초월하기 위해 괴리되거나 고립되는 것이 아니라 역사적 상황의 특수성과 시대정신을 표현하고 있는 사회문화적 변화와 인간에 대해 책임적으로 응답한 것이다.[36] 이러한 칼뱅의 신학적 태도, 그의 신앙과 세계와의 소통의 노력은 결과적으로 목회를

35　오형국, 『칼뱅의 신학과 인문주의』, 263.

통해 교인들을[36]명목적 신자의 상태에서 '신행일치'의 신앙인으로 변화시키는 결과를 가져왔다.[37] 따라서 칼뱅의 신학형성 과정에서 그 시대의 사상적, 지적 문화와의 상호작용과 결합양식을 가능하게 하였던 신학적 토대를 연구하는 것은 오늘의 세계와 삶의 자리에서 생명력을 잃은 한국교회와 고립된 신학적 담론을 논리의 폭력 없이 정직한 지성으로 소통할 수 있는 길을 발견하도록 도울 것이다.

　　종교개혁 당시 칼뱅신학의 사회문화적 영향력을 가능하게 한 신학체계는 무엇보다도 이중지식론에 기초한 인식론적인 변화이다. 구체적으로 그의 신학 작업에서 인문주의가 활용되는 부분은 신학적 인식론과 문헌학적 방법론 그리고 수사학적 언어로 요약할 수 있으나 이 장의 핵심이 되는 그의 인간이해를 살펴보기 위해 칼뱅의 인식론을 주목할 필요가 있다. 그의 이중지식론은 자신의 신학 전체를 관통하는 새로운 인식론이며, 이것은 종교조차도 이성의 객관적인 인식능력을 무비판적으로 전제한 중세적인 신학 방법론을 극복하는 신학적 추론을 가능하게 했다. 이렇게 칼뱅이 자신의 신학 속에서 인식의 중요성에 집중하였다는 사실은 중세의 전통적인 이성 중심의 인식론을 비판하고 이성의 지배를 거부하는 르네상스의 인문주의 사조에 동의하였음을 의미한다.

　　기독교강요는 스콜라주의의 본체론적인 질문방식인 '하나님은 무엇인가?'라는 질문을 벗어나서 '하나님에 관한 지식을 어떻게 획득

36　William J. Bouwsma, *"Calvinism as Renaissance Artifact,"* in *John Calvin and Church: A Prism of Reform*, ed. Timothy George (Westminster: John Know Press, 1990), 29. 오형국, 『칼뱅의 신학과 인문주의』, vi에서 재인용.

37　오형국, 『칼뱅의 신학과 인문주의』, 16.

하는가?' 즉 인식론적인 질문으로 전환한다. 칼뱅은 이렇게 하나님을 아는 지식과 인간과 세계에 관한 지식의 상호관계에 대한 강한 확신 위에 그의 신학을 구성하였다. 그의 인식론적 방법론의 전환은 하나님을 사제와 교회의 직제를 통하지 않고도 알 수 있게 했으며 신앙의 본질에 대해 '지식'앎, knowing의 관점에서 새롭게 접근하였다. 이것은 중세 후기 스콜라주의의 사변신학이나 대항적으로 나타난 신비주의적 경향 모두를 극복한 급진적 전환이다.[38] 따라서 칼뱅에게 신앙의 본질은 하나님을 아는 것이고 그것은 이성이 아닌 신의 계시인 성서의 말씀과 성령의 조명을 통한 심령의 확신으로 주어짐을 분명히 했다.

즉 인문주의 정신 속에서 배태된 칼뱅의 신학 체계는 하나님을 아는 지식과 인간에 대한 지식의 상호관련 속에서 형성된 것이다. 칼뱅은 교의학적인 저술인 기독교 강요를 신인식의 문제로 시작하였다. 1536년 기독교 강요 초판은 "거룩한 교리의 내용은 두 부분으로 이루어지는데, 즉 하나님에 대한 지식과 우리 자신에 대한 지식이다"라고 시작하는데 이는 이중 지식론을 대전제로 삼고 있다. 칼뱅은 '누구보다도 인간에 대한 지식에 관심을 가졌던 신학자'로 그는 르네상스 인문주의자들의 인간에 대한 재발견과 학문적 성취가 성서적 신앙을 이해하고 설명하는 데 유익하게 사용될 수 있다고 믿었다.[39] 이러한 인식론적인 기반 위에 인문주의가 추구하는 인간과 세계에 대한 실제적 관심, 인문학과의 교류를 통해 인문주의 인간이해의 근원으로 종교적 인간관을 해명하였다.

---

38 위의 책, 14.
39 위의 책, 77.

칼뱅의 신지식론은 하나님과의 관계 안에서 하나님과 대면하는 인간의 실존적 지식으로, 하나님을 알지 못하고 인간 자신을 알 수 없다는 명제와 인간에 대한 지식 없이 하나님에 관하여 올바로 알 수 없다는 전제가 항상 공존한다.[40] 이 인식론적 핵심에서, 칼뱅은 하나님과 인간에 대한 두 인식은 서로 결합 되어 분리될 수 없는 결합의 관계이며[41] 이 두 가지 지식이 너무나도 밀접하게 연관되어 있어서 어느 것이 원인이고 어느 것이 결과인지를 구별하기 어렵다고 했다.[42] 신앙을 신인식의 관점에서 지식의 개념으로 이해하는 것은 성서 속에서 충분히 근거를 찾을 수 있지만, 당시의 신학자들이나 신자들에게는 익숙지 않았음에도 이것을 신학의 인식론적 근거로 삼고 자신의 구원론까지 발전시킨 것은 칼뱅의 독특한 신학사적 기여이다. 이러한 새로운 인간관의 함의는 인간의 구원은 이성적 논리나 신성에 더 가까이 가 있는 다른 인간의 중재를 의지하지 않으며 하나님과의 직접적인 그리고 개인적이며 인격적인 관계에 의존하는 것으로 새롭게 이해되게 하였다.

나아가 칼뱅은 기독교 강요의 최종적인 형태는 창조주 하나님에 대한 인식과 구속주 하나님에 대한 인식으로 구분하여 신학적 틀을 재구성하였다.[43] 이 두 지식론이란 하나님을 아는 지식은 구속자와 창조주의 두 차원에서 인식되는 것이며 이는 칼뱅 신학의 출발점과 기본 전제가 된다. 칼뱅신학의 이러한 특징은 하나님을 구속 주로만 신앙하는 것보다 창조와 섭리의 하나님으로 인간과 세계를 탐구하고

---

40 위의 책, 264.
41 이오갑, 『칼뱅의 신과세계』(서울: 대한기독교서회, 2010), 65.
42 위의 책, 85.
43 오형국, 『칼뱅의 신학과 인문주의』, 60.

세상 속으로 향하여 나아가는 인문주의 정신의 반영이라고 본다. 이러한 인문주의적 이해의 중심에는 하나님의 형상에 기초한 인간에 대한 그의 성서적 이해와 개혁주의자인 동시에 인문주의자인 칼뱅의 독특성이 있다.

칼뱅은 창조주, 창조, 섭리의 개념을 다룰 때 하나님 자체보다 하나님의 계시적 행동과 사건에 관심한다.[44] 이것은 그의 종교적인 관점에서 본 인간성에 대한 이해와 인간의 존엄과 재생이 어떠한 것인가를 말하는 것이다. 칼뱅에게 세상은 피조물이지만 너무나 아름답고 완벽한 나머지 하나님의 형상image을 입은 것으로 이해된다. 이러한 이유로 칼뱅은 1542년 교리문답에서 세상은 하나님을 비추는 '거울'로 표현하며 그 거울 속에서 하나님을 찾아볼 수 있고 그것은 하나님을 아는데 필요한 방식이라도 말한다.[45] 창조신학에 대한 칼뱅의 균형적 이해는 한국 칼뱅신학을 지나치게 구원론적인 신학으로 이해하는 경향을 반성하게 한다. 르네상스의 영향 속에서 칼뱅은 실제적으로 창조론을 이차적이거나 추상적으로 다루지 않고 그것의 의미를 적극적으로 성찰하였는데 이러한 신학적 자세는 칼뱅신학 속에 인문주의자의 정신을 계승하고 있음을 의미한다.

칼뱅이 이렇게 신앙을 지식의 개념으로 접근하는 이유는 종교개혁을 불러일으킨 중세말의 종교상황의 핵심이 윤리적 부패의 근저에 있는 교리의 왜곡이라는 점을 강하게 인식하였기 때문이다. 이것은 종교개혁이 제시하게 될 "오직 신앙에 의한 구원이신칭의론"과 "만인제사

---

44 위의 책, 93.
45 이오갑, 『칼뱅의 신과세계』, 228.

장론" 등 개신교의 핵심 교의를 받아들일 수 있는 신학적 사고의 범주가 형성되는 과정이 된다.[46] 이렇게 실제적 세상에서 신앙을 해명하는 삶의 신학을 구성하기 위하여 창조신학적 전통과 인간의 하나님 형상 이론은 기본적인 전제가 된다. 그것은 하나님의 모든 창조는 가장 고상하고 신적인 정의와 지혜와 선함이 현저히 나타나 있기 때문만이 아니라, 우리가 앞에서 논한 바와 같이 하나님을 아는 지식은 그것과 상응하는 우리 자신에 대한 지식을 수반하지 않을 때 이 세계 안에서 신학적 해명의 작업은 선명하거나 완전하지 않다는 것이다.[47] 종교개혁 신학자들에겐 감상과 지성, 경건과 박식, 기도와 사상은 분리되지 않고 긴밀하게 연결되어 있었다.[48] 이렇게 칼뱅신학의 인식론적인 토대로서 이중지식론에 기초한 그의 신학체계는 세계와 분리되지 않고 인간의 정신세계에 이바지하는 보편적 진리의 종합이라고 볼 수 있다.

결론적으로 칼뱅에게 나타나는 신학과 인문주의와의 소통, 구원신학과 창조신학의 균형, 하나님의 형상에 기초한 기독교 인간이해는 그의 신학이 보편타당한 신학적 진술과 영적 생활의 실제적 자원이 되게 하였다. 그래서 칼뱅 외에도 대부분 인문주의자 출신이었던 종교개혁자들에게서 공통적으로 인문주의의 정신적 특징 즉 근본적으로 인간의 삶에 대한 실제적이고 현실적인 관심이 발견된다. 이러한

---

46 오형국, 『칼뱅의 신학과 인문주의』, 13.

47 위의 책, 264. 그럼에도 불구하고 칼뱅의 신인식과 인간인식의 내용은 하나님과 인간사이의 거리를 인식하는 것이고 그 둘의 관계 형식은 긍정의 성격보다는 부정의 신학으로 구성되어있다. 즉 인간의 이성이나 감각 등 인간의 어떤 소질로부터 신인식이 가능한 것이 아니고 오직 하나님의 직접적인 계시 즉 성서를 통해서 하나님을 인식하는 것을 강조하였다. 오형국, 『칼뱅의 신학과 인문주의』, 86.

48 Carter Lindberg, *Reformation theologians: an introduction to theology in the early modern period*, 조영천 옮김, 『종교개혁과 신학자들』(서울: CLC, 2012), 30.

르네상스의 인문주의적 사상적 참신함과 폭넓은 이해를 가지고 신학자로서의 칼뱅은 항상 인간에 대한 풍부한 지식을 교회를 향해 제공하기를 원하였다. 또한 그의 인문주의가 신학적 지향을 수반하면서 인간에 관한 진지한 지식을 교회에 제공하고 그것을 하나님에 관한 지식과 연결하려고 노력하였다. 이렇게 칼뱅의 종교개혁은 신학운동으로 기독교 교리의 회복과 사회제도의 개선 그리고 삶의 실제적 변화를 추구하였다. 칼뱅은 하나님의 주권사상과 예정론 그리고 죄론과 인간의 전적 타락 등 성서의 교의를 중심으로 한 신학이론을 정립하였지만 인문주의 학문과 분리시키지 않았으며 이러한 자세가 그를 신학적 인문주의자로 부를 수 있게 한 것이다. 이런 의미에서 이중지식론의 명제는 칼뱅 특유의 신학적 인문주의의 요체가 된다고 할 수 있다.

따라서 칼뱅의 신학형성과 인문주의와의 적극적 관계성을 고려한다면, 이제 한국교회는 종교개혁자들의 인간의 본질적 죄성과 연약함 즉 신의 주권적 섭리에 대한 관점과 르네상스 인문주의자들의 인간 능력과 자율성에 대한 긍정적 관점을 지나치게 대립적으로 비교하는 것을 지양하고, 공존과 소통을 통해 세계의 변화를 가능하게 하는 신학적 인문주의자로서의 관점을 존중할 필요가 있다. 더욱이 인문주의 학문은 칼뱅의 교의적 내용을 가리거나 약화시키지 않고 오히려 성서에 근거한 그의 신앙개념들에 강력한 신학적 호소력과 함께 동시대 문화와 상관성을 갖는 수사학적 사고의 명료성과 박학한 설득력을 제공하는 역할을 하였다.[49] 즉 성서의 개념을 상대화하거나 왜곡하지 않으면서 그의 신학적 전망과 경건의 실천이 인간과 세계에 대한 인

---

49 오형국, 『칼뱅의 신학과 인문주의』, 84.

문주의적 인식을 포괄할 때, 그의 인문주의적 성찰은 더욱 풍요로운 신학적 전망을 가능하게 하였다. 즉 실제 세계에서 신학의 실천성을 확보하고 신학적 담론이 그 시대의 생명력을 갖기 위해서는 동시대의 정신과의 조우가 필수적이며, 이러한 관계의 과정에서 삶의 의미와 행위에 대한 근본적 반성으로서의 인문주의는 중요한 파트너가 된다.

세계와 인간 보편에 대한 신학적 개방성은 그리스도인들이 이웃을 사랑하고 고통받는 세계와 연대하기 위한 가장 기본적인 전제가 된다. 그리스도인들과 모든 인간들 사이에 중요한 차이점이 분명히 존재하고 있지만 궁극적으로 인류 공통의 인간성은 인간들 사이를 구분하고 가르는 것보다 훨씬 더 중요하고 근원적이다. 성서의 이웃범주에서 제외되는 그 어떤 존재도 불가능하기 때문이다. 칼뱅의 신학과 인문주의와의 소통은 첫째, 인간과 세계에 대한 개방적 이해를 가능하게 했고, 둘째, 신앙의 원리를 실제적 세계에 적용할 수 있는 시대적 언어로 공감의 구조를 만들었으며, 결론적으로 신앙의 해명으로서의 신학이 하나님에 대한 형이상학적 또는 사변적 진술에 그치지 않고 시대적 소통을 시도하는 문화적 성육신을 가능케 하였다.

4. 영성에 대한 갈망의 시대에 신학적 인문주의가 주는 의의

종교개혁 500주년의 정신을 회복하기 위해 인간과 세계를 품는 신학으로써 칼뱅연구는 인간성 상실의 시대에 새로운 기독교 인간주의의 적극적 담론화를 위해 중요한 의미를 지닌다. 칼뱅의 신학적 인문주의는 근대의 이성 중심의 인간주의를 통해 형식적으로 선포되기만 했던 인간 존엄성을 진정으로 실현할 수 있는 길을 모색하게 하기 때문이다. 칼뱅의 신학형성의 과정에서 인문주의는 세계 안에서 신앙의 실제 문제에 구체적으로 응답하기 위한 설득과 감동의 지식구조를 가능하게 하였다. 특히 기독교 진리의 보편적 가치의 확산과 인간주의적 연대와 공감을 획득하는 그의 신학적 특성과 자세에 주목할 필요가 있다. 새로운 종교변동과 사회문화의 역동적 관계를 신학적으로 체계화 한 칼뱅의 신학적 태도는 그동안 소개되어온 그의 교리신학을 넘어 신학이 시대정신과 어떻게 소통하고 상호영향을 미쳤는지 알 수 있으며, 나아가 종교와 문화의 관계에 대한 이론의 토대를 형성해가는 데에도 의미를 부여한다. 신학은 세계와 인간에 관한 탐구를 통하여 하나님의 뜻과 계획을 알고 동참하는 것이다.

이러한 인간과 세계를 향한 칼뱅신학의 개방적 자세는 절대적 초월을 배제한 채 영적인 것에 대한 광범위한 관심을 표현하는 포스트모던 사회 속에서 한국 개신교의 영적 방향을 모색하는데 중요한 교훈을 준다. 현대사회의 종교감성은 초월에 대한 침묵과 영성에 대한 갈망의 역설의 문화현상이다. 1960년대 서구기독교에 나타났던 세속화의 과정에서 종교의 영향력이 급속하게 감소하였으나 1990년대 이후 지속적으로 교인 수가 줄어들 것이라는 일반적 기대를 깨고 오히려 종교증가를 보인 중요한 징조들에 주목해야 한다.[50] 최근 서구사회의 종교변동의 패턴을 연구한 케빈 워드 Kevin R. Ward 는 향후 현대사회는 사회변화와 더 나은 공동체를 지향하며 다시 한 번 종교의 중요한 역

---

50   Kevin R. Ward, *Losing Our Religion* (Eugene: Wipf&Stock, 2013), 250.

할을 기대하고 있으며, 이러한 기대는 종교의 가치를 교리나 제도적 경계를 넘어 보다 넓은 문화로 전환할 것을 제안하고 있다.

세상문화를 변혁하는 신학이념과 영적 운동으로서의 칼뱅신학을 계승하는 길은 다시 근원으로 돌아가서 인간됨을 위해 인간성으로부터 제외된 종교성을 복원하는 것이며 초월성과 관계된 자신의 정체성을 재발견하기 위해 새롭게 일어나는 현대인들의 종교감성에 응답하는 것이다. 이러한 응답으로서 기독교 인간주의는 이성과 기술을 넘어 인간성을 증진하고자 하는 세속적 인간주의와 대화하고 방향을 제시하며 비판적 성찰에 귀를 기울이고 그 한계를 지적하여 인간 존엄성의 고양하는 신학으로 위치를 재정의시켜야 한다.

결론적으로 칼뱅신학과 인문주의의 관계성에 관한 연구를 교훈 삼아 기독교의 참된 지식과 신앙이 어떻게 그리스도인들이 신행일치의 삶을 실현하게 하는지 기독교 윤리적 의미를 제시하고자 한다.

첫째, 신학과 인문학, 신학적 정체성과 학문의 보편성 그리고 신학의 시대적 책임성과 사회적 연대성의 관계 속에서 세계 속의 신학의 위치를 다시 새겨볼 필요가 있다. 인문주의와 종교개혁의 정신은 기본적으로 신학적 반성과 지적 성실성 그리고 인간 삶에 관한 생생하고 실제적인 관심이었다. 우리는 온 마음과 영혼과 지성을 통해 하나님을 사랑하라고 부름 받았다[마 22:27]. 즉 신앙의 문제라 할지라도 영적 세계에 대한 추상적이고 사변적 이해가 아니라 죄와 고통, 인간의 한계에 대한 물음들 그리고 삶의 맥락 속에서 그리스도인들이 살며 부딪치는 신앙의 실제에 대한 답을 추구했던 칼뱅의 신학적 정신과 태도를 계승해야 한다. 즉 신학이 인간중심주의적 이성에 함몰되거나 신앙주의적, 사적 세계로 움츠려들지 않고 신앙을 교리적 신학담론 속에 해방시켜 실제적인 삶과 세계 현실에서 그 공적책임과 생명력을 회복하는 것이다. 인간성에 이바지하지 않은 종교는 존재의 가치가 없다. 기독교와 인간주의 간의 간격에 대한 교리적 경직성 혹은 분리주의적 태도를 극복하고 창조성과 상상력으로 근원의 깊이를 드러내는 인간존엄의 초월적 가치를 회복해야 한다. 따라서 신학은 신앙과 이성의 공존 세계 안에서 기독교 인간주의가 가진 의미와 사명을 전체적으로 높이고 미래 세대에 대한 존중과 인간성을 증진하는 데 공헌해야 한다. 기독교 인간주의는 인간의 주체적 의식과 도덕적 책임성을 고양함으로써 좋은 사회를 만들고 인간의 정신에 이바지하는 보편적 진리로서 신학적 담론을 가능하게 할 것이다.

둘째, 칼뱅신학의 역동성의 중요한 신학적 근거는 구원신학과 창조신학적 관점을 동시에 진지하게 성찰하는 삶의 신학이었다. 그가 하나님을 구속 주로서만 아니라 창조와 섭리의 하나님으로 숙고하였던 것은 인간과 세계의 탐구를 통하여 세상 속으로 나아가는 인문주의적 영향이다. 즉 르네상스의 인문주의가 고전과 성서로 돌아가서 '어떻게 살아갈 것인가?', '인간은 누구인가?', '인간의 근원과 삶의 의미'를 질문했던 것처럼 새로운 기독교 인간주의는 가치 있는 삶과 생명 존엄성을 질문하는 삶의 신학을 추구한다. 아타나시우스의 성육신신학을 적극적으로 해석해 온 대표적인 가톨릭 신학자 데니스 에드워즈Denis Edwards는 많은 현대인이 그리스도를 통한 구원신학에 대해 어려움을 느낀다고 말한다.[51] 위르겐 몰트만Jurgen Moltmann은 후기 산업사회

---

51 Denis Edwards, *Partaking of God: trinity, evolution, and ecology* (Collegeville: Liturgical Press, 2014) 19.

에서 살아가는 현대인들에게 새로운 구원에 대한 이해는 그리스도론의 우주적 차원을 재발견하는 것으로써 산업사회 이전의 표상들과 달라져야함을 주장하였다.[52] 중세의 구원이해를 벗어나기 위해 새로운 신학을 전개하였던 칼뱅처럼 전통에 대한 비판적 사유와 급변하는 세계에 대한 책임적 응답으로 구원에 대한 새로운 지평을 가능하게 하는 신학적 언어의 발견이 필요하다. 새롭게 나타나는 삶의 방식으로서의 종교이해와 탈종교적 그룹에게 기독교는 단순히 내세를 지향하는 것이 아님을, 복음에 대한 설명보다는 새로운 구원, 인간의 변화에 대해 증거해야 한다.[53] 성경의 일차적 관심은 나사렛 예수의 삶, 죽음 그리고 부활을 통한 인간존재와 삶의 변화이기 때문이다. 즉 창조신학과의 균형 속에서 삶의 신학을 구성하는 것으로 그 가치를 확보하고 삶의 전 영역을 포괄하는 폭넓은 구원이해가 필요하다. 삶의 신학은 칼뱅의 이중지식론의 인식론적 전환을 기초로 신에 대한 지식과 함께 현대사회의 인간존재와 실존의 상황에 대한 깊은 이해를 동시에 수행해야 한다. 그동안 신학에서 소홀히 다루어온 '인간은 누구인가', '인간이 된다는 의미는 무엇인가'에 대해 학문적인 대화 통하여 기독교 인간주의의의 새로운 지평을 확대해야 할 것이다.

셋째, 칼뱅은 신학전공의 정규과정에서 공부한 적이 없으나 프랑스 르네상스의 문화와 사상의 영향 속에서 성서를 언어학과 문헌학의 분석 대상으로 대하되 권위와 영감을 지닌 "하나님의 말씀"으로 받아들이는 것을 자신의 신학 함의 근본 자세로 삼았다.[54] 칼뱅은 참된

---

52 Jürgen Moltmann, *Ethik der hoggnung*, 곽혜원 옮김, 『희망의 윤리』(서울: 대한기독교서회, 2012), 33.

53 Alister McGrath, *Mere theology*, 안종희 옮김, 『삶을 위한 신학』(서울: IVP, 2010), 9.

신학적 사고를[54]위한 능력을 함양하는 데 인문주의 학문의 수련이 필요함을 강조하였다. 즉 신학자의 인문학적인 소양과 깊이는 하나님 말씀의 시대적 영감의 깊이와 공존한다는 것이다. 신학의 정체성과 시대적 적실성의 긴장의 균형을 가진 칼뱅은 "말씀의 신학"이라는 종교개혁 신학의 패턴을 확립하여 지식인 평신도, 귀족인 교양 계급의 여성, 교육의 기회를 얻지 못하고 배움을 갈구하던 여성 등 신앙의 지적인 내용을 갈구하는 모든 사람에게 환영을 받게 되었다. 따라서 이러한 칼뱅의 신학적 자세와 종교개혁의 기본 정신을 나타내는 말씀의 신학과 만인사제설의 진정한 계승은 한국교회에 가장 시급하게 필요한 평신도 신학을 발전할 수 있게 할 것이다.

결론적으로 신학자의 시대적 책임성과 탁월성이 자신이 속한 역사와 문화로부터 유리된 채 초월과 계시의 대변자 역할을 하는 데 있는 것이 아니라 오히려 그 시대의 특성을 다른 사람들보다 더 민감하게 의식하고 거기에 신앙적으로 반응하는 데 있다고 한다면, 칼뱅이 대표적인 경우로 평가될 수 있다. 칼뱅에게 종교개혁은 르네상스 문화가 지향했던 변화의 종교적 성취로서 자신의 시대에 변화하는 종교성에 대한 깊은 영적 통찰을 통해 세계와 인간에 대한 책임 있는 신학을 제시하게 했다. 칼뱅이 그러했던 것처럼, 포스트모던 시대의 영성에 대한 갈망과 종교 재부흥의 상황에서 우리는 시대정신의 핵심 가치인 생명존엄과 충만한 삶을 가능하게 하는 기독교 인간주의적 삶의 신학으로 응답해야 한다.

시대정신이란 말을 처음 사용한 괴테 Johann Wolfgang von Goethe 의 『파

---

54 오형국, 『칼뱅의 신학과 인문주의』, 25.

우스트』*Faust*에서 "모든 이론은 회색이라네. 그러나 삶의 황금나무는 초록색이지"라는 대목이 있다. 시대정신과 인간에 관한 신학적 탐구는 생생한 삶의 이야기를 신학화 함으로 인간과 초월을 만나게 한다. 초월은 현존하는 모든 불평등과 인간성을 붕괴시키는 경계와 이념을 초월하여 하나님의 형상인 모든 인간의 신적 존엄성을 발견하는 것이다. 초월은 세상으로부터의 분리가 아니라 급진적 내재와의 관계 속에 인간의 한계를 넘어 하나님의 사랑의 대상으로서의 세계를 바라보는 능력이다. 삶의 신학은 인간주의와의 대화와 시대정신에 대한 통찰을 통해서 인류를 향한 영적 비전을 제시하고 도덕적 해이와 인간성의 상실의 세계 현실을 변혁적 관점으로 바라보게 하는 새로운 기독교 인간주의에 관한 연구를 활성화해야 한다.

2장

포스트모던의 문화와 영성, 그리고 성육신적 인간주의

1. 삶의 신학과 기독교 인간주의의 재정립

대중적 문화공간에서 종교는 사람들의 관심에서 멀어진 지 오래다. 세속화 이후 한 사회의 가치와 방향을 설정해 가는 공론의 장에서 종교의 역할과 기능이 주변으로 밀려나 그 영향은 미미해졌다. 미국의 종교현상을 분석한 칼럼니스트는 21세기의 10년을 '종교침체' the Great Religious Recession 의 시대로 규정하고 있다.[1] 절대성 상실의 문화가 2현대사회의 가치를 지배하면서 윤리와 도덕 역시 실종되어 비인간화의 길을 빠르게 걸어가는 동안, 한국사회 속에서 개신교는 종종

---

[1]   Diana Butler Bass, *Christianity After Religion: The End of Church and the Birth of a New Spiritual Awakening* (New York: HarperOne, 2012), 20. 다이아나는 듀크 신학교에서 신학을 전공한 후 중요 일간지와 주간지에 저명한 칼럼니스트로 활동하고 있다.

사적이고 세속적 모습으로 비추어진다. 현대 기술문명이 갈수록 기계화됨에 따라 인간과 종교의 관계는 더욱 미묘한 긴장과 갈등을 초래하고, 이성에 기초한 과학적 합리성이 급기야 인간을 효율성에 근거한 도구의 실체로 전락시키는 결과를 가져왔다. 그 어느 때보다도 인간성에 관한 우려가 높다.

절대성 부재의 문화와 신성이 상실된 인간을 중심에 놓은 세계에서 인간은 더욱 깊은 소외를 경험해야만 했다. 휴머니즘의 라틴어 어원인 '후마니타스'humanitas 는 인간성, 인간됨, 교양, 박애, 자비 또는 인간미라는 뜻으로 인간적인 모든 것을 의미하며 동시에 인간을 인간답게 하려는 본성을 존중하며 실현하려는 인간존엄을 강조하는 말로서 인문학의 토대를 형성하여 왔다.[2] 최근 인문학에서 종교성에 관심을 가지는 이유는 인간됨을 다시 회복하기 위해 인간주의와 영성의 만남이 개인주의와 성장주의가 지배하는 서구문명의 미래를 헤쳐 나가기 위한 중요한 대안으로 떠오르고 있기 때문이다.[3] 이렇게 새롭게 논의되고 있는 인간주의는 근대에 논의된 이성중심의 무신론적 인간주의를 넘어 마음, 감정, 영성 등과 관련 속에서 다양하게 논의되고 있다. 인문학에서 새로운 인간주의[4]의 부상에 대한 다양한 분석을 종합해보면 첫째, 미국의 9.11 사태 이후 극단적 종교와 신앙이 이데올로기적 혹은 정치적 보수주의와 결합하여 사회적 상황에 악영향을 미치

---

2 최영희, "마리땡의 인간관과 휴머니즘," 『가톨릭 신학과 사상』 42 (2002), 171.
3 한국교회 목회자들 사이에도 인문학 공부가 붐이다. 최근 인간에 대한 깊은 이해와 성찰을 다루는 인문학에 대한 열풍이 사회전반에 불고 있는 상황에서 NCCK에서는 목회와 인문학의 만남을 기획하고 목회자들이 추구해야 하는 인문학적 소양을 나누었다.
4 김은혜, "기후변화와 생태위기에 대한 신학적 성찰: 새로운 인간주의를 향하여," 『장신논단』 36 (2009. 12), 194.

는 현실에 대한 심각한 회의 때문이라는 지적이다. 둘째, 생명력을 상실한 채 지나치게 제도화되고 교리화 된 종교는 특히 젊은이들에게 더 좋은 삶과 관련이 없는 것으로 보인다는 것이다. 이제 세속적 인간주의는 생 이후의 삶을 전제하지 않고서도 행복한 삶을 추구하고 신이 없는 선한 삶의 차원을 발전시켜 가고 있다.

더욱이 현대인들은 다양성을 존중하는 포스트모던 문화 안에서 제도적이거나 교리적 종교는 떠나지만 다양한 방식으로 영적인 갈망과 결핍을 채우려는 현상이 두드러지고 있다. 대표적으로 최근 미국과 유럽에 확산되고 있는 무신론자들의 일요집회가 주목을 받고 있다. 수백 명에 달하는 무신론자들의 회중집회 풍경은 대형교회 주일예배의 모습과 흡사하다. 그곳에는 단지 신만 없다. 신앙을 잃어가는 젊은이들이 증가하는 상황에서 이러한 움직임은 신앙을 떠난 사람들의 마음을 깊숙이 파고들고 있다.[5] 하버드대학에는 2006년부터 공식적으로 다른 종교와 마찬가지로 휴머니스트 교목chaplain을 두고 있다.[6] 그들은 신이 없는 공동체를 통해서도Godless Community 더 좋은 세계를 만들어가고자 '행동하는 가치'Values in Action를 모토로 젊은 지식인들에게 영향을 미치고 있고 이 운동은 북미와 유럽을 중심으로 빠르게 확산되고 있다.[7] 미국과 유럽의 대학에서는 신의 상실이 아닌 개인의 선택으로서

---

5 『국민일보 쿠키뉴스』, "교회처럼 모여보자 美 무신론 일요집회 400명 성황," http://news.kmib.co.kr/article/view.asp?arcid=0007747778 (2020.07.20 접속).

6 2013년 12월 하버드대학의 휴머니스트 공동체의 일원으로 활동했던 졸업생이 휴머니스트 공동체 프로젝트(Humanist Community Project)의 일환으로 스탠포드대학의 휴머니스트 교목으로 가서 새로운 휴머니스트 공동체를 꾸려나가고 있다. (http://harvardhumanist.org/ 참고)

7 또한 2012년 9월 영국의 두 유명한 코미디언인 샌더슨 존스와 피파 에반스는 영국 동부에서 무신론자들을 위한 주일예배를 시작으로 폭발적인 사람들의 관심에 현재까지 호주와 미국을 순회하며 수 십차례 무신론자들을 위한 일요집회를 열고 있다.

신 없이 선하고 의미 있는 삶을 선택하며 살아가려는 젊은이들이 증가하고 있다. 종교전문가들은 "종교와 반종교 사이의 제3의 길은 영성이 아니겠느냐"며 이 젊은 세대들의 특징은 제도적 종교에 속하지 않지만 종교서적을 읽고 명상, 봉사나 환경보호활동 등으로 종교를 대체하는 생활을 영위하는 것이라고 전망했다.[8] 이렇게 인간성의 회복을 열망하며 영성에 대한 다양한 관심으로 나타나는 현대문화적 특징은 새로운 종교의 부흥을 가져오는 중요한 원인이 되고 있다.[9]

한국사회의 경우는 통계청이 2017년 19일 발표한 2015년 인구주택총조사 결과에 따르면, 개신교는 주요 종교 중 유일하게 교세를 확장했다. 개신교 신자는 2005년 844만6,000명이었는데, 지난해 그 인구가 967만6,000명으로 14.6% 늘었다. 종교계가 '종교 인구 통계'의 숨은 뜻을 파악하느라 분주하다. 탈종교화는 전 세계적 추세이나 한국사회에서 종교를 갖지 않는 인구가 처음으로 절반을 넘은 데다, 1위 자리에 개신교가 불교를 역사상 처음으로 추월하는 등 상징적 변화가 뚜렷하기 때문이다. 특별히 유일하게 교세 확장한 개신교는 통계청 발표 후 반색하면서도 "예배에 참석 않는 가나안 성도와 이단이 포함됐을 가능성 해석"과 동시에 한 사회에 다수를 차지하는 기독교의

---

8 『중앙SUNDAY』, "영적인 非종교인 늘고, 기독교에도 '차이나 파워'," https://news.joins.com/article/5969943 (2020.07.20 접속).

9 세계종교인구는 매년 증가추세이다. 그러나 이 증가의 과정에서 바뀌고 있는 세계종교지형도를 살펴볼 필요가 있다. 미국의 여론조사기관 퓨리서치센터(Pew Research Center)가 최근 발표한 '세계 종교의 미래' 보고서를 보면, 세계 종교 지형에 불고 있는 변화의 바람은 조용하지만 강력하다. 바람의 진원지가 어디일까? 여러 가지가 후보로 꼽히지만, 가장 큰 진원지는 출산율이다. 보고서가 내놓은 세계 종교 지형 변화의 핵심은 이슬람의 등극과 불교의 쇠락이다. 종교전환(개종)도 세계 종교 지형 변화에 일정한 영향을 끼친다. 개종을 통한 신도 증감에서는 기독교가 가장 큰 손실을 입을 전망이다. 전 세계에 걸쳐 약 4천만 명이 기독교로 종교를 바꾸는 반면, 이보다 2배가 훨씬 넘는 1억600만 명이 기독교를 떠날 것으로 예상됐다. 『한겨레』, "세계 종교 지형이 바뀐다," http://www.hani.co.kr/arti/society/religious/686134.html#csidx577f0ba0971d6f2a99dade2b9ea5fb2 (2020.07.20 접속).

사회적 책임성과 가나안 성도의 증가와 이단확산에 관한 반성이 동반되고 있다. 이러한 의미에서 생활공간과 공적인 영역에서 그리스도인의 삶의 의미를 추구하는 기독교 인간주의에 대한 성찰은 이러한 종교적 지형도의 새로운 변화 앞에서 그리스도인들을 사회문화의 주체로 세우기 위해 중요하며 변화되고 있는 종교의 재부흥 현상을 분석할 필요가 있다. 세속적 인간주의와 기독교 인간주의의 공통적인 토대는 인간에 관한 성찰과 이해이다. 인간존엄의 회복은 신학적 인간에 대한 근본적 이해를 전제하게 된다.

특별히 포스트모던 문화현상과 함께 떠오르는 현대인들의 영적인 갈망과 종교의 재부흥에 대한 신학적 분석과 그에 대한 응답으로서의 이성중심의 협소한 인간의 이해를 넘어 다양한 인간에 관한 간학문적 연구에 대해 신학은 진지하게 소통해야 한다. 왜냐하면 기독교 인간주의에 대한 성찰은 근대 이후 각각의 길을 걸어간 신앙과 이성 그리고 인간성과 신성의 관계를 다시 재정립함으로 교회가 세상 속에서 영성적 비전과 보편적 인간의 삶의 문화윤리[10]의 방향을 제시하게 할 수 있기 때문이다. 현재 기독교는 서구보다 비서구에서 활기를 띠며[11] 향후 기독교의 중심축이 비서구권으로 이동하는 현상은 더욱 가속화된다고 전망하는 미국 고든 콘웰 신학교 '글로벌기독교연구센터'의 토드 존슨 대표는 "기독교인들은 비기독교 세계의 경제·사회적 이슈에 대해 적극적으로 반응하는 통합적 선교접근을 시도해야 한다"고

---

10 윤리문화라 함은 사람이 살아가며 개인 또는 사회적으로 지켜야 할 통시대적인 도리 및 규범생활로 '실천적인 삶의 가치이념과 양식의 총체'이다. 이서행, 『한국윤리문화사』(성남: 한국학중앙연구원 출판부, 2011), 16.
11 박형진, "지구촌 기독교의 등장과 그 개념화 작업," 『선교와 신학』 31 (2013년, 봄), 13.

말했다.[12] 그러므로 포스트모던 문화현상으로 새롭게 부상하는 영적, 종교적 변화에[12]대한 윤리적 진단은 향후 한국교회의 선교를 위해서도 중대한 이론적 토대가 될 것이다. 더 나아가 인간존엄성과 생명가치를 진정으로 회복하기 위해 성육신의 의미를 성찰함으로 점점 비인간화되어 가는 사회의 제 문제를 신학적으로 분석하고 세상과 교회의 분리를 넘어 정의와 평화 그리고 공동체적 연대의 기독교문화 윤리[13]를 제시할 것이다. 즉 특수한 한국적 상황에서 교회가 사랑의 실천과 섬김으로 세계 속에서 육화되어 나아갈 수 있는 길을 모색하고자 한다.

2. 포스트모던 현상으로서 영성에 대한 관심과 종교부흥의
문화적 맥락

이 장은 성육신에 기초한 기독교 인간주의의 중요성을 연구함으로써 근대의 이성중심의 인간주의를 통해 형식적으로 선포되었던 인간존엄성을 진정으로 실현하고자 하는 연구이다. 이를 위해 하나님이 그분의 형상대로 만드시고 사랑하신 인간에 대한 깊은 이해와 성찰이 전제되어야 한다. 중세 이후 두 개의 중요한 사상적 흐름은 르네상스를 중심으로 일어나는 인문주의와 기독교를 중심으로 확산된 종

---

12   다음의 인터넷 사이트 참고. http://www.biblenet.co.kr/s07_5.php?bo_table=s07_5&wr_id=75&type=&ctype=&stz= (2020.07.20 접속).

13   기독교 보편윤리는 근대의 편협한 이성중심의 토대를 비판적으로 성찰하고 공감과 소통을 전제로 하는 연대에 기초한 가치를 생산하는 것으로 포스트모던이 주장하는 다름과 다양성을 부정하거나 억압하는 것이 아니며 그러한 포스트모던의 성찰과 충돌하는 것도 아니다.

교개혁이다. 이 두 흐름의 깊은 상호관계 속에서 나타난 인간주의는 근대를 지나면서 자신의 길을 가게 되고, 계몽주의를 거치면서 세속사회와 교회는 영원히 멀어지는 듯했다. 르네상스 시대 최초의 역사적 휴머니즘은 신神으로부터 인간의 해방을 지향하였다. 그것은 계몽주의를 지나면서 존엄한 자율적 인간존재로의 회귀를 열망하는 인간적 몸부림의 표출이 되었다. 인문학에서 휴머니즘[14]은 인간이 인간다움인간성을 추구하고 그 안에서 인간존엄을 찾고자 하는 것으로 정의할 수 있다.[15] 그러나 이러한 세속적 인간주의의 결과는 현대사회의 가장 비인간적인 문화로 귀착되었다. 더욱이 이탈리아의 포스트모던 철학자인 바티모는 니체가 선포한 '신의 죽음'과 하이데거가 주장한 '형이상학의 종말'은 역설적으로 포스트모던 시대에 영성에 대한 재부상과 종교의 부흥에 공헌하고 있음을 강조했다. 그것은 신의 죽음과 형이상학의 종말이 무신론의 이론적 토대를 통합적으로 건설해내기 불가능하기 때문이라는 것이다.[16]

　　최근 서구사회의 문화현상을 대표하는 표현 중의 하나는 "영적이지만 종교적이지 않다"Spiritual, But not Religious이다. 이 모토가 포스트모던의 문화 속에서 종교인이나 비종교인들에게 공감을 주고 있다.[17] 한 신문의 보도에 따르면 10년 후 유럽과 미국에서는 "영적이지만 종교

14　휴머니즘은 인문주의, 인도주의, 인간주의로 번역될 수 있으나 본 논문에서는 현대사회의 신학적, 철학적 담론을 고려하여 가장 포괄적인 개념인 인간주의로 통일하였다.

15　여종현, "근대적 휴머니즘에서 탈-근대적 휴머니즘으로-노자의 道사유와 하이데거의 존재 사유를 중심으로,"『존재론 연구』4 (1999), 440.

16　Gianni Vattimo, *After Christianity* (New York: Columbia Universtiy Press, 2002), 84-85.

17　http://www.beliefnet.com/Entertainment/Books/2002/07/Spiritual-But-Not-Religious.aspx
　　Spiritual, But Not Religious는 지난 4-5년간 많은 미국인들이 스스로를 규정할 때 가장 널리 쓰이는 말이다.

적이지는 않은" 사람들이 더욱 증가할 것이라고 한다.[18] 영성의 시대라 말해도 지나치지 않을 만큼 현대문화는 다양하고 세련된 문화양식으로 영성을 표현한다. 세속적 삶 속에서조차 영성에 대한 관심은 날로 증가하여 더 이상 영성이라는 단어는 종교적 용어로 제한되지 않으며, 다양한 인간의 내면과 정신 영역을 표현하는 일반적인 용어로 전환되고 있다. 미국인들의 종교성을 잘 반영하는 The Research for Public Life and Religion의 발표에 따르면[19] 18세부터 29세에 이르는 새로운 세대들의 보편적인 종교적 경향은 종교와 영적 세계에 대한 관심이 현저하게 증가하는 동시에, 기존에 있는 기성교회나 제도화된 기독교에 대한 거부감도 점점 증가하고 있다는 것이다.[20] 이러한 통계는 한국의 많은 기성교단에 속한 교회들이 당면하고 있는 도전과 문제들과 특별히 다르지 않다. 미국의 종교문화와 한국교회의 상황은 차이가 있으나, 배타적 개신교에 비판적이며 종교적 다양성에 대한 관용과 개방성에 영향을 받고 있는 젊은 세대가 증가하고 있는 것은 분명하다.

그리스도인뿐 아니라 종교를 갖고 있지 않은 일반 사람들도 영적인 차원에 대한 관심이 지속적으로 증가하고 있다. 최근 인문학뿐만 아니라 시민운동NGO 안에서도 영성, 종교, 종교성, 내면의 성찰과 평

---

18 『중앙SUNDAY』, "영적인 非종교인 늘고, 기독교에도 '차이나 파워'," 이 때 영적이라는 것은 주로 개인적이고 사적인 영역에서의 궁극적 실재에 대한 사고와 경험, 그리고 신비주의와 관련하여 사용하고 종교적이라는 것은 공적인 종교조직의 교인이고 정기적으로 예식에 참여하고 특정한 교단의 교리와 관련하여 살아가는 사람들을 말할 때 사용되는 단어로 이해 된다.

19 2012년 10월 24일에 개최된 The Forum on Religion and Public Life Research (http://www.pew forum.org)에서 미국인들의 종교적 성향과 종교에 대한 태도를 자세히 살펴볼 수 있다.

20 손디모데, "미래세대와 학습자 이해," 김도일 편, 『미래시대·미래세대·미래교육』(서울: 기독한교, 2013), 284.

화 등에 대한 관심이 유행처럼 증대하고 있다. 이러한 영적인 것에 대한 광범위한 관심을 표현하는 포스트모던 사회 속에서 한국 개신교는 갈수록 배타적인 자세로 교회 밖의 타자들과 소통이 어려운 현실이다. 배타적 태도만이 기독교의 진리를 전할 수 있다는 사고의 경직성은 세상과의 소통을 어렵게 하고, 건강한 종교문화의 형성을 통한 기독교 진리의 보편적 가치의 확산에 장애가 되며 때로는 하나님 선교의 거침돌이 된다는 인식이 절박하다.

이러한 현상을 이해하는 다양한 시각 중에 바티모는 21세기의 가장 괄목할만한 문화현상은 종교의 부흥이라고 지적하면서 그러나 그 현상에 대해 아직 철학은 적극적으로 응답하지 못하고 있다고 주장했다. 그는 21세기 종교가 다시 활력을 회복한 이유에 대해 과학과 기술의 발전으로 인해 종교적 입장과 교회의 소리에 무게가 실리기 시작했다는 것을 든다. 즉 생태윤리, 생명윤리 분야에서 삶과 죽음이 논의되면서, 자유와 자기결정 등 인간의 운명이 언급되는 문제들은 단지 이성의 논쟁만으로 해결하기에는 너무 크고 거대한 문제라는 것이다.[21] 그리고 이러한 영성에 대한 문화적 현상인 종교 재부흥은 그동안의 이성과 합리성에 기반을 둔 사고에 대한 비판과 이에 대한 대안이라는 것이다. 이것은 한편 자연적이고 신비주의적인 삶에 대한 동경과, 다른 한편으로 현대 인류문명의 뼈대를 이루고 있는 서구적 과학사상과 기계론적 사고에 기초한 인간의 삶은 더 이상 희망이 없다고 보는 문명비판론과 연결되어 있다. 적십자운동에 평생을 바쳐온 서영

---

21   Gianni Vattimo, *After Christianity*, 84. 이미 니체는 현대과학은 새로운 사고의 모델을 예고할 것이라고 예언한 바가 있다.

훈 전 총재는 시민운동과 종교의 만남을 모색하며 '휴머니스트 플러스클럽'을 꾸려온 것에 대해, 지금처럼 인간이 과학기술에 얽매여 편리하고 즐겁고 욕심에 차는 것만 쫓아다니다간 미래사회는 오지 않을 것이라고 말하면서 "생명과 평화를 바탕으로 삼아 잃어버린 종교성을 되찾아야 한다"고 하였다.[22] 이러한 현상은 도구적 이성의 대한 포스트모던 비판이 이미 믿음과 이성을 다시 연합하기 위한 길을 예비하여 왔음을 인식하게 한다.[23]

나아가 다양한 분야에서 종교와 영성에 관심을 돌리는 것은 후기산업사회가 야기하는 사회적 혼돈의 상황에서 사회적 정체성을 형성함에 있어서 종교가 가지고 있는 특별한 의미를 인식하게 되었기 때문이다.[24] 성육신적 인간주의를 강조하는 짐머만은 건강한 이성과 믿음 간의 관계성의 폐기로 인해 현대서구의 진리개념은 이원론과 합리주의 그리고 상대주의로부터 계속해서 고통을 받고 있다고 분석하였다.[25] 이러한 의미에서 서구문화가 가진 정체성의 위기는 분명히 이성과 믿음을 연결하지 못한 현대의 무능력과 동일하다. 현대 세속사회는 궁극성의 상실로 길을 잃고 물질에 매달리고 있다. 사실 서구문명의 가치는 초월적, 종교적 자원으로부터 근본적 방향을 가져왔기 때문이다. 이러한 배경에서 서구문화에 나타난 새로운 정체성의 위기는 언제나 도덕적 문제들과 함께 제기되는데 이는 현대사회의 종교부흥 배

---

22 『한겨레』, "이사람-생명·평화 바탕삼아 종교성 되찾아야," http://www.hani.co.kr/arti/culture/culture_general/433233.html (2020.07. 20 접속).

23 Jens Zimmermann, *Incarnatioanl Humanism: A Philosophy of Culture for the Church in the World* (Downer's Grove: IVP Academic, 2012), 17.

24 Gianni Vattimo, *After Christianity*, 85.

25 Jens Zimmermann, *Incarnatioanl Humanism*, 11.

경의 가장 강력한 요소이다. 이것은 때로 엄격한 훈련과 교리를 통하여 근본으로 돌아가게 하는 감정을 부활시키는 경향으로 나타나며 동시에 광신과 불관용에 빠질 분명한 위험이 있다고 바티모는 분석하고 있다.[26] 즉 종교의 세속화와 다원화는 두 가지 현상으로 나타날 수 있는데 다원화에 대한 반작용으로 급격한 근본주의적 입장으로 나타나거나, 세속화에 대한 반작용으로 경계 없는 영성에 대한 개방으로 나타나고 있다. 성육신적 인간주의는 이러한 두 입장 모두를 경계한다.

　　종교의 세속화와 다원화는 현대 모든 종교들에게 도전이다. 최근 사회에서 논의되는 한국 기독교에 대한 비판적 담론 중 하나는 한국 종교가 시대적 사명을 감당하지 못한 채 스스로의 전통에 함몰되어 몰시대성과 몰역사성을 드러내고 있다는 것이다. 기독교는 현대 한국사회의 진로에 대한 어떠한 영성적 비전을 제시하지 못한 채, 오히려 현대문화와 여전히 대결적 구도를 형성하고 있다는 점에서 비판받는다.[27] 한국교회의 종교적 열정은 세계 기독교에서 주목할 만큼 뜨거우나 그 사회적 영향력과 신앙적 가치의 문화형성적 역량은 점점 방향을 잃고 사사화私事化되고 있다. 신학이 그러한 현상에 능동적으로 대처하지 못할 때 종교는 물상화物像化된다. 역사적으로 종교는 그 시대 인류의 정신문화의 핵심을 구성할 뿐만 아니라 새로운 시대의 영성적 동력을 제공해왔다.[28] 틸리히의 종교와 문화의 불가분의 관계성을 언급하지 않더라도 종교는 문화의 저변을 구성해왔으며 문화를 풍요롭

26　Gianni Vattimo, *After Christianity*, 85.

27　신광철, "한국의 종교, 종교운동-그 열린 쇄신을 위하여," 『제3회 미래사회와 종교성 심포지엄 발제문』(2006), 8-9.

28　위의 글, 12.

게 만들어왔고 문화를 이끌며 방향을 제시해왔다. 종교는 제도와 교리를 떠나 다양한 문화적 현상과 형식을 띠고 현대인의 정신과 영성에 영향을 준다. 기독교가 현대사회의 새로운 문화변동에 대한 영성적 비전을 제시하지 못하면 젊은 세대는 교리를 강요하는 교회를 떠날 수밖에 없다. 일상의 삶의 의미와 사회 안에서 보편적 가치를 창출할 수 있는 기독교 문화형성을 일으키는 기독교 인간주의의 연구 활성화가 필요한 이유이다.

사실 근대철학은 종교의 죽음을 선포했다. 현대철학의 주요 흐름은 대륙철학과 분석철학인데 여기에는 신학이 설 자리가 없다. 이러한 무신론적 철학이 종교의 오류를 정확하게 이론화한 것은 아니다. 오히려 현대철학은 초월에 대해 침묵하고 있다. 현대철학이 이성적 사고가 아닌 급진적 종교경험과 순수감정의 문제를 진지하게 다루지 않은 것은 비트겐슈타인의 유명한 격언인 "말할 수 없는 바에 대해서는 침묵해야 한다"를 상기시킨다. 오늘날 신에 대한 철학의 침묵은 그 통일된 원리의 토대를 상실했다. 대부분 철학자들은 습관적으로 무신론이 되거나 타성에 젖어서 비종교적이 되는 것을 공식화하고 있다. 그러나 포스트모던 시대는 거대담론의 해체, 즉 실재에 대한 온전한 논리, 역사의 법칙, 체계적 철학과 진리획득의 방법 등 철학적 무신론자들을 위한 강력한 이성에 대하여 종말을 고하였다. 즉 신의 죽음을 선포한 니체가 옳았다. 그의 공헌은 거대담론을 해체하기 위해 결정적이었다. 그러나 니체 전공자인 바티모는, 니체의 철학의 핵심적 역설은 그의 신 죽음의 선포와 모든 거대담론의 종말이 새로운 신의 출현의 가능성을 배제하지 않았고 말한다.[29] 하이데거는 "인간의 인간성을 존재의 이웃에서 사유하는 것이 휴머니즘이다"라고 정의했다. 인간의 인간성을[29]인간적인 것[이성]에서 찾지 않고 인간적인 것이 아닌 존재에서 찾아야 한다고 말했다.[30] 이렇게 근대철학의 담론은 새로운 종교의 부상을 준비해왔다.

인간이해의 변화는 모든 것을 변화시키는 핵심개념이다. 그리스도인은 인간이다. 그리스도인으로만 인간을 이해한다면 그 이해는 부분적인 이해에 머물 것이다. 인간에 대한 이해 부족은 결국 그리스도인으로서의 이해에 대한 결함으로 나타날 수 있다. 인간에 대한 이해에 충실하지 못하는 것은 신앙적 차원의 이해의 결핍을 전제할 수밖에 없는 것이다. 현대과학과 인문학의 괄목할만한 발전으로 인간에 관한 혁명적 전환을 가능하게 하는 다양한 분야에서의 연구가 눈부신 진보를 거듭하고 있다. 그러나 아직 한국 신학계에는 이러한 인간이해의 새로운 지평들과의 대화가 부족하다. 기독교 인간주의의 관점에서 그동안 신학에서 소홀히 다루어온 인간은 누구인가? 인간이 된다는 의미는 무엇인가에 대해 간학문과의 대화 즉 예를 들면 뇌과학neuroscience, 심리학psychology, 문화학Cultural Studies, 행동경제학behavioral economics, 동기이론motivation theory 등과의 대화를 통하여 기독교 인간주의의의 의의와 새로운 지평을 확대시켜야 한다.

한편 근대의 이성을 중심에 둔 인간이해는 인간의 종교성과 특히 기독교의 영향을 축소하는 경향을 보여 왔다. 계몽주의 시대의 이성은 중세의 신앙의 시녀로서의 위상을 버리고 자신의 절대성을 주장하며 신앙의 성찰에서 멀어져 갔다. 우리 시대는 그러나 이성과 신앙

---

29   Gianni Vattimo, *After Christianity*, 85.

30   Martin Heidegger, "Brief uber den Humanismus," in *Wegmarken* (Frankfurt am Main: Klostermann, 1976), 342-43. 여종현, "근대적 휴머니즘에서 탈-근대적 휴머니즘으로," 487에서 재인용.

의 분리는 축소된 인간이해로 인도할 뿐이라는 인식이 부상하고 있다.[31] 정신의 대부분을 차지하는 무의식에 대한 새로운 연구와 발견들, 그리고 이성의 반대로서가 아니라 이성을 온전하게 성숙시키는 것으로서의 감정에 대한 확장된 이해, 그리고 개별성뿐 아니라 관계 속에서 다시 형성되는 인간에 대한 새로운 연구들이 진행되고 있다. 이러한 인간에 관한 새로운 연구들과 정서와 공동체적 영향의 다양한 평가들을 중심으로 그 어느 때보다도 인간에 대한 연구가 풍요로워 졌다. 따라서 기독교 인간주의에 대한 연구는 그동안 소홀했던 인간에 대한 신학적 성찰과 인문학과 과학과의 적극적 대화를 통하여 인류보편의 가치를 함께 모색하는 상호존중의 관계 형성을 위한 초석이 될 것이다. 따라서 일반학문 영역에서의 새로운 종교이해와 인간주의 담론에 동참함으로써 신학의 공적 영향력을 확대해야 한다. 신학이 학문적 고립으로부터 벗어나 그 중요성을 인식하게 함으로써 신학과 타학문과의 관계를 재설정하는 것이 중요하다. 인간성과 신앙은 반대가 아니며 과학과 신앙은 반목하는 것이 아니므로 대화를 통해 새로운 인간주의를 정립해야 한다. 이러한 대화와 연대를 토대로 세계 안에서 기독교 인간주의가 가진 의미와 사명을 전체적으로 제고하고, 미래세대에 대한 존중과 인간성을 증진시키는 생태와 지속가능한 개발을 촉진하는 데 공헌해야 한다.

---

31 손은실, "토마스 아퀴나스와 루터의 신 인식론 비교,"『선교와 신학』 25 (2011년 봄), 237.

3. 대안적 인간주의로서 성육신적 인간주의

기독교 인간주의는 기독교성과 인간성을 동시에 구현하고자 하는, 즉 기독교생활 속에 인간의 존엄성을 찾고자 하는 입장으로 정의될 수 있다.[32] 광의의 의미에서 신학은 모두 인간주의적 관점을 수용하며 신학자들은 근본적으로 인간주의자들이다.[33] 세속적 인간주의와 기독교 인간주의는 계몽주의 이후 멀어졌으며 때론 종교와 인문학의 결별이 적대적 관계나 무신론과 불가지론 등으로 나타났다. 이러한 결과는 그러나 인간을 더 인간적으로 만들지 않았으며 비인간화를 가속화시키고 있음을 인식해야 한다. 짐머만은 신학이 서구 현대문화가 공적 담론에서 종교적 감수성을 상실함으로 인해 일어나는 비인간화 문화와 종교의 재귀를 주목해야 한다고 주장하였다.[34] 이러한 문화현상에 대한 신학적 반성은 다시 영성에 귀를 기울이고 초월과 관계된 인간정체성에 응답하는 기독교 인간주의에 대한 재정립을 요구한다. 기독교 인간주의에 관한 신학적 성찰은 이성과 기술을 넘어 인간성을 증진시키고자 하는 세속적 인간주의와 대화하고 방향을 제시하며 비판적 성찰에 귀를 기울이고 그 한계를 넘어 세계 속에서 신학의 위치를 재정의 시켜야 한다.

성육신적 인간주의를 주장하는 짐머만은 과학과 기술을 바탕으

---

32 김경한, "'기독교 휴머니즘'의 역사적 의미," 『밀턴연구』 13-1 (2003. 5), 4.

33 위의 글, 4. 협의의 의미에서 기독교 휴머니스트는 르네상스 이탈리아 학자들과 대비하여 에라스무스, 모어, 밀턴 등과 같은 경건한 북부유럽의 휴머니스트들만을 지칭하기도 한다.

34 Jens Zimmermann, *Incarnatioanl Humanism*, 16.

로 한 서구문명과 이성중심적 인간이해의 비판적 성찰을 하면서 최근 서구문화의 정체성의 위기의 가장 큰 원인을 기독교적 뿌리의 상실로 인식했다. 그는 신학자뿐 아니라 철학자들과 정치가들을 언급하며 서구문화의 이성, 자유, 인권, 그리고 민주주의의 소중한 유산을 다시 이해하고 회복하기 위해 기독교적 뿌리를 회복하는 것이 중요하다고 강조한다.[35]

기독교 인간주의에 대한 전통적 이해는 21세기 대전환의 시대에 점점 심화되는 비인간화의 현실 앞에 인간다운 삶을 실현하기 위한 복음의 능력을 밝히는 핵심적 기독교사상이다. 이것이야말로 모든 인간의 문화 속에서 복음의 생명력을 밝히는 중요한 신학적 기초이다. 왜냐하면 구원을 위한 하나님의 능력은 동시에 인간화의 힘이기 때문이다. 복음 즉 그리스도의 사역은 단지 하늘로 인도하는 것이 아니라 이 땅에서 진정으로 인간다운 삶으로의 길을 보여주는 것이기 때문이다.[36] 따라서 대안적 인간주의로서 성육신적 인간주의는 신을 상실하고 궁극적 실재를 잃은 다양한 문화현상들과 현대 사회의 영적 도덕적 위기와 인간성 상실의 세계현실을 적극적으로 변혁하는 신학의 토대이다. 기독론 중심의 성육신적 인간주의가 새로운 기독교인간주의의 대안이 되는 것은 인류보편의 가치를 생산하는 신학적 패러다임을 가능하게 하기 때문이다. 성육신적 인간주의는 복음의 핵심적 진리에 기초할 뿐 아니라 세계의 다양한 문화를 적극적으로 수용하는 개방성을 기초로 세계에 대한 신학적 토대를 건설할 수 있는 관점을 제시한

---

35 위의 책, 12.

36 R. William Franklin and Joseph M. Shaw, *The Case for Christian Humanism* (Grand Rapids: W. B. Eerdmans, 1991), X.

다. 또한 성육신적 인간주의를 통해 영적 비전과 도덕적 가치를 상실한 인류의 미래를 위한 기독교적[37] 보편문화윤리의 가능성을 검토할 수 있기 때문이다.

그러나 현실세계를 움직이고 있는 동인들은 너무나 복잡하고 다원적이다. 저명한 현상학자인 알폰소 링기스 펜실베이니아 주립대학 명예교수는 과학기술의 발달, 생산성 증대, 새로운 과학적 이기利器의 발명, 특히 인간의 생물학적 운명을 바꿀 수 있는 생물공학의 발달 등을 위태로우면서도 새로운 가능성을 열어놓는 사례로 보았다. 그는 이에 대한 대안으로 오늘날 인류가 부딪치는 문제들을 적절하게 해결하기 위해 새로운 문화와 윤리, 즉 인간주의가 필요함을 강조하였다. 링기스 교수의 의견으로는 새로운 인간주의는 인류로 하여금 앞으로 '풍요의 망상'에서 삶의 일시적인 흥분을 찾는 것이 아니라 "자연과 우정과 이방인과의 만남과 앎과 문화에서 풍요의 고양高揚을 찾게 될 것이다"라고 주장하며 새로운 인간주의 또는 진정한 보편적 윤리의 확장에 호소하는 것이 가장 바람직하다고 말한다.[38]

짐머만은 성육신적 인간주의를 세계 속의 교회를 위한 문화이론으로 발전시키면서 기독교인들이 자신들과 세계와 문화를 이해하기 위한 신학적 기초를 위해 중요하다고 말한다. 서구 기독교와 동방

---

37 보편윤리는 근대의 편협한 이성중심의 토대를 비판적으로 성찰하고 공감과 소통을 전제로 하는 연대에 기초한 가치를 생산하는 것으로 포스트모던이 주장하는 다름과 다양성을 부정하나 억압하는 것이 아니며 그러한 포스트모던의 성찰들과 충돌하는 것도 아니다.

38 알폰소 링기스, "풍요의 시대," 『한국유네스코 주최 제1회 세계인문학포럼 자료집』(2011), 397-98. 제1회 세계인문학 포럼을 개최하며 유네스코 사무총장 이리나 보코바(Irina Bokova)는 유네스코 65주년 기념식에서 언급한 "새로운 경제적, 재정적, 사회적 도전들과 더불어 세계화가 심화되어 상호관계가 늘어나고 불확실성이 증가하는 시대"에 새로운 휴머니즘(New Humanism)이 필요함을 역설하며, 오늘날의 비전과 통찰력을 제시하기 위해 인문학의 역할을 강조하였다. (http://www.unesco.or.kr/upload/data_center/WHF_Proceedings_Kor.pdf)

정교회 모두 동의하는 바는 신적 로고스의 인간됨이 최초로 인간주의 개념을 수립하는 신학적 기초라는 것이다.[39] 롱은 "나사렛 예수"Jesus of Nazareth라는 글에서 나사렛 예수는 인간으로 마리아에게 나서 문화 속에서 양육되었으며 죽으시고 부활하여 다시 살아나신 분으로, 문화를 통하여 그리고 그 안에서 역사적으로 오신 하나님 이외의 다른 분이 아니며 역사적 문화의 예수 역시 동일한 그리스도임을 밝힌다. 따라서 실재와 모든 인간의 문화경험은 그리스도 안에서 연합되는 것이다.

최근 성육신적 인간주의에 기초한 다양한 신학적 연구는 신자들과 기독교 공동체를 위해 새롭게 발전시키는 신학적 자원으로 부상하고 있다. 기독교 인간주의는 인간의 모든 영역에서 제기되어야 한다. 그러나 최근 복음의 소리가 공적인 영역에서는 들리지 않는다. 인간존재의 의미는 최종적 인간 그리고 완전한 인간으로 나사렛 예수 안에서 가장 풍부하게 체현되었다. 이러한 의미에서 이성에 기초한 세속적 인간주의와 다른 종류의 많은 인간주의가 실패한 지금, 기독교 인간주의의 의미와 가치를 더욱 발전시켜야 할 시대적 사명이 있다.[40] 따라서 기독교 인간주의는 인간의 온전함을 성취하기 위하여 타인으로부터 분리해야 하며 종종 개인과 공동체가 경쟁적 관계로 나타나는 서구 개인주의와 다른 진정한 인간성을 지원할 뿐 아니라 공적 영역에서 인간존엄을 획득하기 위해 강력한 정신이다.

성육신적 인간주의가 공동체적일 수밖에 없는 이유는 그리스도 안에서 하나님이 인류가 거주하는 곳으로 찾아오셨다는 것이다. 하

---

39 위의 책, 10.
40 R. William Franklin and Joseph M. Shaw, *The Case for Christian Humanism*, 9.

나님은 한 인간으로서의 그리스도를 통하여 역사적 공동체의 일원이 되었다는 것이다. 이것이 대안적 기독교 인간주의의 형태인 성육신적 인간주의의 핵심적인 주제다. 성육신은 하나님이 우리와 함께 하시겠다는 신적인 차원의 약속으로 하나님이 함께 하시는 신앙은 우리에게 완전히 새로운 차원의 삶을 살아가게 한다. 성육신은 무한이 유한 속에, 영원이 순간 속에, 자유가 필연 속에, 초역사가 역사 속에 침투하는, 그래서 인간역사가 영원과 접촉하는 급진적 전환의 사건이 된 것이다. 하나님의 현존은 언제나 인간의 방법으로 오신다. 만일 하나님의 방법으로 인간에게 왔다면 인간이 인식할 수도 이해할 수도 없을 것이다. 예수님의 인간구원을 향한 십자가 사건의 원초적 준비는 하나님이 인간이 되심으로 인해 시작된다.

먼저 기독교 인간주의는 기독론을 그 중심에 두고 전개한다. 기독론은 예수 그리스도의 중요성을 다루는 중요한 신학의 분야이다. 예수 그리스도에 대한 수많은 연구와 해석 그리고 의미들은 어떻게 그리스도가 이 세상에서 활동하시는가를 이해하는 데 풍요롭게 기여해왔다. 이러한 기독론의 발전은 특별히 지난 세기 동안 다양한 기독론을 통하여 기독교 인간주의의 특징들이 재부상하는 것을 설명해왔다.[41] 오늘날의 기독론의 핵심적 흐름은 고대교회의 가르침을 재평가하면서 구舊자유주의의 경향인 예수 그리스도를 단순한 인간으로 축소하지 않으며 그리스도의 인간성을 다시 이야기할 수 있는지에 대한 관심이다. 특별히 칼 바르트는 "하나님의 인간성"The Humanity of God 이라

---

41 Don S. Browing, *Reviving Christian Humanism: the New Conversation on Spirituality, Theology, and Psychology* (Minneapolis: Fortress Pr, 2010), 206.

는 글을 쓰면서 예수 그리스도의 인간성을 심각하게 숙고하면서 하나님을 성찰하였다. 바르트 이후로 기독론적 사상은 지속적으로 그리스도는 온전히 인간이시고 하나님이시라는 고대교회의 가르침의 맥을 지속적으로 탐구해왔다. 최근의 선교현장과 에큐메니칼 대화를 통해서도 상기되는 사실은 그리스도는 세상으로부터 멀어지는 것이 아니라 인간공동체와 긴밀하게 동일화되는 것을 공유하고 있다.[42] 즉 교회와 세상 안에서 그리스도의 현존은 사람들로 하여금 인간이 된다는 것은 무엇을 의미하는지 그리고 그 현존을 근거로 하는 세상은 인간에게 어떠한 의미인지를 더 깊은 차원에서 이해할 수 있도록 한다.

성육신적 인간주의는 삶의 새로운 징조들을 보여주는 복음의 한 부분이다. 근대 이후 오랫동안 기독교 인간주의는 무시되거나 잘못 이해되어왔다. 그러나 기독교 인간주의는 세상 안으로 오시는 그리스도가 하나님의 사랑의 돌보심이 어떻게 피조물인 인간과 인간의 통합적 전체에 영향을 주는지 보여주는 전통적인 기독교적 메시지이다.[43] 성육신 즉 하나님이신 예수 그리스도를 인간 세상의 한 부분이 되게 한 하나님의 비우심과 아들을 보내심은 기독교 인간주의의 기초이다. 더 분명한 증거가 필요하지 않을 만큼 성육신적 인간주의는 하나님이 적극적으로 세계와 인류가 그 목적한 바를 완성하는 길을 이끄는 데 참여한다는 사실에 주목한다. 지난 세기 중요한 기독론적 발전 가운데 많은 신학자들은 주님의 삶과 죽음과 부활은 오로지 인간을 사랑하신 것에 초점이 맞추어져 있음을 강조해왔다.[44]

42　Jens Zimmermann, *Incarnatioanal Humanism*, 207.
43　R. William Franklin and Joseph M. Shaw, *The Case for Christian Humanism*, ix.
44　위의 책, 206.

사랑의 윤리를 강조하여 온 아웃카의 사랑에 대한 이해는 그리스도에 의해 실현된 기독교의 사랑이 이웃의 사랑의 원리의 구조 안에서 이해되어야 한다는 점을 강조한다. 이것은 복음서와 목회서신에서도 여러 번 나타난 명령으로 이 사랑은 황금률^{마 7:12; 눅 6:31}에 나타난 사랑의 윤리와 긴밀한 관련이 있는 것으로 이해되어야 한다. 즉 아웃카에게 이웃에 대한 사랑이란 공평함을 의미한다. 이웃사랑은 전 인간 존재를 향하는 공평한 관심으로 근원적으로 적용되어야 함을 주장하였다. 왜냐하면 이웃사랑에 대한 신약성서의 구성에 따르면 사랑은 자신과 타자에 동일한 관심으로 실천되기 때문이다.[45] 타자와 자신을 사랑하는 것은 타자와 자아 모두가 하나님의 자녀이고 동일하게 하나님 사랑의 대상이라는 사실에 입각해있다. 그리스도의 사랑과 희생, '자기 내어줌'과 '자기희생'은 갈등과 죄악으로 가득한 세상 안에서 사랑이 보여주는 특징으로 우리의 억압자들을 사랑해야 하고 먼저 용서하여 선한 의지로 악을 이기고 심지어 이웃을 위하여 나의 삶을 내려놓는 것이다.[46] 따라서 성육신적 인간주의의 중심 가치는 사랑과 그 사랑에 기초한 이웃과의 연대이다.

그럼에도 불구하고 신학적 관점에서 수용할 수 없는 인간주의에 대한 정의들은, 첫째로 기독교 인간주의를 초자연주의를 거부하는 것과 동일시하거나, 둘째로 인간을 자연적 객체로 축소하여 생각하는 것이나, 셋째로 그리스도에 대한 단순한 인간성에 대한 교리를 증진시키는 입장들이다. 그러나 동시에 기독교 인간주의는 인간주의의 정의

---

45 Don S. Browing, *Reviving Christian Humanism*, 51.
46 위의 책, 46-50.

들과 양립가능하다. 기독교 인간주의는 비록 더 깊은 측면이 있지만 인간성에 대한 연구로서, 인간존엄에 대한 헌신으로서, 인간주의적 윤리로서, 자아완성으로서, 인간주의적 정의는 적어도 기독교적 원리의 체계 안에서 함께 양립할 수 있다는 것이 중요한 새로운 인식의 출발이다.[47] 더욱이 기독교 인간주의는 역사적 고찰을 통하여 지속적으로 르네상스의 인문주의에 대해 충분한 주의를 기울여 왔으며 르네상스의 인문주의 사상이 기독교 인간주의의 한 부분으로 어떻게 발전되어 왔는지에 대해 특별한 관심을 가져왔다.[48] 기독교 인간주의와 다양한 인간주의와의 공통의 토대는 기독교와 무신론자가 동일하게 진정으로 서구 인간주의의 발전은 고전적이고 기독교적이라는 인식을 공유한다는 것이다.[49]

그러므로 성육신적 인간주의의 관점에서 기독교 인간주의와 세속적 인간주의는 분리될 수 없다. 예수의 거룩한 삶은 세상적인 옷을 입고 인류에게로 왔다. 창조에 대한 성서적 교리를 통하여, 능동적으로 예수 그리스도 안에서 성육신적 패러다임을 통하여 말씀이 육신이 되어 우리에게 거하시는 것이다.[50] 그리스도 안에서 물질적 실재로서의 세계 즉 지구와 인간육체와 그것의 감각 등 모든 것은 인류를 축복하기 위한 거룩한 성령의 도구가 된다. 또한 예배를 통해 가장 초월적 경험을 표현하는 그 순간에 포도주와 불과 빵을 사용한다. 세속적인 그러나 거룩한 몸과 마음은 하나님의 도구이다. 하나님이 성육신되어

---

47 R. William Franklin and Joseph M. Shaw, *The Case for Christian Humanism*, 9.

48 위의 책, 10.

49 Jens Zimmermann, *Incarnatioanal Humanism*, 16.

50 말씀이 육신이 되어 우리 가운데 거하시매 우리가 그 영광을 보니 아버지의 독생자의 영광이요 은혜와 진리가 충만하더라(요 1:11-14).

십자가에 달린 그리스도의 영광을 위하여 성령은 모든 살아있는 것들을 창조하고 회복시키며 인간화한다. 왜냐하면 예수 그리스도는 최종적으로 결정적으로 완전한 인간이기 때문이다.[51] 우리는 세속적인 것을 통해서만 거룩함을 만나고 경험하게 됨을 기억해야 한다.

특별히 사도바울은 그리스도 안에서 모든 창조물이 하나님과 회복하여 새롭게 되고 그리스도를 통하여 재현되고 인간이 된다는 영광스러운 비전을 위해 성육신의 중요성을 충분히 이해하고 그것을 재회복하는 데 힘을 기울여야 한다고 확신하였다. 이레니우스는 초대교부 중 처음으로 성육신의 놀라움에 대해 흥분했었고 신앙의 가장 깊은 신비를 밝혔다. 하나님이 인간이 되셨다는 것은 완벽한 초월성을 축소하지 않으면서 인간을 이해하고 교회와 세계가 관계 맺도록 한다는 것을 의미한다. 따라서 성육신을 기초로 삼위일체신학이 발전한 것은 기독교로 하여금 자유, 연대, 자비, 연합 등의 현대적 개념을 신학적으로 발전시킬 수 있게 하였다.[52]

온전한 인간의 자유는 역설적 주체로서 그리스도의 권위 안에서 현실화된다. 성육신으로부터 유래되는 또 다른 역설은 인간역사가 영원과 접촉되었다는 것이다. 성육신으로 인하여 인간의 삶과 인류의 역사는 하나님의 목적에서 소외되지 않고 그 안에 존재하게 된다. 부패와 타락으로 나타난 시간은 영원을 다룰 아무 것도 갖지 않지만 오시는 그리스도로 인하여 세속적 사건과 역사는 거룩한 힘에 의해 침투되고 인간과 세계는 하나님의 목적을 위해 중요하게 된다. 일상의

---

51   Don S. Browing, *Reviving Christian humanism*, 51.
52   Jens Zimmermann, *Incarnatioanal Humanism*, 10.

모든 행위, 먹고 쉬고 일하는 것은 시간의 제한을 넘어서 더 높은 곳을 향하는 중요성을 갖게 되었다. 이 시간은 바로 모든 믿는 이들에게 주어지는 영생을 약속하는 복음을 들을 수 있는 시간을 의미한다.

성육신적 인간주의를 기초로 기독교 인간주의를 정리하면 첫째, 고대에서 현재에 이르기까지 기독교 인간주의는 항상 개인과 공동체에 관심을 가지고 있었다. 둘째, 믿음은 인간의 자유와 그리스도의 권위 양쪽을 암시한다. 셋째, 기독교 인간주의는 성육신을 통하여 시간과 동시에 영원에 대해 중요성을 부여하고 있다. 그러나 계몽주의 이후 이러한 기독교 인간주의의 특징은 세속적 영향들의 압력에 양보함으로 부분적으로 약화되어 미미한 채로 남게 되었다. 인간에 대한 깊은 성찰과 인간이해의 확장은 기독교 인간주의와 세속적 인간주의와의 공동의 토대를 가능하게 하고 이러한 공감과 연대 위에 인간의 존엄성에 대한 새로운 길을 함께 모색해 나가야 한다.

그러므로 성육신적 인간주의는 삶과 관련 없는 신앙과 영성 그리고 생명의 역동성을 상실한 예식과 형식, 그리고 살아있음의 기쁨과 감격을 무디게 하는 교리들에 식상해있는 현대인들에게 어떻게 이 땅에서의 삶의 생명력을 제공하는 의미와 가치를 부여할 수 있을까를 중요한 사명으로 생각한다. 즉 복음이 구체적 일상과 삶에 영향을 심각하게 잃어가는 현실에서 말씀의 생동력을 되살리기 위하여, 하나님이 인간이 되셨다는 기독교진리의 핵심에 바탕한 성육신적인 인간주의에 대한 신학적 성찰은 그 어느 때보다도 인류와 모든 사회를 위해 깊은 성찰을 요하는 신학적 관점을 제공할 뿐 아니라 특수계시가 일반은총에 대한 책임적 응답으로 나아가야 함을 밝힌다. 이러한 성육신적 인간주의는 근대 인간주의에 근거한 이성, 과학, 기술, 자본 중심의 세계현실의 비인간화와 그 현상들을 면밀하게 검토하면서, 다른 한편으로 현대 젊은이들이 형식과 교리를 넘어서 자유롭게 일어나고 있는 영적인 것들에 대한 다양한 욕망에 구체적으로 응답한다. 성육신적 인간주의는 도덕성을 약화시키고 피안의 세계로 도피하는 이유를 제공하는 것, 그리고 신학이 세상에 공적 책임을 다하지 못하고 구원을 위한 도구로 사사화되어 가는 것과 같은 현대 기독교의 문제에 적극적으로 응답할 수 있는 중요한 신학의 토대이다.

4. 성육신적 인간주의와 기독교 윤리문화

기독교 인간주의에 대한 광범위한 신학적 논의가 가능하지만 본 연구는 날로 심회되는 비인간화의 세계현실 가운데 포스트모던 문화현상에 나타난 현대인들의 영성에 대한 갈망과 그로 인한 새로운 형태의 종교부흥에 대한 신학적 응답으로서 기독교 인간주의의 의의를 성찰하였다. 특별히 한국사회에서 개신교가 공적인 영역에서 그 영향력이 현저하게 축소되어가는 연유는 일반은총에 대한 진지한 신학적 숙고와 인간이해의 결핍으로 사회의 공적인 가치와 연합하고 선한 이웃들과의 연대에 대한 능력과 신뢰를 상실했기 때문이다. 성육신적 인간주의의 의의는 세속적 인간주의와의 공동의 토대인 인간에 대한 이해를 더욱 깊이 있게 성찰함으로써 인류의 보편적 문화윤리가치를 추구하며 사랑과 연대의 윤리에 기초한 기독교 인간주의를 새롭게 정립하는 것이다. 기독교 인간주의에 대한 신학적 성찰은 인간성을 증진시키고자 하는 세속적 인간주의와 소통하고 방향을 제시하며 또한 상호비판적 성찰에 귀를 기울이면서 세계 속에 신학의 위치를 재정의 시켜야 한다.

한국 개신교는 이미 많은 진취적 계층의 이탈에 직면해 있고 그 추세는 계속될 것으로 보인다. 특히 청년과 여성의 이탈과 새로운 교인 유입의 저하, 소외계층의 유입 둔화가 두드러진다. 한국에서 무신론자들을 위한 회중집회가 생겨날지는 아직 모르나 머지않은 시간에 일정한 영향을 받을 것이고 한국사회에서 이러한 움직임은 반(反)기독교적 경향으로 나타날 우려를 하는 것은 기우가 아닐 것이다. 한국 개신교의 신앙특징은 선교에 대한 열정이 높을수록 타종교에 대해 공격적인 태도를 갖는 경향을 보이며 신앙생활을 교회 안으로 제한하며 세상 속에서는 무책임한 시민의 모습을 보이는 교인들을 양산했다.[53] 따라서 이 장에서 한국교회의 성장둔화에 대한 원인을 보다 근원적으로 분석하고 새로운 세대의 문화적 특성과 영적 갈망의 복잡한 포스트모던의 현상들을 이론적으로 검토하면서, 구체적 대안으로 성육신적 인간주의를 제시함으로 선교의 새로운 장을 열어가는 하나의 방향을 모색하였다.

결론적으로 기독교적 정체성은 우리를 구속시키는 것이 아니라 경계를 넘나들며 경계에 속박되지 않고 진리의 자유 속에서 복음을 들고 충만한 삶을 살아가는 것이다. 기독교 인간주의는 인간에 대한 이해를 무한히 넓혀나가는 과학과 인문학의 진보를 수용하면서, 동시에 이성과 기술진보에 대한 한계들을 고찰하며 다시 진지한 종교담론

---

53 한국일, "한국적 상황에서 본 선교적 교회," 『선교와 신학』 30 (2012년 가을), 94.

에 참여하려는 학자들과의 연대를 통하여 교회와 세상이 소통하는 중대한 기회가 될 것이다. 특별히 대안적 인간주의로서 성육신적 인간주의는 현대문화의 종교 재부흥의 상황과 현대인의 영적인 갈망을 나타내는 문화현상에 응답하며, 다시 신성과 인성, 그리고 신앙과 이성의 관계성을 성찰함으로 궁극적으로 구원을 향한 인간성을 회복시키는 시대적 과제를 실현하여, 교회가 세상과 인류를 품을 수 있는 보편적 윤리를 모색하고 제시하는 데 기여할 수 있을 것이다.

II부

*

한국 사회문화의
변동과 청년문제
그리고
한국교회의 미래

1장

한국교회 청년이탈과 교회의 과제

한국교회의 청년이탈은 한국교회 위기의 핵심이다. 왜냐하면 청년이 교회의 미래이고 희망이기 때문이다. 한국 개신교는 이미 진취적 계층의 이탈에 직면해 있고, 청년 세대들이 침묵 속에서 교회공동체의 품을 떠나고 있다. 한국사회 속에서 그 어느 때보다도 불안한 청년세대는 불신과 불통으로 교회를 향한 실망이 깊어지고 있다.[1] 이렇게 청년감소 추세를 계속 방치한다면 한국교회의 빠른 노령화를 막을 수 없다. 문제는 각 교단들과 교회들이 위기를 알면서도 피상적, 형식적 대응만 할 뿐 진정한 관심과 구체적 대안이 없다는 점이다.

이러한 청년세대의 교회이탈은 한국교회뿐 아니라 이미 동일한 현상을 겪었던 북미와 유럽교회 등 현대교회의 방관할 수 없는 중대한 선교과제이다. 무엇이 청년세대로 하여금 교회의 개혁보다 오히려

---

[1] 정확한 통계는 없지만 한국교회에서 청년 비중은 5% 안팎인 것으로 추정된다. 대한예수교장로회 통합 교단 내 청년대학부 인원은 2009년 말 기준 16만 2786명으로 전체의 5.8%다.

절망적 이탈을 선택하게 되었는지 교회는 성찰과 반성으로 청년들과 소통해야 하고 그들의 소리에 귀기울여야 한다. 이 장은 교회의 미래를 위해 청년세대의 교회 이탈현상을 성찰하고 그 원인을 분석하고자 한다. 또한 가속화되는 교회 청년감소의 사회문화적 배경을 성찰하고 그 극복 방안을 성육신적 관점에서 제안하고자 한다.

　　한국교회는 어떻게 교회로부터 조용한 탈출을 감행하는 청년세대와 함께 소통할 수 있을까? 한국교회는 청년들이 생활현장에서 복음의 가치를 실천하는 미래 교회의 주체로 동시에 세계변화에 적극적으로 참여하는 기독교 시민으로 세울 수 있을까? 이번 장은 이러한 질문들을 함께 생각하고 기독교 윤리적 대안을 제시하고자 한다.

1. 한국 사회의 청년문제의 현실과 한국교회의 역할

　　21세기이도 한국은 여전히 분단국가이고 불안한 국제 정세 가운데 있지만, 경제적으로나 문화적으로 발전된 단계이다. IMF 시절의 어려움을 극복하고, 2002년 월드컵 개최, UN 사무총장 배출, K-pop 열풍 등을 통해 한국 사회는 충분히 희망을 발견할 수 있다고 생각했기 때문이다.[2] 최근 코로나바이러스에 대한 대처로 한국의 위상은 세계화되었다. 그럼에도 불구하고 현재 우리사회의 '도덕적 위기'가 심각하다고 느끼는 사람은 적지 않다. 최근 조사에 따르면 한국의 사회

2　오혜진, "순응과 탈주 사이의 청년, 좌절의 에피그램," 『우리文學硏究』, 38 (2013), 457.

갈등 수준이 OECD 국가 중 종교분쟁을 겪고 있는 터키 다음으로 심각하다고 한다. 그로 인해 발생하는 경제적 비용도 만만치 않다.[3] 한국 사회의 갈등은 각 영역의 구성원들로 하여금 깊은 상호 불신을 겪게 하며 세대 간에 이념 간에 불통을 자주 경험한다. 특별히 한국 사회의 세대 갈등이 이슈로 제기되는 이유는 급속한 근대화의 배경에도 그 원인이 있다. 압축적 발전과 돌진적 근대화는 많은 부작용과 상처를 남겼고 뿌리 깊은 사회갈등을 양산하게 되는 배경이 되었다.[4] 자유민주주의의 형성과정에서 나타난 이데올로기적 차이로 '남남 갈등', 산업화 과정에서 발생한 빈부격차로 인한 양극화 갈등, 그리고 민주화 과정에서 발생한 정치권력의 배분의 파당적 갈등은 오늘날 세대 갈등과 함께 청년문제를 더욱 심각하게 하는 중요한 원인이 되었다. 이러한 불신과 불통의 사회 속에서 청년들에게 미래의 희망이 공유되기보다는 좌절이 빠르게 번지고 있다.

사회적으로 변화의 속도가 빠르고 그 폭이 큰 사회일수록 세대 간 차이는 벌어지게 마련이다. 이러한 차이가 단순한 차이인지 아니면 갈등으로 연결되는 차이인지에 따라 성격이 달라진다. 우리가 관심 가져야 하는 것은 세대 간 차이가 심각한 갈등으로 이어지느냐 하는 것이다. 그런데 이러한 갈등의 해소를 어렵게 만드는 것은 한국 사회의 다양한 갈등을 극복할 수 있는 하나의 지배적인 패러다임의 제안이

---

3 『연합뉴스』, "한국 사회갈등, OECD 27개국 중 2번째로 심각," https://www.yna.co.kr/view/AKR 20130820170600003 (2020. 7. 20 접속).

4 한국사회과학협의회, 중앙sunday, 『한국 사회 대논쟁』(서울: 메디치, 2012), 5-6. 한국은 불과 60년 만에 세계가 주목하는 근대 국가로서의 발전을 일구어낸다. 1940-50년대에 근대 국가 형성, 1960-80년대에 산업구조의 고도화, 그리고 1990-2000년대의 민주주의 이행과 경제 성장은 전 세계적으로 유례를 찾기 어려울 만큼 빠른 속도로 이루어졌다.

현실적으로 불가능하다는 것과, 갈수록 '불확실성의 시대'로 변해가는 사회적 상황이 청년들을 더욱 불안하게 한다는 점에 있다.

　　이러한 청년들의 불안은 그들의 일상생활에도 그림자를 드리운다. 취업난에 시달리는 20-30대의 체념과 죄책감은 사회공포증을 낳기도 하고 대인관계를 기피하게 하는 우울증으로 발전되기도 한다.[5] 더욱 심각한 것은 2000년 이후 20-30대의 청년 사망원인 1위가 자살이라는 통계이다. 2011년 사망원인 통계에 따르면 20대 청년 사망자 가운데 47.2%가 자살로 목숨을 끊었다. 20대가 전체 연령대와 비교했을 때 삶을 비관적으로 여기고 스스로 목숨을 끊는 일이 상대적으로 더 잦다는 얘기다.[6] 더 나아가 현재 진행되고 있는 세계경제 위기로 청년들의 미래는 예측 불가능한 미래로 방치되고 있다. 신자유주의적인 노동시장과 경제 침체의 여파는 누구보다도 청년세대들이 실감하고 있다. 지표로 명확하게 드러나는 실업률, 비정규직의 끝없는 양산, 빈부 격차의 양극화 등을 통해 젊은 세대가 느끼는 위험도는 생각보다 깊다. 불확실한 미래가 이들의 삶에 고착되어가고 절망은 그래서 더 깊어진다. 고용과 삶의 불안정성 속에서 자라나고 살고 있는 이들의 개인적 경험은 윗세대들이 누렸던 번영과 안녕이 자신들에게 지속되지 않을 것이라는 불안과 공포다.

　　이러한 청년 불안에 대한 사회적 반응은 2000년대 중반부터

5　인터넷 취업포털 잡링크가 구직회원 2449명을 대상으로 설문조사를 실시한 결과, '구직활동 중 스트레스로 질병을 앓아본 적이 있는가'라는 질문에 61.6%가 '그렇다'라고 답했으며, 가장 심하게 앓은 질병으로는 우울증이 52.7%로 단연 1위를 차지했다. 『한계레』, 신윤동욱 기자, "청년의 불안은 생활을 잠식한다," http://h21.hani.co.kr/arti/special/special_general/12892.html (2020.07. 20 접속).

6　『이데일리』, 김보리 기자, "부끄러운 자살공화국, 20대 사망자 중 절반이 자살," https://www.edaily.co.kr/news/read?newsId=02197606599659792&mediaCodeNo=257 (2020.07. 20 접속).

불기 시작한 '위로'와 '치유'의 책에서 나타나고 있다. 대학이라는 고등 교육기관을 나왔음에도 할 일을 찾지 못한 젊은이들은 무엇보다 정신적 스트레스와 불안으로 고통 받는다.[7] 물질적 고통뿐 아니라 패배의식으로 인한 정신의 황폐함으로 허덕이는 청년들에게 자본주의는 낭만적인 힐링까지 상업화하여 미디어마다 마약과도 같은 거짓된 위로들이 넘쳐난다. 그러나 청년 문제는 현실을 정직하게 대면할 수 있는 용기와 구조적으로 바라보며 정의를 실현하고자 하는 의지 없이 거짓된 위로나 상업적 희망으로는 불가능할 것이다.

심각한 청년문제에 대한 연구가 시작된 것은 불과 몇 년 되지 않는다. 청년기란 보통 청소년기와 30대 성인 사이로 정의되지만, 심리학자의 연구에 따르면 현실적으로 한국 사회의 청년의 범주는 이보다 더욱 다양하고 그 범위가 넓다. 성인이 되어가는 과정에 있는 성인과 청소년의 중간존재로 스스로를 인식하고 있는, 결혼·직장·연애를 포기한 '삼포시대'를 겪고 있는 결혼하지 않은 30대 성인층을 기술할 단어가 없다.[8] 그러나 현재의 대부분의 연구는 이렇다 할 대안을 제시하지 못하고 청년문제에 대한 신학연구도 교회 청년에 대한 간단한 분석만 있을 뿐 그들이 겪고 있는 문화적, 영적 문제에 대한 심도 있는 연구가 여전히 부족하다. 한국사회 속에서 청년기는 더 이상 기성세대

---

7 정신과적 치료와 더불어 멘토라 불리는 사회의 어른들은 청년들의 감정에 공감하고 위로하고 용기를 북돋아주기 위해 안간힘을 쓴다. 김난도의 『아프니까 청춘이다』, 우석훈의 『88만원세대』 등이 가장 대표적인 책이다. 오혜진, "순응과 탈주 사이의 청년, 좌절의 에파그램," 456.

8 곽금주, 『흔들리는 20대: 청년기 생애설계 심리학』(서울: 서울대학교 출판문화원, 2010), 29-33. 이 시기는 일과 사랑의 성공과 실패를 밑거름으로 성인의 삶을 준비 하는 시기이고 이러한 중간기로 인하여 그 특징은 첫째, 불안정의 시기, 둘째, 자기중심적 시기, 셋째, 사이에 낀 시기, 넷째, 가능성의 시기로 본다. 이러한 특징으로 인해서 청년들을 청소년후기(late adolescence) 혹은 젊은 성인기(young adulthood)라고도 한다. 그러나 이러한 학문적 정의는 모두 현재 한국 사회의 젊은 이들을 지칭하기에 적당하지 않다. 즉 한국 사회의 청년은 40대 이하를 전부를 가리키거나 18-22세를 지칭하기도 하는 등 혼란한 개념으로 존재한다.

가 가진 이미지인 '청춘예찬' 속의 가슴이 뛰는 꿈을 추구하는 청년이
아니다.

현재의 청년들은 자신들의 문제 해결방법도 과거의 기성시대와
다르게 모색한다. 청년들은 대결이나 저항 같은 영웅적인 문제해결 방
식을 원하지 않는다. 탈영웅적 세대[9]들로서 이 시대의 청년들은 기성
제도 전체를 전복하려는 조직적 운동을 수행하지 않는다. 이상적 정치
적 비전은 자신들의 직접적인 생활 세계적 문제를 해결할 수 없다고
보기 때문이다. 민주화 시대를 이룬 기성세대들과는 다르게 이들에게
는 조직을 가능하게 하는 이데올로기도 타도해야 할 국가권력도 없다.
오직 물신인 신용카드만이 그들을 지배하고 신용카드만이 그들의 유
일한 적이다. 너무나 거대해진 구조는 보이지 않고 너무나 견고해진
구조에 저항할 힘도 없다. 청년들은 저항하는 대신 순응한다. 순응과
좌절 그리고 포기에 길들여져 가는 청년들은 '내 탓이오'를 되뇌면서
'자기만의 방'으로 은둔하고 우울증에 빠져든다.

한병철은 『피로사회』에서 현대 사회를 '피로사회'라 정의하며,
성과 중심의 사회와 긍정이 넘치는 사회가 주는 정신적 피로감이 우
울증과 낙오자를 만들어내는 현실을 철학적으로 성찰하고 있다. 슬라
보예 지젝은 현대 자본주의가 가진 문제점에 천착하면서, 사회가 요구
하는 사람이 '제품'으로 변질된 것을 가장 극명하게 보여주는 예로, 토

---

9   문화사회학자 카스퍼 마스는(Kasper Maase)는 유럽의 68혁명 이후 세대형성의 기제가 변화했다
     고 보면서, "탈영웅적인 세대"들의 시대가 왔다고 표현한다. '탈영웅적'이라는 말이 지칭하는 바는
     단순히 청년들이 탈정치화되었다는 의미보다는, 정치적 변동이 청년들의 자기이해에 영향을 미
     치지 못한다는 의미다. 또한 영웅적인 세대의 특징이라 할 수 있는 기존의 모든 것에 대한 총체적
     부정, 이상향(Utopia)에 대한 믿음, 역사적 사명과 사회적 소명에 대한 확신, 그리고 자기희생으
     로 실현하려는 의지도 실종된다는 의미이다. 전상진, "세대경쟁과 정치적 세대: 독일 세대논쟁의
     88만원 세대론에 대한 시사점을 중심으로," 『한독사회과학논총』, 20-1 (2010), 138.

익 TOEIC과 오픽 OPIC으로 대표되는 외국어 구사 능력과 봉사활동이나 공모전 활동과 같은 '계량화'된 모습들이 자신을 결정하는 세상 속에서 살고 있다는 점을 지적한다.[10] 이러한 학문적 논의는 이 시대 청년들의 절망과 좌절의 목소리가 개인들의 문제나 실패와는 상관없이 구조적인 문제임을 짚어내는 데 중요한 시사점을 던져준다.

청년세대는 이러한 정치적, 경제적, 문화적 구조 속에서 대부분 체제 순응, 좌절, 포기, 반항, 분노하지만 무작정 절망하는 것만은 아니며 스스로 나름의 해결책을 조심스럽게 타진하며 불가능의 경계를 해체하려고 노력하고 있다. 이들에게 세대라는 개념은 여전히 중요한 좌표를 제공하고 각 개인의 정체성의 기준이며 집합적 의미와 공동의 해석 틀을 제공하는 중요한 의미론의 역할을 한다. 하지만 이것은 정치적 행위의 의무를 강제하기보다는 강력한 정서적 혹은 일체감의 기반을 제공할 뿐이다.[11] 이러한 정서적 연대는 때로 그들의 생활공간 속에서 겪고 있는 어렵고 불안정한 사회적 상황에 대해 '386세대'를 포함한 기성세대의 책임을 제기함으로써 기존의 세대론과 다른 때론 도발적이고 대안적인 입장을 견지한다. 88만원 세대론과 같이 세대론에 적극적인 의미를 부여하는 것 역시 저항이라 할 수 있다. 정서적 일체감은 이러한 의미에서 비일관적, 비연속적으로 정치적 영향을 미치기도 하고, 이데올로기적 일치를 지향했던 기성세대와 다른 방식으로 사회의 변화를 이끌어내기도 한다.

10　이기형, "청년세대의 삶과 소통의 위기: 대학 안의 내부자들의 시각을 중심으로," 『한국언론학회 심포지엄 및 세미나』, 5 (2011), 270-71.
11　전상진, "세대경쟁과 정치적 세대: 독일 세대논쟁의 88만원 세대론에 대한 시사점을 중심으로," 144.

변화를 위해 청년들에게 우선 필요한 것은 공감의 연대이다. '나'라는 개별적 존재로서가 아니라 '우리'라는 의식의 출발이 필요하다. 사실 지금의 20대는 모두에게 욕먹는 존재다. 어떤 입장은 청년들이 높은 보수만 바라고 험한 일은 하기 싫어한다고 타박을 놓고, 다른 입장은 물질적인 욕망에만 관심을 보이고 사회적 존재로서 책임을 지지 않는다고 비난한다. 이 시대의 대학생들은 과거의 대학생들과는 다르게 엘리트나 지성인으로 인정받지 못한다. 오늘날 대학생들은 '잉여'라 불린다. 그 어느 때보다 치열하게 삶을 위해 투쟁하고 있음에도 불구하고, 고용자와 정치권력의 입맛에 맞지 않는다고 잉여로 치부되고 있는 실정이다.[12] 따라서 하나가 아니라 둘, 둘이 아니라 셋, 이렇게 여러 목소리들을 듣고 들려주면서 '우리'가 같이 고통 받고 상처받고 있다는 공감과 연대를 이끌어내는 것이 중요하다.[13] 이러한 현실에 대한 분석은 한국교회에게 청년세대의 고통과 상처에 대한 공감의 능력을 회복하는 곳이 우선되어야함을 의미한다. 교회가 청년들과의 소통을 진정으로 원한다면 공감적 연대는 세대를 아우르는 기독교 공동체의 가치를 발견하도록 도울 것이다.

한국교회가 교회 청년이탈의 문제를 진지하게 성찰하려면 교계 지도자들은 청년들과의 일방적 대화를 지양하고 '타자지향적인' 대화와 청년세대의 감성과 특징을 존중하는 자기 성찰적 자세가 필요하다. 기성세대의 20대에 대한 주류 담론은 답답하기 이를 데 없고 종종 무서울 정도로 그들을 단죄하는 경향이 있다. 윗세대는 기본적으로 팽창

---

12 이기형, "청년세대의 삶과 소통의 위기: 대학안의 내부자들의 시각을 중심으로," 270.
13 오혜진, "순응과 탈주 사이의 청년, 좌절의 에피그램," 484.

하는 사회 속에서, 성장의 여지가 있는 환경 속에서 자랐다. 하지만 청년들은 정글 같은 경쟁 속에서 배제와 탈락의 논리가 지배하는 그전과는 완전히 다른 세계 속에서 살아왔다.[14] 한국교회는 질타하고 가르치려는 위압적 자세에서 벗어나 그들에게 다가가고 그들이 교회를 변화시키는 능력이 있음을 일깨워주고 북돋워주어야 할 것이다.

더 나아가 한국교회는 교회를 떠나고 있는 청년들이 객체가 아닌 교회의 주체이고 참여자임을 인정하고 그들의 소리에 경청해야 한다. 무엇보다도 한국교회가 청년이탈에 진정으로 관심을 가진다면 청년세대들이 현재 자신들의 교회 생활과 신앙생활 그리고 그들의 학교와 삶의 현장에서 직접 체험하고 노출되어 있는 일련의 긴요한 이슈들에 대해 관심을 가져야 한다.[15] 이러한 의미에서 한국교회는 청년세대의 다양한 목소리가 교회 안에서 들려지는 공간이 되기 위해 노력해야 하며 청년세대의 삶과 아픔을 이해하고 그들의 희망과 절망에 대한 현실적 접근과 공감을 가능하게 하는 사려 깊은 통로와 성찰적인 화자의 역할을 수행해야 할 것이다. 이러한 한국교회의 청년에 대한 실제적 관심은 교회의 미래를 밝힐 뿐 아니라 한국사회의 갈등을 완화시키는 길에 긍정적인 영향을 미칠 것이다. 갈등과 분열의 세계 속에서 불안하고 분노하며 아파하는 청년들과의 소통과 공감은 한국교회의 미래를 향한 희망의 전제이다.

---

14   이기형, "청년세대의 삶과 소통의 위기: 대학안의 내부자들의 시각을 중심으로," 275.

15   『프레시안』, 2010. 12. 24. 오늘의 '개념' 20대를 대표하는 김예슬은 많은 이들이 20대들이 유아 상태에 머문 채로 성장하지 않았으며 그 때문에 언어가 없고— 언어가 없으므로 세상을 읽지도 세상에 개입하지도 않는다고 생각한다. 그러나 책 속에서 이들은 분명히 자신들의 언어로 사고하고 있다. 이기형, "청년세대의 삶과 소통의 위기: 대학안의 내부자들의 시각을 중심으로," 273에서 재인용.

2. 교회 청년이탈의 원인과 그에 대한 신학적 분석

가나안 성도 200만 시대, 갑자가 5년 새 2배 증가했다.[16] 이제
청년들의 빠른 교회이탈은 북미유럽의 문제가 아니라 한국교회의 현
실이 되었다. 심각한 교회 청년이탈 현상에 대하여 몇몇 선교단체는
원인을 분석하기 시작했다. 그런데 기존 교회가 청년·대학부를 활성
화 시키고자 할 때 교회 지도자들의 대안은 대체로 재정적인 대안이
다. 그러나 기독대학생들을 대상으로 한 조사결과에 따르면 교회를 떠
나고 있는 청년들의 소망은 돈으로 가능한 것이 아니었다. 한국교회
기성세대의 가장 큰 오류는 역시 앞의 연구에 나타나는 일반 사회와
동일하게 청년들의 문제에 대한 공감과 소통의 부재라고 할 수 있다.[17]
세대 간의 소통도 어렵지만 청년들 사이의 소통도 어려운 것이 현실
이다. 그들의 고단한 삶과 경제적 어려움들로 상호소통의 기회를 상실
한 채, 만연한 개인주의를 넘어설 내적인 에너지가 고갈되었다. 어쩌
면 이러한 지신들의 무기력에 청년들의 더 고립된다. 최근에 문을 닫

---

16 문화일보 1월 8일 "온라인 종교" 지난 연말 한국기독교목회자협의회가 발표한 '2017 한국인의 종
교생활과 의식조사'에서 눈길을 끈 대목은 불출석 교인을 가리키는 '가나안 신도'도 5년 사이 두
배 이상으로 늘어난 23.3%에 달했다. 가나안 신도의 44.1%는 '얽매이기 싫어서'라고 압도적으로
응답했는데, 이를 분석한 신학자들은 1인 가구의 증가에 따른 개인주의적인 신앙 형태가 앞으로
더 늘어날 것으로 예상했다.

17 『국민일보』, 윤여홍 기자, "한국교회 떠나는 청년들 '왜 비전은 보여주지 않고 출석만 따지나요.'"
http://news.kmib.co.kr/article/view.asp?arcid=0004614352&code=23111111&sid1=mis (2020.
07.20 접속). 청년들의 대답을 몇 가지만 소개하면 이렇다. "교육과 양육 프로그램 등 시스템으로
청년들이 키워지는 게 아닙니다. 지식만 쌓여서는 세상의 영양분이 될 수 없잖아요? "하나님을 위
해 사는 삶이 얼마나 기쁜지 알면 알수록 헌신하게 되고, 헌신할수록 주님의 영광을 보게 되는 건
데, 교회가 청년들을 그런 삶으로 인도하고 있나요?" (이은비, 28세, 연세대 CCC 간사) "따뜻하게
환영하고, 진지하게 삶을 나누고, 세속적인 것보다 가치 있는 것에 에너지를 쓸 수 있도록 출구를
만들어 주는 교회를 청년들은 원합니다." (지현주, 35세, 방송작가) "바리새인 같은 종교인 여럿보
다는 단 한 명이라도 참 제자를 키워주세요." (대학생)

은 '청년이 행복한 교회'의 청산백서를 보면 다음과 같은 한 청년의 고백이 있다.

> "신앙을 유지하는 것도 돈이 든다. 직장을 그만두고 수험생이 된 나로서는 매주 내는 헌금 1-2만 원이 너무 부담스러웠다. 정말로 생활비가 없어서 대출도 받고 아르바이트까지 하게 되었기에 정말 한 달에 만 원이 아쉬웠다. …(중략)… 결국 교회도 유지하려면 돈이 드는데 재정적으로 어려움을 겪는 사람들은 교회를 이루거나 깊이 참여하기 어렵다."[18]

그럼에도 불구하고 교회 청년들은 물질적 지원이나 프로그램의 개발이 아니라 교회에서 그들의 삶의 문제에 대한 진정한 해답을 얻고자 했고, 방황하는 자신들의 삶의 진정한 의미를 발견하고 삶을 헌신할 수 있는 복음적 가치에 목말라했으며, 불안한 자신들의 현실의 변화를 열망했다. 세상의 지배적인 가치들에 얽매여 삶에 지치고 경쟁에서 배제되고 그렇다고 구별되게 살지도 못하는 교회 청년들은 이제는 자신들의 생활세계의 현존하는 삶의 진정한 가치를 교회에서조차 발견하지 못하는 것에 절망하고 있다. 어쩌면 이제 딱딱한 교리와 형식적인 모임에 지친 가나안 청년들을 위해 특단의 조치가 필요할 지도 모르겠다. 찾아가는 교회가 그 중에 하나이다. 특정한 지역의 교회 건물에서 모이는 고정된 교회가 아니라 네트워크 중심으로 공동체 예배를 드리는 이동형 교회이다. '일정한 장소와 제도 속으로 오라'는 교

---

18 서재선, 『청년이행복한교회 청산 백서』(서울: 청년이 행복한교회, 2019), 114

회가 아니라 '찾아가 함께 공동체'를 이루는 움직이는 유목적 nomadic 교회형태이다.[19] 한국교회는 현재 청년 상황과 가나안 문화에 적극적으로 응답하는 다양한 교회 모델을 개발하고 새로운 믿음의 공동체 운동을 전개해야 하는 절체절명의 순간에 서 있다. 소 잃고 외양간 고치는 어리석음을 범하지 말고 이제라도 함께 대비해야 할 때이다. 더욱이 한국교회 청년 감소를 부축 이는 권위주의, 성차별주의, 비민주적 의사결정구조들을 갱신해야 한다.

다시 말해서 '오늘 여기에서의 삶'의 의미를 교육하지 못한 교회의 신앙과 신학이 문제다. 교회의 신학이 지나치게 죄론 중심의 구원론적인 세계관에 기초한 생 이후의 영원한 삶에 중점을 두었기 때문에 한국교회는 생활세계에 대한 유의미성과 '지금 여기에서의 삶의 신앙적 의미'를 제대로 가르치지 못했다. 교회에서 청년들은 믿음으로 세상 속에서 두려움 없이 당당하게 살아갈 수 있는 삶의 에너지와 올바른 신앙적 가치를 발견하기를 원한다. 교회 청년들은 문화적 변화 속에서 전통적 교회의 억압적인 제도나 교리적 강요로부터 자유를 갈망하고 있고, 인생을 주도할 만한 가치를 교회 안에서 찾지 못하고 교회로부터 점점 멀어져 가고 있다. 한국교회는 이러한 현상에 대한 영적 분별력을 가지고 청년 세대가 신앙에 무관심하기보다 삶을 변화시키는 영성에 대한 관심이 크다는 것을 인식해야 한다.

한국사회의 청년문제를 연구하면서 또한 필자가 수년간 교회 청년들과의 대화를 통해서 발견한 현재 청년세대를 대표할 수 있는

---

19 『국민일보』, 황성주, "세상 속으로 찾아가는 '새로운 교회', 국내에 맞게 적용해야," http://news.kmib.co.kr/article/view.asp?arcid=0924085982&code=23111117&cp=du (2020. 07. 20 접속).

한 단어는 '불안'이다. 청년들의 예측할 수 없는 미래와 처절한 현실에 대한 그들의 불안은 거의 공포 수준이다. 어떻게 영성을 갈망하지 않을 수 있는가? 한국교회가 이러한 청년세대의 갈망에 시급하게 그리고 건강하게 응답하지 않을 때, 청년들은 소리 없이 교회를 떠나거나, 교회사역의 인적자원으로만 여겨져 지쳐가거나 아니면 개인적 신앙에 집착함으로 점점 사회와 고립되는 삶을 선택할 수밖에 없을 것이다. 이제 한국교회는 삶과 괴리된 추상적 영성을, 생활세계와 멀어진 관상적 영성을 떨쳐버리고, 오늘의 삶 속에서 기독교 진리에 복종함으로 어떻게 자신과 세계를 변화시킬 수 있을지를 증거 할 수 있어야 한다.

청년들은 더 이상 교리적 믿음이나 제도에 갇힌 신앙을 추구하지 않는다. 그들은 성경을 읽고 열심히 기도하지만 도덕성이 결여된 열정을 오히려 무례함으로 생각하고, 삶을 투자하지 않는 열심과 실천이 없는 궤변은 진리에 대한 믿음 없음을 나타내는 것이라고 기성세대의 신앙을 혹독하게 비판한다. 이러한 신앙과 삶의 괴리에서 필연적으로 동반되는 문제점들은 첫째, 청년들의 그리스도인으로서의 자긍심의 상실과 회의, 둘째, 생명력을 상실한 제도종교의 형식주의와 교리적 경직성, 셋째, 청년들을 위한 책임 있는 훈련과 양육의 부재로 시대에 부응하는 비전을 제시하지 못함으로 신앙생활에 대한 의미를 상실하고 있다는 것이다.[20]

이러한 맥락에서 성육신적 인간주의는 삶을 적극적으로 숙고할

---

20 한국대학생선교회가 2014년 1월 '종교생활 및 의식조사'의 결과와 올해 발표된 교회 청년이탈과 한국교회 교인 수 감소 원인에 대한 몇몇 단체들의 조사를 정리한 것이다.

수 있는 신학을 재정립하고 삶과 세계의 유의미성을 진정으로 회복시키는 신학적 기초이다. 나는 성육신적 신학의 토대를 통해 삶의 자리에서 신앙의 의미를 찾지 못해 방황하는 교회 청년들의 이탈의 문제를 극복할 수 있을 것이라 본다. 왜냐하면 성육신적 인간주의는 믿음으로 구원을 얻는다는 개혁교회의 신학적 이해가 지나치게 화석화되어 삶을 신앙의 세계에서 분리시킨 한국개혁신학 잘못된 전통에 대한 성찰의 필요성을 제기하고, 끝없이 멀어져간 신앙과 삶의 상호의존성을 존중하는 삶의 윤리[21]를 제시할 수 있기 때문이다. 한국교회가 청년들에게 불안한 현실을 딛고 다시 일어설 수 있는 새로운 영성적 비전을 제시하고 오늘의 삶의 의미를 제시하지 못하면 젊은 세대들은 자신들의 생활세계에서 아무런 힘을 발휘하지 못하는 교리를 강요하는 교회를 떠날 수밖에 없다. 기독교 윤리적 관점에서 교회 청년이탈 문제를 통해 제기된 신앙과 이성, 교회와 생활세계 그리고 교리와 영성의 관계성에 대한 신학적 응답으로 성육신적 인간주의를 좀 더 논의해 보고자 한다.

3. 교회 청년이탈 문제에 대한 신학적 응답으로서 성육신적 인간주의

성육신에 대한 신학적 의미는 새로운 개념이라기보다는 삶과

---

21 기독교 보편윤리는 근대의 편협한 이성 중심의 토대를 비판적으로 성찰하고 공감과 소통을 전제로 하는 연대에 기초한 가치를 생산하는 것으로, 포스트모더니즘이 주장하는 다름과 다양성을 부정하고 억압하거나 포스트모더니즘의 성찰과 충돌하는 것이 아니다.

신앙 그리고 교회와 생활세계의 적극적 관계성에 응답하고자 하는 신학이다. 성육신은 더 나아가 청년현실의 불안과 세대 간의 불통의 관계들을 성육신적 관점에서 생활세계에서의 삶의 의미와 영성적 비전을 동시에 이끌어 낼 수 있는 관점을 제공한다. 특별히 세계와 문화에 대한 신학적 긍정으로서의 성육신 신학은 단지 교회 청년현실의 이탈 문제를 넘어 한국사회 청년 일반에 대한 해답을 제시할 수 있는 보편적 문화 형성적 토대를 제시한다. 즉 성육신 신학은 종교와 세속적 차원의 분리를 넘어서는 하나의 보편적 인간의 사회적 요구에 책임적으로 응답하려는 노력이기 때문이다. 가장 대표적으로 본회퍼의 성육신적 신학은 더욱 온전한 형태로 메시아로서 예수 안에 하나님의 구체적 자기계시를 부정함 없이 기독교신앙에 대한 해석학적 관점을 가능하게 하는 해석학적인 인식론을 제공한다. 즉 본회퍼의 신학은 믿는 자들과 교회와 그리고 세상에 하나님의 현존의 개념을 진지하게 선택함으로 성육신 신학의 기초적 형태를 제공한다.

짐머만에 의하면, 성육신은 현대사회 속에서 서구문화의 정체성위기의 핵심 원인으로 사회문화 안에 현대기독교의 무능력을 지적하고 이를 더욱 철저히 인식하게 만든다고 한다.[22] 그는 무엇보다도 서구 현대의 공적 담론에서 종교적 감수성을 상실함으로 인해 일어나는 다양한 사회현상과 종교적 감수성에 대한 새로운 요구들에 주목해야 한다고 주장한다.[23] 이러한 종교적 감수성의 상실은 서구문화를 극단적 반인간주의로 이끌었다고 분석하는 짐머만의 주장에 나는 동의하

---

22 Jens Zimmermann, *Incarnational Humanism A Philosophy of Culture for the Church in the World* (Downers Grove: IVP Academic, 2012), 10.

23 위의 책, 16.

며 현대청년들을 통하여 새롭게 나타나는 영적인 가르침에의 부흥을 분석하고 초월성과 관계된 정체성과 사회성을 재발견하려는 욕구가 새롭게 일어나는 시대적 특징에 신학이 책임적으로 응답해야 한다고 생각한다. 현대문화 속에 나타나는 종교성의 부정과 초월성의 제거는 결과적으로 비인간화와 과잉인간화의 길을 갈 수밖에 없음을 근대문화 속에서 어렵지 않게 발견할 수 있다.

성육신 신학의 관점은 한국사회 청년들의 사회문화적 현상을 분석하고 그 대안을 발견하기 위한 새로운 신학적 책임에 응답할 수 있는 적절한 관점을 제시하고 있다고 생각한다. 따라서 반인간주의적 현상이 전 사회문화적 영역에서 팽배해진 현대사회에 신학이 책임적으로 응답하기 위해서는 지나친 구원 중심의 신학과 창조신학적 성찰의 결여로 인해 신앙이 생활세계에서 무기력해지는 한국교회 현실을 성찰하고 청년들에게 새로운 생활세계에서의 삶의 가치를 긍정하고 적극적 신앙과 삶의 가치를 관계 맺도록 돕는 신학적 관점, 즉 성육신적 인간주의가 요청된다고 할 수 있다.

특별히 본회퍼 신학에 의존하고 있는 짐머만의 성육신적 인간주의 개념을 한국교회 청년이탈 문제를 극복하기 위해 진지하게 고려하는 이유는 짐머만이 근현대 문화 속에 제거된 종교성에 대한 인식과 새로운 관심으로 떠오르는 종교적 감수성에 대한 서구 청년들의 열망을 지적하고 있기 때문이다. 한국사회 청년과 교회 청년문제의 공통분모인 불안의 고통스러운 현실을 직면하고 교회 안에서 신앙적 탈출구를 발견하지 못해 오히려 불안이 깊어지고 급기야 자신들의 삶의 방향을 제시하지 못하는 교회를 떠나고 있는 청년이탈 문제에 주는 시사점이 크다는 것이다. 더 나아가 삶의 구체성의 해답을 위해 교회를 떠나지만 여전히 영적 갈급함을 호소하며 불안한 방황이 지속되는 한국교회 이탈 청년들의 문제에 교회와 생활세계를 연결시키는 사회적 영성의 필요성을 강조할 수 있는 신학의 토대를 제시하고 있다. 짐머만의 성육신 신학적 기초는 이미 본회퍼가 지적한대로 성속聖俗의 분명한 구분 없이 세계와 통합으로서의 기독교의 신앙과 삶의 성례전적이고 참여적인 개념에 뿌리내리고 있기 때문이다.[24] 즉 이러한 성육신 신학에 기초한 기독교인간주의는 참여적이고 성례전적인 신앙으로 성속의 이원론을 극복하고 속俗의 깊이의 차원으로 성聖을 제시하며 교회청년들의 생활신앙의 현장에서 기독교의 가치를 실현해 나가는 참여적이며 영성적인 관점을 제시하고 있다.

　　한편으로 슈바이커의 지적처럼, 현재 탈초월적 인문주의는 동시에 인간중심주의와 세속주의로 흘러감으로 인간만의 행복과 성장을 추구하는 목적을 제한할 방법이 없으며, 이는 인간을 넘어서 과잉인간화를 초래하고 있다고 분석한다.[25] 따라서 근대가 종교성을 상실함으로서 결과적으로 나타날 수밖에 없는 반인간주의와 혹은 과잉인간주의를 비판하면서 성육신적 인간주의는 이 사회문화 속에서, 생활세계에서 실현될 수 있는 대안적 가치와 도덕적 질서를 추구하는 새로운 인간주의를 추구한다. 성육신적 인간주의는 이러한 인간성과 종교성의 극단적 고립과 분리로 인해 현대인들에게 삶의 궁극적 목적과 의미의 상실로 나타나며 이러한 분리의 결과가 기독교적 관점뿐 아니

24　위의 책, 22.

25　William Schweiker, *Theological Ethics and Global Dynamics: In the Time of Many Worlds* (Malden: Blackwell Pub, 2004), 202. 이를 inner-wordly humanist라고 명명했다. 인간에 대한 긍정을 니체는 초인으로 푸코는 권력의 메커니즘으로, 하이데거는 존재의 운명이라 불렀다. 이는 모두 슈퍼-인간, 초월적 인간에 대한 개념들이다.

라 비기독교 관점에서도 쉽게 볼 수 있음을 발견하게 하게 돕는다. 이러한 분석을 통해 기독교인간주의야말로 모든 인간주의의 원형이고 세속적 인간주의의 한계를 넘어서는 신적 차원의 인간의 존엄성으로 향하게 만드는 것이라고 할 수 있다. 그러나 이러한 신념이 교회적 제국주의로 이끌어가기보다는 사회의 공적 선을 지향하는 사역으로서의 교회를 말하는 것임을 강조할 필요가 있다.[26]

성육신 신학은 21세기 대전환의 시대에 점점 심화되는 비인간적인 힘의 현실 앞에 더 인간다운 삶을 실현하기 위한 복음의 능력을 밝히는 핵심적인 사상이며 모든 사회문화 속에서 복음의 생명력을 밝히는 중요한 신학적 토대이다. 왜냐하면 구원을 위한 하나님의 능력은 동시에 인간화의 힘이기 때문이다. 복음 즉 그리스도의 사역은 단지 하늘로 인도하는 것이 아니라 이 땅에서 진정으로 인간다운 삶으로의 길을 보여주는 것이기 때문이다.[27] 즉 성육신적 인간주의는 삶의 의미와 방향을 상실한 채 교회를 떠나려는 청년들과 보다 적극적으로 대화하며 연대할 수 있는 신학적 토대로서 중요한 의미를 지니고 있는 것이다. 성육신 신학은 세계와 사회를 근본적으로 긍정하면서 대안적 삶을 위한 인류 보편의 문화윤리가치[28]를 생산하는 신학적 패러다임을 가능하게 한다. 이렇게 성육신은 기독교 복음의 핵심적 진리에 기초할 뿐 아니라 세계의 다양한 문화를 적극적으로 수용하는 개방성과

---

26 Jens Zimmermann, *Incarnational Humanism A Philosophy of Culture for the Church in the World*, 16.

27 R. W. Franklin and Joseph M. Shaw, *The Case for Christian Humanism* (Grand Rapids: W. B. Eerdmans, 1991), x.

28 보편윤리는 근대의 편협한 이성 중심의 토대를 비판적으로 성찰하고 공감과 소통을 전제로 하는 연대에 기초한 가치를 생산하는 것으로 포스트모던이 주장하는 다름과 다양성을 부정하나 억압하는 것이 아니며 그러한 포스트모던의 성찰들과 충돌하는 것도 아니다.

세계긍정을 기초로 사회문화에 대한 신학적 토대를 건설할 수 있는 길을 제시한다.

따라서 성육신 신학은 생활세계 안에서 교회를 위한 사회문화 이론으로 발전시키고 그리스도인들이 자신들과 세계와 문화를 이해하고 오늘의 삶에 대한 긍정적인 의미를 부여하기 위한 신학적 기초로서 중요하다. 리처드 니버의『그리스도와 문화』에 나타난 다섯 가지 유형에 대해 모두 설명할 수 없지만 니버는 기독교와 문화와의 관계를 그리스도와 문화와의 관계로 유형화하였다.[29] 그러나 성육신은 기독교가 문화와 관련이 있는지에 대한 질문 자체를 허락하지 않는다.[30] 동방정교회, 로마 가톨릭, 그리고 개혁교회의 고백은 언제나 하나님은 삼위일체 예수 그리스도를 위해, 또 그를 통하여, 그 안에서 세상을 창조하였기 때문에 실재의 모든 것은 그리스도를 향하여 재정의 되어 있다는 것이다. 따라서 더 이상 자율적인 영역의 문화는 성육신적 관점에서는 존재하지 않는다.[31] 즉 주님은 역사적, 물질적, 그리고 일시적 세상을 통하여 오셨다.[32] 따라서 실재와 모든 인간의 문화경험은 그리스도 안에서 연합되는 것이다.

---

29 Jens Zimmermann, *Incarnational Humanism*, 263.

30 H. Richard Niebuhr, *Christ and Culture*,『그리스도와 문화』, 김재준 역, (서울: 대한기독교서회 2009), 19. 니버의 저서『그리스도와 문화』를 보면 기독교와 문화와의 관계를 그리스도와 문화와의 관계로 유형화시키면서 다섯 가지로 분류하고 있다. 이 다섯 가지의 유형은 니버가 그리스도를 따른다는 것은 무엇인가? 라는 질문에 대답하기 위한 구체적 답변이다, 즉 문화와 복음과의 역동적 관계를 신학적으로 고찰하는 것은 그에게 책임적인 기독교인의 삶을 추구하는 점과 그리스도인들이 살아가는 상황의 중요성을 강조하는 큰 줄기 속에서 설명되고 있다. 이 책에서 니버는 다섯 가지 유형으로 그리스도와 문화와의 관계를 설명한다. 1. 문화에 대립하는 그리스도 2. 문화의 그리스도 3. 문화위에 그리스도 4. 역설적인 관계를 가진 그리스도와 문화 5. 문화변혁자로서 그리스도 등이다. 니버는 이 중에서 너무 쉽게 한 방법으로 절대화 시키는 것을 반대하면서 단일한 기독교적 해답은 없다고 주장한다.

31 위의 책, 264.

32 위의 책, 164.

　　최근 세계적으로 기독교윤리학 분야에서 성육신의 개념이 새롭게 연구되고 성육신적 인간에 기초한 다양한 신학적 연구들이 개인적인 신앙인들과 기독교 공동체를 위해 새롭게 발전시키는 신학적 자원으로 부상하고 있다. 성육신적 삶은 인간의 모든 영역에서 모든 삶의 가치에서 복음의 진리가 재현되어야함을 의미한다.[33] 그러나 한국교회의 사사화私事化와 물량화로 인하여 기독교의 가치와 복음의 진리가 공적인 영역에서 그 존재감을 상실할 만큼 미미해졌다. 따라서 한국교회가 청년이탈의 문제를 진지하게 숙고한다면 청년들의 사회적 문화적 정치적 현실과 마주할 수밖에 없을 것이다. 사회 전 영역에서의 변화가 동반되어야 하는 문제라는 것이다. 이러한 의미에서 성육신 신학은 급진적 자기 정체성의 구체적 실천은 필연적으로 보편적 인간의 존엄의 가치와 만날 수밖에 없음을 가장 잘 보여주는 신학적 관점이다.

　　또한 성육신 신학이야말로 공동체를 지향하는 대안적 관점을 제공한다. 하나님의 현존은 언제나 인간의 방법으로 오신다. 예수님의 인간 구원을 향한 십자가 사건의 원초적 준비는 하나님이 인간이 성육신의 사건으로부터 시작된다. 이러한 급진적 신과 인간의 자기 동일화는 인간이 어떻게 가장 인간다운 존재로 나아갈 수 있는지를 보여주는 것이다. 특별히 칼 바르트는 "하나님의 인간성"The Humanity of God 이라는 글을 쓰면서 그리스도는 온전히 인간이시고 하나님이시라는 고대교회의 가르침의 맥을 지속적으로 탐구해왔다.

　　성육신 신학은 일상의 물질적 삶의 현장으로서의 세계를 긍정

33　R. W. Franklin and Joseph M. Shaw, *The Case for Christian Humanism*, 9.

하는 신학적 기초로서 창조에 대한 성서적 교리를 통하여 그리스도 안에서 물질적 실재로서의 세계 즉 지구와 인간의 몸과 육체와 그것의 감각 그리고 그러한 물질세계를 둘러싸고 있는 모든 생물학적이고 자연적 환경뿐 아니라 물질적인 것 등 모든 것은 인류구원을 위한 거룩한 성령의 도구가 될 수 있다는 것을 신학적으로 제시한다. 마치 교회에서 가장 초월적 경험을 표현하는 그 순간에 포도주와 불과 빵을 사용하는 것처럼 가장 세상적인 물질세계를 통해서 가장 세속적인 몸의 욕구와 욕망을 통해서도 하나님의 거룩한 뜻이 실현되고 있음을 알아야 한다. 거룩한 몸과 마음은 분리되지 않으며 썩어 없어질 육신을 통해 이 땅에 몸을 입고 오신 예수처럼 인류의 신체적 한계와 성적 욕망까지도 하나님의 도구인 것이다. 하나님이 성육신되어 십자가에 달린 그리스도의 영광을 위하여 성령은 모든 살아있는 것들을 창조하고 회복시키며 인간화한다. 왜냐하면 예수 그리스도는 최종적으로 결정적으로 완전한 인간이기 때문이다.[34] 성육신 신학에서 육신은 '피'와 구성된 몸을 가리키는 것으로 예수님이 온전한 인간이 되셨음을 의미한다. 바울이 즐겨 쓰던 '소마'몸, body는 사람의 외형에 대한 추상적인 표현인 반면에 요한복음 1장 14절에 표현된 '사르크스'는 육신 혹은 살flesh로 살아있는 감각적 인간을 의미한다. 성육신은 몸과 신체도 동시에 하나님의 현존의 자리이고 '인간됨'의 가치도 체현된embodied 존재로서 살아감으로 현실화되고 실천되는 것이다. 즉 태초로부터 말씀으로 계셨던 하나님이 "육신이 되어" 이 땅에 오신 성육신의 핵심은 세

---

34 Don S. Browning, *Reviving Christian Humanism: The New Conversation on Spirituality, Theology, and Psychology* (Minneapolis: Fortress Press, 2010), 51.

상 속에서 하나님의 현존을 계시하는 것이다. 신약성서에서 생명을 뜻하는 '조에'는 그리스어로 동물과 인간, 그리고 식물등 유기체의 신체적 생동성을 뜻하며 생명체의 '살아있음'으로 이해되어야 한다.[35] 성육신적 관점에서 그리스도인은 '영적인' 것을 물질적인 것과 분리시키는 것을 거부하고 '영적인' 것이 오늘 우리가 대면하고 있는 '온전한 실재'이며 이것은 물질성을 제거하는 것이 아닌 새 창조로의 변화를 말한다. 따라서 성육신 신학은 그리스도인들에게 하나님의 초월성과 타자성이 이 물질세계와 인간성에게로 연결되고 확대되는 가장 확실한 신학적 토대이다.

한국교회의 청년들은 성장주의와 대형화를 한국교회의 가장 큰 문제로 지적하였고 그 중 절반 가까이는 '작지만 건강한 교회'를 원했다. 한국교회가 꾸준히 성장했지만, 교회는 다음 세대의 주역인 청년들에게 적절한 양육을 제공하지 못함으로 '건강한 성장과 질적인 성숙'을 이루지 못했다고 평가하였다. 청년들의 꿈과 희망을 지지하기 위해서는 교회의 성장 제일주의와 위계적 권위주의와 성차별주의 그리고 신앙적 분리주의 등의 폐단을 근절하고, 동시에 취업·생계 난에 허덕이는 청년들의 어두운 현실부터 헤아릴 줄 아는 교회가 되어야 할 것이다.[36]

---

35 김은혜, 『생명신학과 기독교문화』(서울: 쿰란출판사, 2006), 23.

36 『한국성경신문』, "교회의 권위주의, 청년 감소 부추긴다," http://kehcnews.co.kr/news/articleView.html?idxno=30547 (2020.07.20 접속). 2017년 한국기독청년협의회(EYCK)와 한국기독교회협의회(NCCK) 청년위원회가 20-30대 남녀 청년 1,329명을 대상으로 한 '청년의 교회·종교에 대한 의식 설문조사'를 실시하였다. 청년들은 권위적인 교회, '비민주적인 의사구조' '불투명한 재산 운영' '권위주의적 운영' 등을 교회의 문제로 주로 지적하며 한국교회의 오래된 폐단에는 불만이 컸다.

4. 청년, 오늘 여기에서의 삶의 의미를 묻다

오늘 여기에서의 삶의 의미로 미래의 희망을 바라보는 성육신 신학적 관점은 오늘날 한국교회에 주는 의미가 크다. 신앙과 오늘의 삶을 관련시키지 못하고 일상을 무시하는 듯 초월만 사모하면서도 가장 세속적 이기적인 집단으로 비추어지는 교회 안에서 조차 종교의 진정성의 소멸을 경험하는 청년 세대는 우울하고 분노하고 방황하게 된다. 성육신 신학은 진정한 희망으로서의 하나님나라에 대한 믿음은 세계와 삶의 의미를 제공하고 삶의 진정성과 신앙의 영역이 관련을 맺을 때 일어나는 감동이라고 본다.

청년들이 조용히 교회를 떠나고 한국교회가 사회적 영향력을 상실하는 가장 중요한 이유가 삶과 세계에 대한 책임적이고 변혁적인 신학적 담론의 결핍이라는 것을 부정할 수 없다. 성육신 신학이 가지고 있는 깊이 있는 신학 전통을 무시한 채 지나친 분리주의나 무비판적 세속주의에 물들어가는 한국교회의 신학을 다시 세워야 한다. 나는 지나친 구원중심의 신앙관과 죄론을 강조하는 한국 개신교의 신학전통과, 이 세계 속에서의 삶의 의미와 긍정을 약화시키고 더 나아가 신앙으로 변화된 존재로서의 인간의 가능성에 대해 불가능성만을 강조해 온 교회의 가르침이 이러한 결과를 낳았다고 생각한다. 이러한 의미에서 성육신적 인간주의는 삶에 대한 이해를 더욱 깊이 있게 성찰함으로써 인류의 보편적 문화윤리가치를 추구하며 공감과 연대의 윤리를 새롭게 정립하게 된다.

따라서 한국교회의 청년이탈에 대한 원인을 보다 근원적으로 분석하고 새로운 세대의 문화적 특성과 영적 갈망의 복잡한 사회문화의 현상들을 이론적으로 검토하면서, 신학적 대안으로 성육신적 인간주의를 제안하며 한국교회 청년문제의 새로운 장을 열어가는 기독교윤리적 성찰과 청년들의 고통스러운 현실의 전환의 가능성을 모색하였다. 결론적으로 신앙은 우리를 구속시키는 것이 아니라 경계에 속박되지 않고 진리의 자유 속에서 자기 내어줌과 자기 비움의 복음을 들고 이웃과 함께 충만한 삶을 살아가는 것이다. 특별히 성육신적 신학에 대한 의의와 그에 기초한 삶의 신학은 젊은 세대의 영적인 관심과 교회내적 논리를 넘어 그들의 현장에서 삶의 진정한 가치를 열망하는 청년들을 건강하게 인도하기 위한 것이다.

III부

★

기독교 문화 분석과 문화 실천: K-Christianity, 대중문화 그리고 선교

1장

대중문화의 영향과 한국교회의 선교

1. 한류, 대중문화 그리고 새로운 선교

모든 시대는 항상 변화해왔다. 각 시대마다 하나님께서 말씀하시고 그리스도인들이 응답해야 하는 새로운 상황과 문제들이 있다. 문화의 시대로 불리는 21세기는 그 변화의 속도로 다양한 차원에서 그리스도인들에게 새로운 도전과 과제를 주고 있다. 특히 새로운 문화적 영향력으로 떠 오른 대중문화에 대한 신학적 분석은 어떻게 그리스도를 따르며 살 것인가에 대한 우리의 생활과 의식에 대한 실제적인 이해를 심도 있게 고찰하는데 매우 중요하다. 대중문화는 문화의 한 분야를 넘어 이제 현대인 삶의 방식을 구성하고 있고 일상생활 그 중심에서 영향력을 발휘하고 있기 때문이다.

현대사회는 정보기술과 미디어의 환경의 혁명적 변화로 인해 전혀 새로운 문화를 생활에서 매일 접하며 살아가고 있다. 특히 대중문화의 변화는 그 영역의 범위와 영향력을 가늠하기 어려운 정도로 일상과 연결되어 있다. 이러한 대중문화 환경의 변화는 국제사회와의 미디어네트워크와 디지털 환경의 변화와 함께 획기적 기술발전과도 밀접한 관련을 가진다. 대중문화는 다양한 문화적 특수성의 발현과 동시대를 가로지르는 보편적 문법이 통용되며 특정 이데올로기나 지역적 경계를 넘어 소통이 가장 활발하게 구현되고 있는 현장이다. 따라서 문화 시대의 특성을 읽어낼 수 있는 통찰력과 대중문화분석은 다양한 매체를 통해 복음의 가치를 전달하고 확산시켜야 하는 사명을 가진 교회에게 필수적 이다. 더 나아가 교회를 향한 문화적 도전들이 이전의 상황과 다른 양상을 보여주고 있음을 직시해야 한다.

한국뿐 아니라 세계 대중문화를 한 단계 업그레드 했다고 평가를 받고 있는 방탄소년단[BTS]은 글로벌 미디어로부터 '세계에서 가장 인기 있는 보이 밴드'[The biggest boy band in the world], '유튜브 시대의 비틀스'라고 불리며 전 세계에서 뜨거운 인기를 얻고 있다.[1] 이렇게 한류와 K팝이 세계대중문화를 이끌고 특히 대중문화의 메카라고 하는 미국대중문화의 속에 이제는 주변이 아니라 주류문화로 자리 잡게 된 것은 방탄소년단으로 인해 확장된 초국적 팬덤, K팝의 문화적 혼종성, 그리고 K팝 산업에서 플랫폼뿐 아니라 미디어 기술 등이 중요한 요인들이

---

1 서울대학교 언론정보학과 홍석경 교수는 방탄소년단이 이룬 세계적 성과는 그간 '한류'라는 키워드로 대변되던 한국 대중문화 관련 현상에 대한 담론을 새로운 차원으로 전환시켰으며 동아시아에 집중되었던 한류와 K팝 연구를 향후 세계 다양한 분야의 학자들로 하여금 광범위한 연구와 논의를 이끌어낼 수 있는 장을 열어놓았으며 정형화된 틀에 맞춘 양산형 아티스트라는 비판을 받고 있는 K팝 비즈니스에서 자율성과 창의성을 바탕으로 한 예술적 정체성 구축을 반영한 아이돌 브랜딩 시스템으로의 변화를 방탄소년단의 사례를 통해 설명했다. 홍석경, "방탄소년단이 연 새로운 연대정치의 공간," 『한류에서 교류로』(서울: 한국국제문화진흥원, 2020).

다. 또한, 방탄소년단의 성공을 논할 때 빠지지 않는 것이 SNS의 영향력이며 원하는 메시지와 음악적 위로를 충족시키는 아티스트였다는 사실이다. 반면 오늘날 한국교회는 신문·방송뿐 아니라 인터넷, 페이스북, 카카오톡, 유튜브 등 수많은 소통의 매체들을 활용하지만, 교회의 이미지나 메시지는 주로 극단적 정치 이데올로기나 일방적 기독교 콘텐츠들과 연결되어서 세상과 열린 마음으로 소통하지 못하고 세계에 위로와 희망을 전하기보다는 일방적일 때가 많아서 변화하는 문화의 역동성에서 멀어져 있다.

　　하나님 나라 선교의 중요한 전제인 교회와 문화 간의 소통과 그리스도인과 이웃 간의 공감역량이 현저히 낮아질 때 결과적으로 한국교회는 성장둔화, 청년과 젊은 여성들의 이탈 그리고 청소년들의 감소현상과 동시에 대사회적 영향력의 하락을 통한 교회의 부정적 이미지를 양산하게 된다. 특별히 그리스도인들의 각 사람의 삶과 행동이 중요하다. 믿는 자들의 삶의 현장이 하나님의 내재 순간이기 때문이다. 진리는 개념에서 나오는 것이 아니라 예수 그리스도 안에서 계시하신 하나님의 행동으로 세계에 나타나셨다. 이 장은 생명 신학적 그리고 문화 신학적 관점에서 대중문화 현상을 분석·성찰하여 한국교회가 직면하고 있는 배타적 자세를 반성하고 복음의 가치를 실천함으로 기독교 생명문화를 세상 속에 꽃 피울 수 있는 길을 모색하려고 한다.

2. 한국 사회문화의 변동과 대중문화

현대사회의 대중문화는 현대인들의 삶의 양식을 급진적으로 변화시키고 있다. 이제 대중문화 환경은 뉴 미디어로 일컬어진 정보기술이 현실화되면서 대중의 삶은 대중매체와 관련 짓지 않고는 설명할 수 없다. 교리적으로 세상을 타락한 장소로 고백하는 근본주의나 복음과 문화를 관련성을 최소화하는 분리주의자라 할지라도 대중문화를 일방적으로 거부하는 것은 가능하지 않다. 대중문화의 영향력이 확대되면서 한국교회는 여전히 근대 세속화의 과정에서 대중문화를 단지 선교의 도구 정도로 생각하였을 뿐 달라진 다양한 매체발전과 메시지의 전달이 얼마나 중요한지 기독교문화 형성의 차원으로 적극적으로 다루지 못했음을 반성해야 한다. 다시 말하면 복음과 문화는 결코 일방적인 관계가 아니라는 것이다.

더 나아가 현대사회에서 대중문화의 영향력은 단순한 오락이나 정보 전달방식의 변화뿐 아니라 대중매체를 접하는 사람들의 인지구조, 심리상태, 행동양식의 변화를 포함한다. 한국사회는 90년대 이후 경제적 성장하면서 물질적 풍요로움을 경험하고, 민주주의의 확립으로 사회적 안정망을 확대하며 복지국가로의 면모를 갖추어가고 있다. 이와 함께 대중문화도 90년대에 들어서면서 급격한 발전을 거듭하며 문화현상의 핵심적인 요소일 뿐 아니라, 관습을 깨뜨리고 의식을 뒤집고 기존의 것으로부터 끊임없는 탈피를 시도하며 사회 전반에 영향력을 미치기 시작하였다.

대중문화는 또한 거대한 문화자본과 정보통신기술 그리고 수많은 대중문화 기획자들을 통하여 현대인들의 삶의 의미체계를 적극적으로 구성하고 있다. 따라서 대중문화의 다양한 장르는 단순한 재미를 넘어 그리스도인들의 포함하여 현대인들의 가치관에 적극적인 영향을 미치고 때로는 가장 영향력 있는 가치형성의 통로가 되었음을 한국교회는 주목하여야 한다. 더욱이 대중문화는 수많은 이미지와 영상과 상징 등으로 그리스도인들의 영성형성에 영향을 주며 정신을 넘어 우리의 몸을 통제하기도 한다. 성형문화와 외모주의가 대표적이다.

한국사회에 대중문화를 가장 많이 누리고 있는 세대가 젊은 층이며, 이들을 신세대라고 부른다. 이들은 대중문화의 홍수 속에서 편리함과 즐거움, 때로는 자극과 도전 등의 긍.부정의 영향을 받고 있다. 대중문화를 통해 무차별적으로 확산되는 물질주의적, 소비지향적 생활양식과 함께 생활의 편안과 재미를 넘어 삶의 가치와 존재의 의미를 확인하기도 한다. 동시에 대중문화는 대중이 향유하는 문화를 넘어서 거대자본과 결합하면서 문화 소비주의와 상업주의의 중요한 역할을 하고 있다. 즉 대중문화란 문화가 이윤추구를 위해 생산과 소비구조를 갖추게 되면서 생겨난 새로운 문화 양상으로 다수의 사람들이 소비하고 향유하는 문화로서 산업사회 이후 대량소비와 대량생산이 가능해지면서 더욱 확산되었다.[2] 학자들이 예전과 다르게 대중문화를 연구하는 이유 중의 하나는 대중문화가 자본의 이익을 위하여 의도적으로 대중의 의식 형성과 조작이 가능해지는 현상에 대한 비판적 시작이 필요하기 때문이다. 이렇게 대중문화를 누리는 동안 새로운 문화 접촉을 통해 대중의 새로운 자아가 형성되고 있다는 점을 인식하며

---

2   김창남, 『대중문화의 이해』(서울: 한울아카데미, 1998), 24.

기독교 문화신학적 관점에서도 진지하게 문화적 인간이해에 대한 연구가 필요한 것이다.

한편 부정적 측면에서 대중문화가 상업적/선정적/외래적이고 지나치게 감각적/외설적이며 이기주의와 물질숭배주의로 공동체 의식과 전통적 가치를 약화시킨다는 비판이 끊임없이 제기되어 왔다. 또한 대중문화 콘텐츠들의 자본에 대한 종속성, 허위의식, 그리고 육체의 대상화와 욕망의 상업화로 공적 영역의 성장이나 내면의 가치를 추구하기 보다는 인간의 왜곡된 욕구를 부추기는 현상 또한 간과하기 어렵다. 이러한 부정적인 측면을 인식하면서 기독교 세계관이 한류의 거센 흐름과 대중문화의 지배적 패러다임 속에서 상호흡수, 타협되기도 하고 때로는 기독교적 가치가 심각하게 왜곡되기도 하기 때문에 대중문화에 대한 신학적 성찰과 교회의 문화교육 중요성이 대두되는 시대이다. 즉 문화에 대한 비판적 교회교육이 실행되면 청년들과 청소년들이 대중문화 영역 역시 기독교적 가치가 실현되는 창조적 자리임을 인식하고 비판적으로 때로는 참여적 그리스도인으로 살아가도록 도울 수 있다.

최근 세계의 문화콘텐트 시장의 트렌드가 시시각각 변화고 있지만 케이팝 아티스트로서 방탄소년단은 경제적 효과뿐 아니라 국가적 이미지와 국민적 자긍심에도 큰 효과와 영향을 미치고 있다. 미국의 BTS 프로모터 에시 게이트는 미국 팬들을 사로잡은 원인을 이야기하며 "팬들은 늘 '리얼'real을 선택한다. 미국뿐 아니라 세계적인 현상이다"라고 말했다. BTS의 진심이 세계에 와 닿은 것이다. 왜냐하면 리얼하기 때문이다. 이제 대중의 팬덤은 일종의 '라이프스타일'이 되어가고 있으며 스타가 아닌 팬들 스스로의 행위이자 정서적 공감대를 형성하여 공동체의 일원들과 바람직한 사회를 구축하는데 일조하는데 까지 영향력이 확산되었다.[3] 대중문화의 다양한 장르는 그리스도인들의 포함하여 현대인들의 가치관에 이렇게 리얼하게 영향을 미치고 가치형성의 통로가 되어가는 현실을 직시해야 한다. 세상 한 복판에서 신앙이 그리스도인들이 추구하는 믿음이 이렇게 진정으로 리얼^{real}하게 되는 길은 무엇일까? 신앙의 가치가 울리는 꽹과리가 아니라 진정으로 리얼이 되기 위해 예수의 길을 따르는 그리스도인의 삶의 방식에 있음을 깨달아야 한다. 이 길을 걷지 않고 리얼하게 감동을 줄 수 있는 방법이 없다. 길은 세상에 있다. 그 먼지 나는 길에 주님은 땀 흘리는 육신으로 오셨다. 이 길은 누가 대신할 수 있는 길이 아니라 주님께서 걸음걸음 가셔야 했던 삶의 여정이셨다. 제아무리 천국으로 인도하는 길이어도 주님처럼 세상의 길을 온 몸으로 걸어야 진리에 이르게 된다.

이러한 대중문화의 영역이 현대인의 일상과 만나면서 한류는 아시아를 넘어 세계를 매혹하는 새로운 문화 코드로 부상하고 한국인의 문화적 자부심과 정체성을 고양시키는 기제로 작동하고 있다. 2019년은 BTS가 청소년과 청년들의 감성뿐 아니라 세계인들의 마음을 사로잡는 공감과 울림을 통하여 세계인의 보편적 정서에 반응하면서 시대정신과 대중문화 간의 접촉을 완성도 있게 실현해내는 콘텐츠를 만들었다. 그들의 끝이 보이지 않는 확산성과 다양성, 그리고 공동체성과 일체성은 대중문화가 가지고 있는 시공간을 넘어서는 참여와

---

3 http://blog.naver.com/PostView.nhn?blogId=nickykim156423&logNo=221532044420 이 세대는 웰빙(well-being)과 자기만족(self-contentment)이 중요하다.

소통과 개방의 코드를 연결함으로 춤과 이미지와 단순하지만 진정성을 가진 노랫말로 대중적 공감을 획득하게 하였다. 나아가 수많은 나라의 청년을 위로하고 더 좋은 사회를 향한 긍정적인 메시지로 인종과 국가 그리고 정치이념을 단숨에 넘어서는 공감의 코드로 인간의 보편적 정서를 자극하며 대중문화는 이렇게 경계를 가로지르며 세대 간의 간격도 사회적 격차도 해체하는 공감의 힘을 가지고 있다. 이러한 문화공간에서 한국교회가 청년 세대와 공감하기 위해서도 그들이 향유하고 있는 문화에 대한 신학적 성찰을 통한 대화와 경청의 자리가 중요하다. 문화 신학은 한국사회의 주도적 기능을 하고 있는 주류 문화의 대중적 가치를 신학적으로 분석하고 대중문화가 구성해내는 의미체계를 읽어낼 수 있을 때 일방적 소통을 넘어 상호소통의 길이 가능해진다. 특히 한국사회가 해결해야 하는 특수한 사회적 현상으로 떠오르고 있는 세대 간의 갈등은 이러한 문화적 이해 속에서 더욱 효과적으로 극복되어 질것이다.

최근 세계교회의 선교 역시 새로운 미래전략을 준비하며 진지하게 다루어지는 주제 중의 하나가 '문화'이다. 세계교회협의회는 2013년 한국 부산에서 열리는 WCC 10차 총회에 제출된 '선교와 전도 위원회' CWME 의 변화하는 문화적 상황에서 전도와 선교의 실천을 새롭게 재정립하는 중요한 문서가 제출되었다.

하나님은 우리를 삼위일체 하나님의 생명을 수여하는 선교로 초대하시고, 새 하늘과 새 땅에 있는 모든 것을 향한 풍성한 생명의 비전을 증거 할 힘을 주신다. 선교는 삼위일체 하나님의 마음과 모든 인간들과 피조물에 흘러가는 거룩한 삼위일체로 묶여 있는 사랑에서 시작된다. 아들을 세상으로 보내시는 선교사 하나님은 모든 하나님의 백성을 부르시고요 20:21, 그들이 희망의 공동체가 되도록 능력을 주신다. 교회는 성령의 능력 안에서 생명을 경축하고 생명을 파괴하는 모든 힘에 저항하고 변혁하도록 하는 사명을 부여 받았다.

이렇게 문화를 통한 시대적 사명은 생명선교 이어야 하며 기독교문화는 생명과 맞닿아 있어야 한다. 선교의 일차적 과제는 인간의 구원이며 사회 전 영역에서의 하나님 선교의 실현이다. 새로운 선교는 복음이 창조세계와 우리 삶과 사회의 모든 측면에서의 좋은 소식이며 하나님의 선교를 우주적인 차원에서 인식하는 것과 하나님의 생명의 체계 안에서 상호 연결되어진 존재로서의 모든 생명 즉 온 세상oikoumene을 인식하는 것이 핵이다.[4] 따라서 문화와 선교의 상호적 관계 안에서 대중문화에 대한 기독교적 가치 판단은 바로 온 세상의 생명의 충만함을 가능하게 하고 세계의 전 영역에서 좋은 소식은 바로 모든 생명의 존엄함을 고양시키는 것으로 평가되어야 한다는 의미이다.

3. 영화, 한류와 K-Christianity

최근 한국사회는 대중문화의 발전 속에서 특별한 경험을 하였다. 한국영화 '기생충'이 역사상 최초로 미국 최고의 권위를 자랑하는 아카데미상 최종 후보에 올랐다. 국제극영화상뿐 아니라 작품상 감독상 등 주요 부문에까지 포함된 것은 기념비적 사건이다. 극단적 빈부

격차의 민낯을 보여주는 한국사회의 대중문화 콘텐츠가 극찬을 받으며 한국을 넘어 글로벌 공감코드를 적중했다. '불평등과 양극화 문제'라는 사회적 이슈를 영화를 통해 탁월하게 표현한 것이 기존수상의 틀을 깨고 언어의 장벽을 뛰어넘게 만들었다고 전문가들은 평가했다. 할리우드 영화 '조커'의 불편하지만 불쾌하지 않은 찬사도 이러한 흐름에 닿아있다. 이렇게 영화의 흥행은 시대적 상황과 맞물려 있다. 우리는 '기생충과 조커의 시대'를 살아가고 있다.[4]

지배적 문화가치와 교회의 영적 상태의 관련성을 통찰한 신학자 폴 틸리히에 따르면 고삐풀린 한국 자본주의와 극단적 물신주의 현실은 한국교회의 영적 상태이다. 기생충에 나타난 불평등과 양극화된 계층의 참혹한 현실은 교회를 돌아보게 하는 거울이고 교회가 터하고 있는 사회의 지배적인 가치는 교회의 영적인 상태를 반영한다. 한국교회도 양극화의 현상에서 자유롭지 못하다. 돈이 인간의 가치를 결정하는 한국사회에서 늘 주눅 들어 기생하며 살아가는 가난한 사람들에게 교회는 그들의 존엄을 회복시키는 믿음의 공동체일까? 월거지, 전거지, 빌거지, 이백충이라는 단어들은 초등학생들 사이에 유행이 된 단어이다. 월거지는 월세를 사는 거지, 전거지는 전세를 사는 거지, 빌거지는 빌라는 사는 거지, 이백충은 부모들이 월 이백을 버는 거지라는 뜻이다. 한국사회는 이렇게 일상에서 그저 가난하다는 이유로 온갖 사회적 멸시와 편견을 달고 살아가야 하고 부자와 가난한 사람

---

4   제11차 초안(Draft 11) WCC CWME의 새로운 선교와 전도 선언문은 2012년 9월 경 WCC 중앙위원회에 채택되고 내년 WCC 10차 부산 총회에서 승인될 것이다. 이 선언문 초안은 2012년 3월 22-27일까지 마닐라에서 열린 CWME Pre-Assembly에서 토론하고 논의하기 위해 만든 초안으로 향후 수정 보완될 것으로 예상되나 지역교회와 선교현장에 있는 사역자들이 각자의 상황에서 이 문서를 숙고하고 얻은 통찰력이나 숙고를 통하여 함께 나누는 것을 목적으로 한다.

을 구분하고 오로지 돈으로 사람을 판단하는 시선이 만연해 있는 기생충과 조커의 사회이다. 이렇게 상처받고 억울하고 분노에 찬 사람들이 교회공동체를 통하여 희망을 찾고 위로받고 있는가? 교회는 이 지독한 편견에서 자유로울 수 있을까? 가난한 자들을 향한 경멸과 무시의 태도가 교회 안에서는 낯선 모습일까? 예수님은 항상 세리와 죄인과 함께 했고 가난한 자들이 있는 그 낮은 곳에 계셨다. 예수님이 있으신 곳에, 그 곳에 교회는 그들과 함께 존재해야 한다. 세계의 낯설고 먼 이웃의 고통과 돈이 지배하고 있는 사회에서 잊혀진 사람들의 참혹한 현장이 교회의 실존의 자리이어야 한다.

한류는 몇 가지 흐름으로 한국인들을 흥분에 빠뜨렸다. 첫째는 언어와 생김새가 다른 외국인이 한국의 드라마와 영화, 스타에 열광하는 것에 대한 신기함과 자부심, 둘째는 한류가 막대한 경제적 부가가치를 창출하는 것에 대한 놀라움과 기대감이다. 전자가 문화 자체와 관련된 것이라면, 후자는 문화가 창출하는 경제와 관계된 것이다. 한류는 문화와 경제를 단숨에 밀착시키면서 한국인에게 새로운 경제 자산인 한국문화의 힘에 큰 관심을 갖게 했다.[5] 2020 문화예술인 신년인사회에서 문재인 대통령은 세계 속 '한류'의 바탕이 된 문화예술인의 혁신적 창의성과 노고를 격려하고 영화 '기생충' 성과를 언급하며 올해 역대 최대 수준인 6조 4803억 원 규모의 문화 분야에 정부 지원을 아끼지 않겠다고 밝혔다.[6] 특별히 한류가 전해지는 지역문화에 대한 존중과 배려 속에서 일방향적인 문화교류가 아니라 쌍방향의 문화

---

5   김수이 편, 『한류와 21세기 문화비전』(서울: 청동거울, 2006), 13.
6   『아시아경제』, 류정민 기자, "文대통령 내외 문화예술인 신년회 참석 … BTS, 기생충 성과 강조," https://view.asiae.co.kr/article/2020010813363974451 (2020.07.20 접속).

소통의 중요함은 특별히 BTS 활동에서 잘 나타나고 있다. 방탄소년단의 자세와 언행들이 타문화에 대한 배려와 존중으로 표현되면서 보수적인 중동문화권까지 확대되는 상상도 못한 일들이 눈앞에서 펼쳐지고 있다. 특히 과거 '월드뮤직'으로 통칭되던 한국의 대중음악이 '케이팝'이라는 단어로 진화하면서 세계시장의 주류로 자리 잡았다.

　　　BTS는 세계 속 K팝을 통해 '듣는 음악'에서 '보는 음악'으로 노래를 자신들의 이야기로 풀어내는 또 한 차례 진화를 거듭하며[7] BTS와 기생충의 시대는 더 이상 한국대중문화의 특수성을 한갓 '서구문화 따라하기 혹은 흉내내기'로 해석하거나, '천박한 B급 문화자본의 파생물'로 규정하는 한계를 넘어서 케이팝과 한류Korean Wave라는 이름에서 케이Korean의 특수성을 글로벌의 다양성과 연결시키며 폭넓은 공감을 이끌어내는 지점을 주목할 필요가 있다. 문화 신학적 관점에서 이러한 한류현상은 글로벌 공감을 위해 문화의 특수성을 포기할 필요도 없고 공감의 보편적 정서와 민족 정체성이 대립하지 않음을 배운 경험이다. 동시에 한류를 지속시키려면 민족문화의 원형을 적극적으로 찾아 문화의 정체성을 확립하고 시대에 응답하는 인간해방의 보편적 문화를 새롭게 형성하여야 한다는 깨달음이다.[8] 어쨌든 문화적 정체성과 세계 보편성은 상호관계적이라는 것이다. 이렇게 한류는 전 세계와 소통하고 문화적 차이와 다양성을 존중하며 '타자'와 끊임없이 관계를 형성하고 있다. 이러한 문화적 맥락에서 한국 신학K-Christianity 역시 신학적 담론으로 세계 신학에 공헌하기 위해서 서구신학을 그저

7　『동아일보』, 이정연 기자, "대중문화의 변화 케이팝의 진화는 계속된다," https://sports.donga.com/3/all/20200107/99125654/3 (2020.07 20 접속).

8　임재해, "민족문화의 전통과 한류의 민속학적 인식," 『문화신학회』(2012. 4), 2.

번역하고 그 틀에서 재구성하는 것을 넘어 한국인의 문화적 정체성과 한국정신문화에 뿌리내린 고유한 한국적 신학의 구성도 필수적임을 강조할 수 있겠다.[9]

한류는 최근 국가 간에 이루어지는 새로운 문화 흐름을 보여주고 있다는 점에서 새로운 현상임에 틀림없다. 그러나 흥분하기에 앞서, 한국에서 만들어내고 있는 문화상품들이 어떠한 의미를 만들어내며, 유통되고 소비되고 있는지에 대한 타자들의 해석에 귀 기울이는 것이 무엇보다 중요하다.[10] 방탄소년단의 노래 가사와 기생충 영화의 이야기들 속에 한국문화의 특수성과 세계 문화보편성의 조화를 이루어 어떻게 세계시민들과 소통하는 지를 볼 수 있는 소중한 경험이고 훌륭한 문화 텍스트이다. 그러므로 한국인의 정신문화 속에 내재해있는 전통과 원류의 특수성이 보편적 문화가치로 고양시키기 위한 과정에 대한 성숙한 자세와 타문화권을 향한 열려진 생각이 동시에 요구된다. 한국교회로 하여금 선교적 관점에서 긍정적 환경으로서 한류를 이해하고 문화에 대한 지나친 이분법적인 태도나 타문화 권에 대한 우월한 태도, 그리고 기독교에 대한 서구문화 중심적 사고를 극복하는 좋은 기회가 되기를 바란다.

이와 같이 21세기 한국인들은 한류가 일방적 문화가 아니라 상호 소통하는 문화가 되기 위해 한국문화의 특수성과 세계문화보편성이 어떻게 만나야 하는지를 고민한 것처럼 대중문화와 기독교문화가

---

9 이미 한국적 신학은 80년대 이후 한국의 정신문화에 뿌리는 내리는 토착화신학, 한국의 정치사회적 맥락을 반영하는 민중신학 90년 이후 제기되기 시작한 대중문화에 대한 신학적 연구들이 축적되어왔다. 그리고 이러한 문화전반의 신학적 재구성을 문화신학이라는 범주에 포함하고 있다.

10 박장순, 『한류, 신화가 미래다』, 188-89.

어떻게 관계를 맺어야 하는지, 그리고 신앙생활과 일상의 영역이 어떻게 만나야 하는지 그 관계를 숙고하는 것이 기독교 문화가 어떻게 대중문화 형성에 창조적으로 기여할지를 모색하는 것이다. 한국 문화신학 담론 역시 이제 토착화 신학의 전통문화와의 대화 그리고 민중 신학의 비판적 민중문화와의 대화뿐 아니라 시민이 참여하는 대중문화 현상에 관심을 가져야 한다. 기독교 가치를 표현하는 대중적 문화 콘텐츠를 개발을 통한 기독교 문화형성에 참여하는 그리스도인들의 전문성도 중요하다. 특별히 코로나19 이후 온라인 예배와 비대면 신앙활동을 활성화하기 위해 인터넷문화와 정보기술에 대한 이해는 필수적 요소가 되었다.

4. 대중문화에 대한 문화 신학적 제언과 선교적 과제

그리스도인이든 비그리스도인이든 우리 모두는 문화의 자녀들이고 매일의 삶에서 문화의 영향을 받는다. 동시에 그리스도인들은 하나님의 자녀임을 잊지 않아야 한다. 우리는 더 근원적인 또 다른 책무를 가지고 있다. 그것은 기독교적 가치를 삶의 현장과 사회문화적 공간 안에서 구체적으로 육화되도록 신앙가치로 행동하는 것이다. 즉 문화적 성육신은 지역과 사회 속에서 믿지 않는 자들로 하여금 좋은 소식 즉 복음을 소통하는 방법이다. 따라서 그리스도인들은 특히 다양한 대중매체와 대중문화 장르를 통하여 개방된 소통에 소명의식을 갖고 헌신해야 한다.

신학적 관점에서 문화를 정의할 때 중요한 학자는 리처드 니버이다. 『그리스도와 문화』의 저자로 유명한 리차드 니버는 '문화란 인간을 위한 선한 목적을 달성하기 위해 인간이 이룩한 총칭'으로 정의한다. 문화는 시공간의 제약과 다원적 특징을 가지고 있기 때문에 어느 한 문화를 절대 문화로 규정할 수 없다. 따라서 인간 사회의 관습과 전통은 다양하며 그것은 각 집단에게 동일하게 중요한 의미를 제공하는 것이다.[11] 니버의 문화이해는 개혁신학의 전통 위에서 세워진 유일신론을 기초로 모든 문화를 긍정하는 동시에 하나님의 급진적 초월성은 모든 문화를 상대화시킨다. 이러한 문화이해는 문화적 탈 중심화를 통한 민주적 해석을 중요하게 생각한다. 이러한 니버의 문화변혁관이 타문화권에 대한 배제와 문화 차이들에 대해 배타적으로 나아가지 않기 위해 문화신학적 관점에서 대중문화연구에 책임적 자세로 소통하여야 한다. 리차드 니버와 함께 언급할 수 있는 또 한 학자는 인류학자인 클리포트 기어츠로 그는 문화 해석학자라고 불린다. 그는 인간을 의미의 그물망 속에서 살아가는 존재로 파악했다. 인간 행동을 상징으로 보고 상징인 인간 행동은 의미를 전하고 그 의미가 모여 그물망을 형성하고 그것이 곧 문화가 된다는 것이다. 문화를 분석한다는 것은 의미의 그물망을 찾고 해석하는 일로써 문화분석은 의미를 추구하는 해석 과학인 셈이다.[12] 따라서 신학적 관점에서 대중문화연구는 해석의 과정을 통하여 의미를 분석하고 기독교 가치로 때로는 저항하고

---

11 H. Richard Niebuhr, *Christ and culture*, 김재준 옮김, 『그리스도와 문화』(서울: 대한기독교서회, 2009). 니버의 문화에 대한 정의를 보면 첫째, 사회적 성격, 둘째, 자연과 구별되는 인간의 성취, 셋째, 목적 지향적인 가치의 세계, 넷째, 다원적 특성 등으로 정의한다. 때로 문화는 이데올로기의 관계 속에서 형성되기도 하는데, 문화란 하나의 사회 질서를 정당화시켜주는데 봉사하는 이데올로기, 이해관계, 공유하는 사상체계로도 정의할 수 있다.

동시에 대안적[12]가치를 제시하면서 문화 창조사명을 실천해야 한다. 이를 위하여 교회는 기독교 대중문화 종사자들과 다양한 영역에서의 그리스도인들을 문화형성의 책임의 주체로 세워갈 수 있어야 한다.

문화주의에 영향을 준 문화의 사회적 정의는 문화는 특정한 삶의 표현이며 어떤 의미와 가치의 표현이라는 것이다. 따라서 문화 분석을 통해 특정한 삶의 방식이나 특정한 문화에 내재되어 있는 혹은 표출되어진 의미와 가치를 명확히 하고 재구성할 수 있다는 것이다.[13] 즉 지배적인 문화 속에 나타난 가치와 의미가 기독교와 대립하거나 양립할 수 없을 때 교회는 그리스도인들의 삶의 방식과 행동을 통하여 새로운 의미와 가치를 재구성해야 한다는 의미이다. 한류라고 하는 특수한 우리 시대의 문화현상을 하나님 선교와 관련하여 성찰하고 그 문화 속에 내재해 있는 의미와 가치를 문화 신학적 관점에서 분석함으로 어떻게 적극적으로 교회의 선교적 방향을 새롭게 모색해 나아갈 수 있는지를 명확히 할 수 있다는 것이다.

특정한 문화에 대한 내용이나 형식의 배후에 자리한 세계관은 그 문화의 구성원에게 세상을 바라보는 체계나 관점을 제공한다. 문화인류학자인 기어츠는 인간은 불완전하나 문화를 통해서 자신을 성찰

---

12 Clifford Geertz, *Interpretation of cultures: selected essays*, 문옥표 옮김, 『문화의 해석』(서울: 까치, 1999), 13. 문화인류학자인 기어츠(Clifford Geertz)는 "문화란 상징으로 나타나는 역사적으로 전승된 의미의 유형으로 문화는 상징 가운데 구현된 의미가 역사적으로 전달된 형태이며 즉 인간의 그것을 통하여 생활에 관한 지식과 태도를 전달하고 영속화하고 발전시키는 상징의 한 형태로 표현되어 전해 내려오는 전승된 개념의 체계"로 정의하고 있다. 또한 다양한 인류학자들의 정의를 정리해보면 1. 한 민족의 총체적 생활양식 2. 개인의 그의 집단으로부터 물려받은 사회적 유산 3. 생각하고 느끼고 믿는 방식 4. 행위로부터의 추상물 5. 한 민족이 실제로 행동하는 방식에 대한 인류학자의 이론 6. 모든 학습된 것의 저장소 7. 재발되는 문제들에 대한 일련의 표준화된 대응 방향 8. 학습된 행위 9. 외부 환경 및 타인에 대한 일련의 적응 기술로 정의한다.

13 Storey, John, *An introductory guide to cultureal theory and popular curture*, 박이소 옮김, 『문화연구와 문화이론』(서울: 현실문화연구, 1999). 82.

하고 완성시켜 나간다고 말했다.[14] 그러므로 문화는 인간과 구별되어진 창조물이 아니라 인간의 한 부분이라는 것이다. 복음이 문화와 개념적으로 구별되지만 실체적으로 복음은 문화 안에서 전파되고 언어와 상징과 의식 등의 문화적 매개를 통하여 복음이 전파된다. 이러한 의미에서 성 the sacred과 속 the secular 은 분리된 무엇이라기보다 성은 속의 깊이의 차원으로 이해한 틸리히의 문화와 종교의 긴밀한 상호관계는 문화 신학적으로 큰 의의가 있다. 따라서 그리스도인들이 세상의 문화와 교회의 문화를 성속의 이원론으로 이해하는 것을 극복하고 복음과 문화와의 상관관계 대한 신학적 정립으로 교회의 울타리를 넘어 다양한 의미와 가치체계로서 속에서 세계문화 속에서 하나님의 현존을 증거 해야 한다.

대부분의 전통적 기독교 문화연구는, 현재 지배하고 있는 문화, 지배를 견고히 해주는 문화에 관심을 보였고 대중이 스스로 만들어 내는 문화에는 소홀했다. 그리고 대중의 문화 영역은 구제되어야 하거나 교육, 계몽되어야 할 대상으로 파악하는 경향성이 있었다. 그러나 현대문화연구의 중요한 영향을 준 문화의 사회적 정의는 문화는 의미와 가치를 가진 특정한 삶의 표현임으로 문화 분석을 통해 특정한 문화에 내재되어진 의미와 가치를 명확히 하고 재구성할 수 있음을 강조한다. 이러한 입장은 문화를 '문화를 표현의 실천'으로 보게 하고 '삶의 방식'으로 인식하게 유도하여 전혀 새로운 문화 논의의 물꼬를 텄다. 일상생활 안에서 접하는 문화, 즉 생생한 문화의 개념으로 대중문화를 논의할 때 대중문화는 대중과 대중문화 장르들이 서로 만나는

---

14   Clifford Geertz, 『문화의 해석』, 52-53.

장으로 정리될 수 있다.[15]

이러한 의미에서 문화 신학적 실천은 보편적인 것을 형성할 수 있는 공감과 소통의 형식일 뿐 아니라 언제나 사회문화적 맥락에서 기존 해석에 대한 재해석을 수행하며 미래의 변화에 열려 있는 구성 신학적 constructive theology 활동이다. 따라서 그리스도인의 문화적 실천을 낳는 신념, 가치, 의미들이 보편적으로 명확하며 이론적으로 일관성을 가질 수 없다는 것이다. 다양한 문화적 정황 하에서 가치와 의미들은 만들어지고 상황의 변화를 따라 유연하게 반응하기 때문에 그리스도인들의 신념과 가치는 가변적인 상황에 따라 궁극적 진리를 향하여 새로운 비판과 재해석에 언제나 열려있게 된다. 이렇게 하나의 보편적 담론으로부터 자유로워진 신학은 이제 일상적 삶의 문제들을 성찰하는 작업으로 이해된다. 현대인의 삶의 한 부분이 된 대중문화를 생산하는 대중매체는 따라서 사회변화에 매우 민감하다.[16] 그러나 대중매체가 변화에 민감하지만 그 변화의 방향을 항상 긍정적인 것으로 만들지 않는다. 오히려 대중 매체는 대중의 취향 변화에 수동적으로 따르며 때로는 보수적이며 체제 유지적이다. 헬조선[17]을 부르짖는 청년 실업의 시대에 대중문화는 경제적 고통뿐만 아니라 정신의 황폐함과 마음의 절망으로 방황하는 수많은 3포5포의 청년세대들의 낭만적인 힐링조차 상업화한다.

---

15 원용진, 『새로 쓴 대중문화의 패러다임』(서울: 한나래 출판사, 2010), 266.

16 영화는 관객의 취향변화를 읽지 않고서는 성공을 거둘 수 없다. 방송 또한 시청자가 변하고 있다는 사실에 항상 촉각을 곤두세운다. 대중 매체는 인기(관객 수, 시청률)가 자신의 성패 여부를 정해 주는 기준이 되기 때문에 그를 외면할 수 없다. 원용진, 『새로 쓴 대중문화의 패러다임』, 54.

17 청년들의 절망적 상황이 열정페이, 무급인턴, 비정규직, 취업난 등 청년층의 현실이 자국을 '지옥'처럼 여겨지게 한다는 의미이다. 88만원세대부터 시작해 민달팽이 세대, 삼포세대, N포세대에서 헬조선까지 이어지는 신조어들은 이런 상황이 점차 심화하고 있음을 드러낸다.

그럼에도 불구하고 대중 매체가 기획하는 대로 대중의 삶이 늘 기존 상식에 묶여 있거나 지배 권력에 동의하는 쪽으로만 가지 않는다. 시민사회 영역의 확대로 대중은 때때로 대중문화의 수동적 수용자뿐 아니라 대중문화의 방향과 내용에 적극적으로 참여하는 주체로 지배하고 있는 가치를 변화시키고 새로운 의미를 창조하기도 한다. 이러한 복잡한 대중문화현상과 특성과 구조 때문에 대중문화를 논할 때 대중매체혹은 문화산업, 이데올로기, 그리고 대중의 삶의 방식을 통합적 관점으로 논의해야 하는 이유이다.[18] 대중의 삶과 대중문화의 현상에 대한 신학적 분석을 통하여 다양한 문화적 자원들을 발견하고 다양한 대중매체를 활용하여 생활신앙을 전개해 나아갈 수 있는 창조적 과제를 찾는 일은 대중문화 연구에서 매우 중요하다. 최근 젊은이들이 매일 매일 생활하는 이 사회는 따라갈 수 없을 정도로 빠르게 변하는데 교회교육의 내용과 형식은 시대와 문화적 변화에 민감하지 못할 뿐 아니라 시대를 분별하여 학생들에게 구체적 방향을 제시하지 못하고 있다. 그래서 교회가 젊은 세대에게 설득력을 잃고 때로는 이러한 분리된 교육으로 인해 교회와 사회에서 이중적 삶을 살게 하는 근거를 제공하고 있다. 신앙교육의 성패는 그들이 살고 있는 문화적 현상에 대한 영적 영향력을 얼마나 심도 있게 성찰하느냐에 달려있음으로 대중문화영역은 기독교교육에도 적극적으로 반영되어야 한다.

인간은 문화적 존재로서 문화를 떠나서는 존재의 의미를 찾을 수 없을 뿐 아니라 기독교의 진리는 문화를 통해서 전달된다. 전통적으로 교회는 신도들 간의 소통communication 에 관심을 가져왔다. 또한 민

---

18 위의 책, 55.

지 않는 사람들에게 전도^{communicate}하기 위해 고안된 다양한 활동에만 많은 힘을 쏟는 동안 그리스도인은 그들이 살고 있는 문화 속에서 자유롭고 효과적인 소통을 위한 책임에 소홀했다. 우리가 살고 있는 사회 안에서 자유롭게 대화할 수 있는 능력은 복음의 핵심적인 가치인 정의, 평화, 생명 그리고 인간의 존엄성을 보호하기 위한 기초적인 노력이다. 현대사회의 문화의 지배적 형태인 대중문화는 미디어와 문화가 서로 분리할 수 없는 상호관계임을 보여주는 문화현상이다. 과거 근대사회에서는 미디어와 문화를 별개의 영역으로 간주하였지만 후기 근대사회에서는 미디어가 곧 문화를 형성하여 새로운 의미와 가치관을 생산한다. 오늘날 미디어가 모든 삶의 방식인 문화를 형성하는 중요한 역할을 담당하고 있음을 인식하고 있다. 우리의 삶과 사회에 강력한 영향을 미치는 대중문화는 매스미디어를 통해 전 방위적으로 생산, 유통, 소비된다.[19]

그러므로 상업화된 현대문화의 역기능을 최소화하기 위해 시민적 감시와 비판의 능력 그리고 항의 운동 등이 한국교회의 중요한 실천이 될 수 있지만, 무엇보다도 중요한 것은 건전한 문화양식에 대한 분별력이 필요한 것이다. 한국교회는 매스미디어를 단지 복음전파의 수단이나 교회홍보의 부차적인 도구로 제한시키는 전통적 문화관을 극복하고 이제 변화되는 후기 근대사회의 상황에 맞추어 미디어문화라는 새로운 패러다임으로 전환해야 한다.[20] 교회와 세상의 관계의 재정립의 첫 걸음은 소통이다. 다양한 대중매체를 통해서 더욱 효과적으

---

19 김민수, "매스미디어 패러다임의 전환-홍보수단에서 미디어 문화로," 『신학전망』 128 (2000. 3), 90.
20 위의 글, 91-94.

로 기독교의 가치가 자연스럽게 전하여 질 수 있다. 따라서 대중문화의 부정적 한계를 인식해야 하나 동시에 교회가 세상을 섬기기 위하여 문화의 장을 배제할 수 없고 더군다나 일상의 생활이 되어버린 대중문화영역은 중요한 선교의 현장이자 통로임을 인식하고 이러한 다중적 과제를 수행할 수 있는 새로운 문화선교 패러다임이 요구된다.

젊은 세대들은 대중문화의 압도적 환경 속에서 알 수 없는 마음의 불안과 정신적 방황과 가치관의 혼란을 집중적으로 경험하고 있다. 폴 틸리히는 교회는 세상 속에 있으나 세상에 속하지 않는 곳으로서 교회와 세상과의 관계를 규정하고 있다.Church in the world but not of the world. 그는 인간의 영적 상태에 대한 반성과 성찰의 자료로서 문화의 중요성을 강조하면서 시대의 영적인 상태는 문화를 분석하면 가장 극명하게 드러난다고 말했다. 또한 대중문화는 단순한 오락을 넘어 하나의 의미 체계로서 우리의 가치관과 영성에 다양한 형식을 가지고 직간접적으로 의식적 무의식적으로 영향을 미치기 때문에 21세기는 문화에 대한 새로운 감수성 New Sensibility 이 필요하다. 따라서 그리스도인들이 세상의 문화와 교회의 문화를 성속의 이원론으로 이해하는 것을 극복하고 세상 안에서 복음의 가치와 거룩함을 드러내는 기독교 문화를 창조할 수 있는 성령의 능력을 회복해야 한다. 그리스도인의 거룩함은 세속적인 삶의 현장 안에서 그 빛을 발할 때 가장 의미 있는 것이기 때문에 기독교 문화는 다양한 의미와 가치 체계로서 교회의 울타리를 넘어 하나님의 살아계심을 증거 할 수 있는 복음의 능력으로 나타나야 한다. 이러한 노력은 세상을 쫓아가는 그리스도인들이 아니라 이 시대를 분별하고 변화를 이끌어내는 그리스도인들의 책임을 다하기 위함이고 다양한 공적 영역에서 선한 힘들과의 연대를 통하여 우리가 날마다 숨 쉬고 공기처럼 들여 마시는 대중문화의 현장을 차이에 대한 인식과 타자에 대한 존중을 전제하여 보다 정의롭고 평등하게 변화 시켜야 한다.

5. 한류에 대한 문화신학적 성찰

그동안 한국기독교는 변혁의 주체임을 자만하며 세상에 대한 재판관 혹은 심판관으로써 형벌적 하나님을 부르짖었다. 그러나 세상은 그리스도인과 교회를 변혁의 주체로 인정하지 않고 오히려 개혁의 대상이라고 말한다. 이제 교회는 대중문화의 영역과도 상호존중의 태도로 상호존중의 문화를 증진시키는 일에 연대적으로 노력해야 한다. 기독교의 의한 세속문화의 변화만을 말하는 것이 아니라 세속문화 혹은 대중문화를 통한 교회의 성찰의 가능성도 겸손히 받아들여야 한다. 다양한 문화적 표현들은 신학적 고찰을 위한 중요한 자원이다. 하나님은 삶의 모든 영역에 존재하시며, 이러한 모든 신학적 자원들을 통해 우리에게 말씀하신다. 문화의 한 표현으로서의 대중문화 역시 '그리스도인으로 어떻게 살 것인가'에 대한 질문을 고려하는데 도움을 준다. 삶의 표현으로서 대중문화와 삶의 의미로서의 신학 그리고 형성적 가치를 지향하며 세상과 소통하는 개방적 신학교육을 위하여 하나님은 예수 그리스도를 통하여 세상을 위하여, 세상 사람들이 이해할 수 있는 의미와 이미지로 성육신하셨음을 기억해야 한다.

한류와 선교와의 관계에 대해 분석한 결과[21] 선교사의 42.4%와 현지인의[21]51.3%가 모두 한류를 복음을 전달하는 유용한 도구로 이해하고 있다. 특별히 한류가 지속될 것이라는 한류의 미래에 대한 긍정적 반응과, 90%가 넘는 비율로 한류로 인해 한국선교에 대해 긍정적 이미지를 가지고 있으며, 한류가 현지인들에게 복음을 전파하고 그들이 복음을 수용하는데 도움이 된다고 90% 넘게 답하였으며, 그리고 선교사들과 현지인들과의 친밀감을 형성하는 면에서도 90% 넘게 긍정적 영향을 준다고 하는 결과들은 한류가 선교와 얼마나 깊은 관계를 맺고 있는지를 인식하게 한다. 이러한 긍정적인 문화환경을 반영하는 선교의 새로운 패러다임의 모색과 세계선교적 지형의 변화와 함께 동아시아와 한국교회의 선교적 사명을 감당해 나아가는데 기독교 대중문화 콘텐츠 개발도 시급하다.

또한 이 설문조사를 통하여 선교사들과 현지인들의 현저한 시각의 차이를 볼 수 있었다. 한국선교사들은 문화우월감과 한국문화의 우수성에 대한 자부심이 존재하는 반면에 현지인들은 문화일방성에 대한 비판적 자세가 있고, 한류는 문화적 우수성이라기보다는 기술과 경제력에 의존한 영향력이라는 현지인들의 판단은 두 집단 간의 냉엄한 현실이다. 각 나라의 한류의 수용자들은 일방적 수혜자가 아니라 잠재적 문화 주체자이고 창조자들이다. 한류는 서구중심의 문화 분석 틀에 구속되지 않고 한국과 동아시아에서의 문화 현상 전반에 영향을

---

21 필자는 2012-2013년에 걸쳐 한류의 영향력에 대한 문화신학적 연구를 위해 한류와 선교 관계의 상관성에 대한 설문을 태국과 남아프리카 공화국의 선교사들에게 설문지를 조사하였다. 시간이 조금 흐르기는 했으나 여전히 한류에 대한 중요성이 부각되는 시대에 유의미한 자료라고 생각한다. 이 연구는 한국문화신학회에서 주관하는 '한류와 정의'에 대한 연구조사로서 선교지에서의 한류 문화 현상에 대한 조사를 통하여 한류와 기독교선교 간의 상관관계를 조사·분석함으로 다양한 선교현장에서 한류와 관련된 문화현실을 성찰하고 향후 기독교선교의 새로운 모델과 방향을 문화신학적 관점에서 연구하고 한국문화신학회에서 한류로 신학하기: 한류와 K-Christinity, 동연, 2013로 출간되었다.

미치는 연구로 탈 규격화를 촉발시키는 한국의 특수한 경험이다. 특별히 초국적 혹은 전지구적 미디어 문화 산업이 지배적인 후기 근대사회는 '성찰적 근대성'의 심화라는 관점과 '후기 자본주의의 문화 논리'에 따른 근대성과의 단절이라는 두 가지 이중적 관점이 공존하고 있다. 소수의 초국적 미디어 기업들이 매스미디어의 세계화를 통해 전 세계의 정보와 지식을 통제하며 미디어를 이윤추구의 경제, 정치적 도구로 사용할 때 문화종속의 위험성도 존재하게 된다. 이러한 상황에서 세계 어느 곳에 있든지 수용자는 단지 초국적 미디어 기업을 위한 수동적 소비자로 남게 된다. 반면에 다양성과 개인성을 특징으로 하는 탈근대성은 뉴미디어의 출현과 함께 '소비자 사회'를 이루면서 생산자와 소비자 간의 상호작용을 확대시켜왔다. 즉 쌍방향 텔레비전, 시청자의 드라마나 광고 제작에의 참여, 인터넷을 이용한 정보생산, 저장, 분배 등은 근대사회가 지향해온 표준화, 대량화, 동시화, 권력집중의 원리를 분권화, 탈집중화, 탈대중화, 개인화와 같은 사회원리로 대체하게 되었다. 결과적으로 후기 근대사회는 근대성과 탈근대성의 동시성을 지니고 있어서 문화 소비자로 하여금 수동적 소비자이면서도 동시에 문화의 재생산자로 이중적 위상을 가능하게 하였다.[22]

생산자와 소비자 수용자와 창조자, 그리고 선교사와 현지인들의 인식의 차이를 수용하면서 한국 선교사들에게는 지역문화에 대한 깊은 관심과 상호적이고 호혜적 문화교류를 증진시키고 그러한 과정을 통하여 복음이 전파될 수 있는 문화선교 형식과 내용의 전환이 필요하다. 문화의 상호작용의 과정에서 "수용은 곧 재창조다"라는 의미

---

22   김민수, "매스미디어 패러다임의 전환-홍보수단에서 미디어 문화로," 89.

를 되새기고[23] 문화적 패러다임의 변화 속에서 한류현상과 선교의 관계를 적극적으로 해석하면서 한국의 가치와 세계의 보편가치 그리고 한류의 특수성과 기독교적 보편적 가치를 접목시킨다면 한류의 지속성과 기독교의 가치를 전파하는데 중요한 이중적 역할을 가능하게 할 것이다.

그리고 향후 한류에 대한 신학적 연구는 한류의 뿌리, 원류 그리고 한국인의 민족적 문화에 대한 연구도 필요하지만 동시에 한류에 대한 다양한 모색이 현실 자본주의의 정치경제적 맥락 속에서 어떻게 실현되어져야 할지 대안을 가지지 못한다면 늘 변화하는 문화의 역동성과 공존하기 어려운 이론의 추상성에 머물고 말 것이다. 한류는 현실적으로 문화의 이동을 가로막는 경계들[국가 이념]은 점차 해체되어가는 대신 자본력의 수준에 따른 문화이동의 자유가 크게 증가하고 있는 변화를 통해서 가능해졌다. 한류는 그 자체로 다문화와 혼종적 특징을 가지고 전지구적 자본의 흐름 속에서 다른 문화와 경쟁하면서 급속히 성장해 온 '특수문화'이며 자본기술적 '보편성과 대중성'을 기반으로 한 상품문화이다.[24] 즉 경제적 가치를 창출하지 않는 한류가 순수한 문화적 소통으로 이러한 한류현상을 가능하게 하는 것은 사실 불가능한 일이다.

이번 연구의 결과분석을 통하여서도 한류는 단일한 문화현상이라기 보다는 한국의 국가적 위상과 정치경제적 성장과 정보통신 발전 그리고 후기산업사회의 특징 등 전 방위적인 관계 속에서 나타난 현

---

23 구연상, "한류의 근원과 미래-문화자치성, 한류 연구의 방향," 『세계생명문화포럼 특별세미나』 (2005), 3.

24 위의 글, 4.

상으로 볼 수 있는 것이다. 따라서 한류가 가지고 있는 문화자본의 확산에 따른 문화종속성과 일방적 문화전파라는 비판적 문제와 그러한 대중매체를 통하여 창출하고 있는 가치의 분리 또는 결합을 어떻게 문화신학적 관점에서 해석할 것인가는 매우 중요한 신학의 과제다. 특별히 신학자들과 선교사들은 이러한 문화 현실인식 위에 복음을 통하여 대안적이고 때로는 대항적 기독교적 가치를 생산해 낼 수 있는 영성을 가지고 한류라는 대중문화의 다양한 사이 공간을 통하여 문화적 육화를 가능하게 하는 전략을 다양하게 모색해야 한다. 매년 기독교적 가치와 소통할 수 있는 좋은 국제적 영화를 소개하고 기독교 울타리를 넘어 영화라는 매체를 통해 적극적으로 세계의 주요 영화를 소개하며 개최되는 '서울국제사랑영화제'가 그 좋은 모델이다.[25] 2020년에는 '이음'을 주제로 계층 간의 갈등을 줄이고 대화와 공존으로 나아갈 수 있는 영화예술작품들이 소개되었다.

　　한국 문화가 세계무대에 등장한 것은 한 세대가 채 되지 않는다. 그 동안 한국적 가치는 좁은 민족문화에서 세계화의 단계로 훌쩍 뛰어 올랐다. 한국 문화는 진정한 의미에서 글로컬 세계적인 동시에 지역적인 한 것으로 만들고 있다.[26] 한류라는 글로컬한 문화는 지역적 뿌리를 가진 동시에 전 인류를 위한 세계적 가치를 지니고 있다. 한국사회는 한류를 통하여 동아시아 지역의 나라와 각 지역마다 특수한 문화 전통과 문화생산 능력을 소유하고 있음을 배우고 있다. 그러나 동시에 이러한 소중한 문화자산을 미처 확인받기도 전에 조야한 모조품으로 헐값에

25　이 단체에 대한 정보는 http://www.siaff.kr/ 사이트를 확인하라

26　박장순, 『한류, 신화가 미래다』, 88.

팔려가는 문화적 몰락을 외면해서는 안 될 것이다.[27] 따라서 한류와 경제적 가치의 긴밀한 동맹관계를 거슬러 가기에 역부족인 것처럼 보이는, 물질중심주의와 물량주의의 상징이 되어버린 한국교회가 한류라는 대중문화 흐름 속에서 어떻게 기독교의 가치를 전파할 것인가는 중대한 시대적 과제이다.

6. 나가는 말: 대중문화에 대한 교회의 실천적 응답과 제언

공감은 21세기 한국사회의 중요한 시대정신이다. 대중문화를 공감의 장으로 보기 위해 첫째는 복음과 문화의 긍정적 관계를 강조하는 신학적 토대가 중요하다. "세상 안에 있되 세상에 속하지 않는다."Being in the world but not of it 는 폴 틸리히 Paul Tillich 의 말의 참된 의미는 인간이 사회적 문화적 활동에서 완전히 분리되어 존재할 수 있다는 것이 아니라 오히려 그 반대의 의미이다. 기독교의 중요한 가치들 사랑과 정의, 평화와 생명, 그리고 인간의 존엄성을 향상시키는 변화를 가져오는 것은 어떤 문화 안에서 대중의 사고에 영향을 주고 그에 필요한 합법적 공간을 실질적으로 획득함을 통해서다. 이러한 노력은 세상 안에 있지만, 그 궁극의 힘은 세상 안에 종속되지 않으며, 오히려 사회를 변화시키는 복음의 능력은 이렇게 역설적 관계 속에서 가능해진다.

두 번째는 개인의 실천만으로 문화소통의 일방성과 조작성과

---

27 백원담, 『동아시아의 문화선택 한류』(서울: 펜타그램, 2005), 18.

불균형을 바로잡는 것이 불가능하다는 것을 인식해야 한다. 교회와 그리스도인들은 기독교적 가치를 실천하는 도덕적 힘을 지역에서 무엇보다도 삶의 현장 속에서 발휘할 수 있어야 한다. 교회가 이러한 역할을 수행하기 위해서는 지역의 공적 쟁점들을 교회의 과제로 삼고 때로는 지역문화 활동에 적극적으로 참여해야 한다.

셋째는 그리스도인은 다양한 문화단체와 NGO, 그리고 대중문화 종사자들과 같은 선한 그룹들과 연대해야 한다. 시민의 삶의 현장을 사유화하거나 일체의 대중문화 환경을 상품화하는 세력에 저항하는 모든 사람들과 협력해야 한다. 물론 교회와 다양한 조직들과의 연대는 쉽지 않지만 그럼에도 불구하고 틸리히의 "보이지 않는 교회"La-tent Church라는 개념을 음미해 볼 필요가 있다. 이 세계 안에서도 그리스도인들 뿐 아니라 하나님이 효과적으로 함께 일할 수 있는 많은 이들이 있다.

넷째는 교회는 대중 매체에 종사하는 전문가들과 더욱 긴밀한 관계를 가져야 한다. 기독 저널리스트·작가·감독·배우들 역시 한 사회의 시민이고 가정의 부모이다. 그들도 자신의 자녀들이 자라고 교육받아야 할 이 세상의 문화 환경에 대해 깊은 관심을 갖고 있다. 교회는 대중문화 영역에서 전문가 집단과 공동의 대의를 창출하기 위해서 서로에게 귀 기울일 수 있는 인내와 의지가 필요하다.

마지막으로 교회가 미디어교육과 문화교육에 관심해야 한다. 교회학교 어린이들과 학생들에게 미디어의 메시지를 해석하고, 때로는 저항할 수 있는 구체적이고 현실적인 교회교육 프로그램을 가지고 접근해야 한다. 즉 대중문화의 영향이 확대되고 다양한 대중문화 콘텐츠들의 급속한 변화 속에서 기독교적인 관점과 가치로부터 개발된 미디어교육 프로그램을 교회학교에서 제공해야 할 시기이다. 만약 그리스도인들이 진정으로 생명과 정의와 평화 그리고 인간 존엄에 대한 가치를 인정한다면 그 첫 발은 대중매체와 대중문화에 대한 우리의 관심을 높이고 선교와 교육에서의 다양한 프로그램을 통해 이를 보다 근원적으로 확산시켜야 한다. 마지막으로 교회현장에서 사역을 하는 신학생들에게 몇 가지를 제안하고 글을 마치려고 한다.

1) 즐겁고 신나는 기독교문화 가능할까?

근대적 인간이해가 생각하는 인간homo sapience, 공작인homo faber이었다면 이제 놀이하는 인간homo ludens으로 변화되는 문화의 시대에 하나님의 문화명령은 단순히 생물학적 번성이 아니라 문화와 예술의 창조적 사명을 주셨다. 하비콕스는 그의 연구를 통하여 자신이 믿고 있는 신 앞에서 춤을 출 수 있는 사람은 그러지 못하는 사람보다 더 많은 자유를 소유하고 억압감에서 오는 위축을 덜 느낀다고 말한다.[28] 미리암의 군무처럼 다윗의 신명나는 춤처럼 놀이와 춤과 진정한 안식을 주는 기독교대중문화가 가능할까? "다윗이 모시 베옷을 입고 야훼 앞에서 덩실거리며 춤을 추었다."삼하 6:14 이제 신학은 정신의 언어, 영혼의 언어에서 춤 주게 하는 몸언어에 관심하고 몸에서 일어나는 오감, 지각과 감성에 대한 새로운 신학적 재평가가 중요하다. 진리에 충만하여 춤추고 창조적 상상력으로 기독교적 가치를 문화 속에 드러내고 신나고 행복한 대중문화를 꿈꾸자. 문화와 영성의 깊고 긍정적인 관계

---

28 Cox, Harvey, *Feast of fools*, 김천배 옮김, 『바보제』(서울: 현대사상사 1992), 85.

를 모색하면서 우리는 문화가 우리의 영성을 피폐하고 메마르게 하는 광범위하고 깊은 영향력을 행사하기만 하는 것이 아니라는 것을 깨달아야 한다. 창조적이고 정서적인 문화작업 혹은 다양한 대중적 창작활동 음악, 춤, 노래, 창작품, 상징 등 을 통하여 우리의 영성을 개발하고 훈련할 수 있다.

2) 세상과 대중문화를 타락과 구속의 대상이기보다 은총과 창조의 관점으로 볼 수 없을까?

사도바울은 "하나님께서 지으신 모든 것이 선하매 감사함으로 받으면 버릴 것이 없나니 하나님의 말씀과 기도로 거룩하여 짐이라." 딤전 4:4-5 그리고 "범사에 헤아려 좋은 것을 취하라." 살전 5:21 말씀하였다. 따라서 소년 예수님이 성전에서 랍비들과 대화하고 만나는 눅 2:46 장면만이 거룩하고 세리와 죄인과 함께 먹고 마시는 예수님과 제자들의 행위 눅 5:30 는 저급하고 통속적이다 라고 말할 수 없으며 더군다나 바리새인들의 비난과 배척의 대상이 될 수 없는 것이다. 온 땅에 하나님의 영광이 충만하기 때문이다. 사 6:3 신학이 낮고 천한 감각적 땅에서 성육신 하신 예수 그리스도의 삶을 따라 높고 고상한 자리와 강한 신학만을 따르는 것이 아니라 낮은 신학, 약한 신학, 그리고 부드러운 신학을 지향하며 더 많은 대중들과 소통하고 공감할 때 복음은 마치 마른 땅에 은총의 단비가 내리듯 그렇게 생명의 새싹을 피울 수 있을 것이다. 진리에 우뚝 서서 대중문화의 한 복판에서 때로는 깊은 저항의 영성으로 때로는 흥미진진한 대안적 문화로 흥과 멋이 어우러지는 신명나는 기독교의 문화창조로 하나님 나라를 실현해 나아가는 그리고

일상의 삶의 현장 생활세계에서 하나님의 현존을 증거 하는 기독청소
년들과 청년들을 상상하는 것만으로도 행복하다.

3) 문화전쟁이라는 단어는 사용하지 말자

대중문화를 전체적으로 대상화하거나 일방적으로 무시하는 것
은 불가능하다. 문화전쟁이라는 의미가 대중문화에 대한 저항적 의미
라는 것은 알고 있지만 세상문화에 대한 적대적 감정을 강화하고 우
월한 자세로 자칫 폭력적 결과를 낳을 수 있음을 기억하자. 언어는 우
리의 의식을 형성하는 중요한 상징이다. 핵 이후의 사회를 살고 잇는
생명과 평화를 지향하는 언어의 선택적 사용은 중요하다. 복음에 대한
열정이 폭력적이 어서는 안 되고 무례할 필요도 없다. 하나님사랑과
이웃사랑의 복음은 누가 누구보다 우월하고 열등하다는 계층적 질서
의 형식에 담을 수 없다. 오히려 예수님은 쉼 없이 낮은 곳으로 내려가
시고 낮은 곳에 있는 자들을 향해 종의 모습으로 섬김의 길을 가셨음
을 기억하자. 예수님의 삶의 방식을 따르려는 정체성에 대한 급진적
실천을 인류 보편의 가치와 쉽게 닿을 수 있다. 한 사회의 개인이나 사
건의 특수성이 역사와 사회와 맞물려서 보편성을 획득하는 의미 있는
정점을 위대한 순간이라고 한다. 우리는 예수의 정신에 순종할 때 이
렇게 대중문화 안에서도 위대한 사건을 일으킬 수 있다.

4) 대중문화를 향한 기독교의 심판자적 자세를 지양하자

악한 대중문화에 대항해서 투쟁적 의지와 저항적 의지를 불태

우기 위해서는 사랑과 은총의 전제를 가지고 나아가야 세상은 감동한다. 세상은 우리에게 심판자적 권위를 부여하지 않았다. 우리의 권위는 하늘에 있고 그 권위는 타자에 의해 인정될 때 참되다.

5) 대중문화과 거리두기와 연대를 동시에 실천해야 한다

거리두기를 통해 비평하고 분석하고 동시에 대중문화 속에서도 하나님의 활동을 찾아내고 드러내는 작업을 동시적으로 수행하는 것은 신학이 상품화되는 대중문화를 벗겨내고 문화와 인간과 소통하시는 하나님을 발견하고 찾는 것이다. 성속을 구분하는 윤리적 자세를 갖는 것은 매우 중요한다. 그러나 기독교 윤리적 판단을 위해서 세상의 문화를 전체로 타락한 세상 또는 변혁의 대상으로 보는 것은 우리에게 무책임한 자기 정당성을 부여하는 교리적 형식성에 얽매이게 함으로 현실적으로 대중문화의 부정적 영향 속에서 시급하게 복음을 만나야 하는 사람들에게 탄력성 있고 유연하게 다가갈 수 없도록 한다. 선으로 악을 이기고 그리스도의 향기처럼 생명을 고양하고 인간의 존엄성이 증진되는 문화로의 변화는 그렇게 은총의 현장으로서의 대중문화를 바라 볼 때 가능하다.

문화변화의 중요한 원리는 소통과 공감이다. 교회가 다양한 문화적, 예술적, 그리고 미학적으로 미디어와 대중문화를 활용할 때 그것이 세상을 변화시킬 수 있는 중요한 매체인지 판단하는 것과 함께 그것이 가지고 있는 긍정적이거나 부정적인 면들 역시 잘 인식해야 한다. 그리스도인들의 대안적 삶을 통하여 창조적 구성으로서의 기독교 생명문화의 형성은 물질주의, 경쟁주의 문화 속에서 병들어가는 사회를 살리기 위하여 섬김의 문화, 비움의 문화, 느림 문화, 나눔의 문화, 그리고 생명의 문화를 확산시키는 것을 의미한다. 교회가 사회를 섬기기 위해 문화의 장을 배제할 수 없는 것이다. 기독교는 상업화된 대중문화의 역기능을 최소화하기 위해 시민적 감시와 비판의 능력 그리고 항의 운동 등도 중요한 실천이 될 수 있지만 그보다 더 중요한 것은 건전한 문화 양식을 회복하고 적극적으로 좋은 문화 창출의 주체가 되는 것이다. 또한 세속적 문화 속에서 기독교가 대안적 의미와 가치체계 창출을 위하여 세상 문화에 대한 무비판적 모방론 혹은 격리론 보다는 변혁론과 창조적 문화 형성론적 관점에서 기독교 생명문화를 창출해야 한다.

신학은 문화를 통하지 않고 표현할 수 없고 신앙은 문화의 형식 없이 전파할 수 없다. 그러므로 기독교 생명문화 형성을 위한 가장 근원적 방법은 그리스도인들이 복음의 가치와 의미를 발견하고 행하는 새로운 삶의 양식을 선택하여 살아가는 대안적 삶이다. 문화신학자로 자신을 스스로 규정한 틸리히에게 신학은 낡은 것들을 새로운 빛 아래 조명할 수 있는 창조적 행위라고 설명한다. 문화에 대한 새로운 신학적 성찰을 통하여 그리스도인들의 삶을 이 세속적인 문화공간에서 다시 한 번 복음의 빛 아래 반성하고 회복할 수 있어야 한다. 즉 문화 변화를 통한 사회의 근본적 변화는 복음으로 총체적 생활 방식의 변화를 가능하게 하는 유일한 길로서 예수 그리스도의 삶을 따르기로 결단하는 데서 시작한다. 그리스도인들이 구체적 삶을 통하여 세상의 온갖 가치가 지배하는 사회문화 속에서 그것을 뛰어 넘을 수 있는 깊은 신앙의 세계를 증거 하지 못하면 한국교회의 위기를 극복하기 어려우며 기독교 생명문화도 불가능하다.

보이는 세계도 믿지 않으려하고 만질 수 없는 존재를 믿으려 하지 않는 세상에서 보이지 않는 하나님 나라의 희망을 전하는 것이 쉽지 않다. 자신의 유익이 전제되지 않아도 자신을 헌신하고 봉사하고 남을 배려하는 믿음의 삶을 사는 것은 어려운 일이다. 그러나 복음은 그리스도인들의 삶의 바른 변화를 가져오고 삶에 뿌리내리는 것으로 진정성을 찾을 수 있으며 복음의 능력은 삶을 변화시키고 변화된 삶을 살아가도록 힘을 줄 때 우리를 통하여 하나님의 현존을 세상에 드러내는 것이다. 즉 그리스도인들은 믿지 않는 자들로 하여금 예수 그리스도를 통하여 보여주신 하나님 구원의 은혜를 알게 하는 것이며, 좋은 소식 즉 복음을 커뮤니케이션쇼통 하는 것이다. 이를 위해 그리스도인들은 ― 개인 혹은 교회적으로 ― 특히 오늘날 대중매체를 통하여 개방된 커뮤니케이션에 소명의식을 갖고 헌신해야 한다.

2장

뉴미디어 시대의 언론의 사명과 교회의 역할

1. 들어가는 말: 소통과 공감을 통한 교제와 연합을 위하여

현대 한국사회의 핵심 가치 중의 하나는 소통과 공감이다. 공감의 결핍과 소통의 단절은 종종 문제를 왜곡하고 심화시켜 공동체를 분열시키고 고통을 만든다. 소통이 단절되니 개인이나 가족, 그리고 교회와 국가도 인류보편의 가치를 실현할 수 없다. 따라서 자유롭고 창조적인 소통은 공동체의 건강한 발전과 삶의 질을 고양하기 위한 필수적 행위가 된다. 실제로 소통의 완전한 단절은 죽음을 의미한다. 이러한 의미에서 소통은 풍성한 삶과 깊은 관계가 있고 사회 속에서 교회는 소통의 사명을 감당해야 하는 중요한 하나님의 축복과 은혜의 통로이어야 한다. 더 나아가 소통은 정의와 평화 그리고 생명의 가치를 실현시키고 확산시키는데 중요하며 이러한 의미에서 소통은 모든 가치실현의 전제가 되는 것이다.

최근 한국사회의 각 영역에서 소통 문제가 심각하게 대두된다. 사회 내 갈등이 그만큼 증폭되고 있다는 이야기다. 한국사회는 종교 기구가 즐비하게 자리 잡고 있고, 개신교 내에서도 언론매체들이 난립하고 있다. 언론의 소통은 사람 간의 관계에서의 소통을 말하며 경험, 언어, 문화가 다른 사람끼리 소통은 원래 단순하지 않다. 동일한 신앙 전통, 언어와 문화권 내에서도, 그리고 다른 종교, 신념, 그리고 가치체계 간의 소통은 단순하지 않다. 개신교는 '말씀words의 종교'이고 특별히 '말씀의 선포'의 중요성을 강조하는 개혁교회의 전통 위에 세워졌다. 따라서 개신교의 신학적 전통은 근본적으로 소통을 통해서만이 교회의 본질적 사명을 감당할 수 있다.

한국교회는 근대화의 급변하는 시대 속에서 그리스도의 복음에 담긴 변혁과 소통의 사명을 신실하게 감당해왔다. 한국교회의 역사는 한국사회의 변화와 역동적 관계 속에서 발전되어왔다. 선교 초기 한국교회는 세상에 대한 희망의 등불이었으며 민족의 해방과 미래를 제시하였다. 한국교회는 근대화와 민주화 그리고 인권의 실현에 앞장섰으며 이러한 사회와의 역동적 관계 속에서 놀라운 성장의 역사를 이루어왔다. 그러나 작금에 와서 한국교회는 성장의 정체와 교인의 감소로 위축되고 있으며, 교회 지도자들의 도덕성의 추락으로 대사회적 영향력은 급감하고 결과적으로 교회의 위기를 가져왔다. 그러나 더 큰 위기는 교회가 성장의 한계를 인식하는 것을 넘어 사회가 교회의 소리에 귀를 닫고 있는 소통부재의 현상이다. 이러한 현상은 교회의 존재 위기를 불러오고, 하락된 신뢰가 미래에 더 악화될 수 있는 경향성을 예상할 수 있다. 김형석 연세대 명예교수는 "교권이 비대해지거나 강력하게 되면 교회를 유지·발전시키는 데는 도움이 되나 그리스도의 뜻과 그 정신과는 합치되기 어렵다."라고 했다.[1] 기독교의 '진리'가 소통되지 않는다는 말이다. 결과적으로 이러한 현상은 한국사회와 세계 속에서 적극적 선교와 교회의 본질적 사명을 감당하는데 장애와 어려움을 주고 있다.

교회와 사회의 관계의 회복은 일방적이지 않다. 그 첫 걸음은 소통이고 공감이다. 특별히 이번 장은 이러한 공감과 소통의 회복을 위하여 최근에 변화된 미디어 환경을 고려하면서 다양한 매체에 대한 연구가 필요하나 본 장은 첫째, 한국개신교회에 가장 중요한 영향력을 미치고 있으며 때로는 갈등을 보여 왔던 방송·신문을 중심으로 언론 영역에 초점을 맞추고자 한다. 둘째, 신학이론, 목회 그리고 언론현장, 이 세 영역의 소통을 통하여 '바람직한 개신교와 언론의 관계정립'을 위한 신학적 분석 그리고 서로 다른 영역 간의 대화를 통하여 개신교와 언론의 원활하고 진정성 있는 소통을 회복하기 위한 구체적인 제도적 대안과 실천적 제안을 도출하고자 한다. 이러한 제도와 대안들의 실천은 한국사회 속에서 성숙하고 책임 있는 교회의 미래를 제시하고 세계 속에 하나님 나라를 확장해 나아가는 구체적 방법들이라고 생각한다. 셋째, 교회와 언론의 바른 관계의 정립을 토대로 사회 속에서 한국교회가 긍정적 영향력을 확대하고, 교회의 공적인 책임을 실천함으로 한국사회가 지향하는 통합과 연합의 사회공동체를 회복시키고, 동시에 복음을 전파함으로 기독교적 가치를 확산시키기 위함이다. 이러

---

1   조맹기, "사회의 소통 문제가 위험수준인데 교회와 언론은 여전히 호형호제만을 외친다," 『사목정보』, 4-8 (2011. 8), 60.

한 과정에서 개신교는 언론을 중심으로 하는 다양한 소통의 장을 적극적으로 활용하며 하나님의 나라를 이 땅에 확장할 수 있기를 소망한다.

2. 교회와 사회의 관계에 대한 신학

한국사회는 전 세계에 유례없는 짧은 기간 동안 산업화와 민주화를 압축적으로 이루어냄으로써 사회변동과 그에 따른 삶의 가치와 규범이 급속하게 변화되어왔다. 근대화의 과정을 완만하게 겪어 온 서구 사회와는 다르게 한국사회는 돌진적 근대화의 과정으로 인해 근대와 후기근대가 공존하고 포스트모던 사회로 진입하는 급속한 과정에서 세대 간, 지역 간, 성별 간, 그리고 계층 간의 갈등으로 사회통합이 쉽지 않다. 민주화 이후에도 경제적 양극화와 정치적 이념의 양극화가 갈수록 깊어지고, 현안 과제로 떠오르는 핵 문제와 평화적 통일에 대한 이해의 차이도 한국사회의 대립의 현상을 심화시키고 있는 요인이다.

특별히 기성세대50/60와 청년세대20/30와 세대갈등은 그 어떠한 때보다도 고조되었다. 때로는 정치적으로 극단적 논리가 사회에 보편화 되어있는 현실을 바라보면서 통합과 화합이 허공에 외치는 구호처럼 공허해 보일 수도 있다. 또한 불통의 상황은 사회와 교회 간의 관계에서도 마찬가지이다. 한국교회는 사회공동체의 건강한 통합과 공공의 선을 증진하는 공적인 책임을 실현하는 과정에서 교회의 역할 상실이 어떻게 사회 속에서 교회를 고립시키고 깊은 나락으로 떨어지게 하는지 철저하게 돌아보아야 한다. 특별히 코로나 이후 교회는 일반은 총과 공공선의 중요성을 깊이 성찰하고 있다. 오늘날 사회는 급격한 문화적 환경의 변화와 미디어기술의 급진적 발전을 통한 정보의 홍수 속에서 그리스도인들은 하나님의 뜻을 실천하는 행동하는 신앙인이 되기 위해 기독교적 의미와 가치를 분별하는 역량이 그 어떤 시기보다도 중요하다. 교회 역시 이러한 정보가 소통되는 다양한 미디어와 매체를 이용하지 않고 세계와 소통할 수 없으며 교회의 선한 영향력을 전파할 수 없으며, 이웃을 향한 선교 역시 어려움을 겪을 수밖에 없다. 한국교회는 이러한 이전의 상황과 근본적으로 다른 양상의 '정보기술사회'의 영향 속에서 다양한 도전들에 직면해 있다. 이러한 정보기술사회는 매스미디어와 밀접한 관련을 가지고 있으며 동시대를 가로지르는 상식적이고 보편적 의사소통의 문법이 소통되고 있는 세계에 대한 인식이 필요하다. 이러한 보편적 의사소통의 자세는 다양한 매체들을 통하여 기독교의 특수한 진리를 전파할 때에도 또한 공적인 역할을 감당하는 과정에서 중요하다. 최근 한국교회는 이러한 부분에서 성숙하지 못한 태도와 배타적 모습을 보이면서 교회의 특수한 문법이 때로는 소통의 장애가 되고 있다.[2]

'정보기술사회'란 문자 그대로 기술과 정보를 토대로 연결되는 사회로서, 정보의 공정성과 공익성이 중요한 사회이다. 즉 언론이 가장 중심적인 역할을 책임 있고 공정하게 감당해야 소통할 수 있는 사회가 된다는 의미이다. 따라서 정부와 정치권, 기업 등 다른 부분의 혁

---

[2]   그 대표적인 예가 교회 세습의 현실과 교계 지도자들의 성의식 수준이다.

신 이상으로 중요한 이슈는 언론의 공적 책임의 회복이고, 공적 책임에 대한 새로운 시대적 인식이 그 어느 때보다 절실하다. 매일 홍수처럼 쏟아지는 가짜뉴스 그리고 나쁜 뉴스의 시대에 우리는 진실된 보도의 의미가 모호해진 시대 수용자의 비판적 눈이 요구된다. 즉 사회 속에서 공정하고 정확한 사실에 기초한 언론에 대한 신뢰가 회복되지 않고서는 세대 간, 계층 간, 그리고 이념 간의 소통은 여전히 사회통합의 장애가 되고 더 나은 사회의 미래로 나아가는 길에 장애가 된다.

본 장은 교회와 사회의 소통에 대한 신학적 성찰이다. 21세기 변화된 미디어 환경에 따른 교회의 인식전환과 세상에서의 들려오는 소리에 민감하게 반응하고 기독교 언론에 대한 성찰을 통하여 교회의 공적 책임을 재정립하려고 한다. 교회와 언론의 관계 속에서 교회의 소통이란 자신의 입장에 갇히지 않고 타자와 공감하는 공유의 장을 마련하는 것이다. 따라서 소통하려면 교회는 사회를 향하여 귀를 열고 개방된 태도를 갖추어야 한다. 진정한 소통은 자신을 내려놓고 타자를 경청하는 자세를 동반해야 하기 때문이다. 따라서 불특정 다수의 대중에게 무차별적인 메시지를 일방적으로 전달하던 과거의 종교 매체 역시 특정한소수를 대상으로 하는 양 방향적 메시지로 전환해야 하고 특수한 교회의 언어로 소통하기 위하여 뉴미디어로 전환할 때도 공공선을 실천하며 좋은 사회공동체를 위해 헌신해야 한다.

소통은 성서적 관점에서 지극히 신앙적인 행위이다. 그것은 하나님과 피조세계로서의 타자들^{사람이든, 세대이든, 그리고 다른 생명체까지도}의 관계와 소통 속에 각각의 존엄한 가치를 발견하는 것이기 때문이다. 본 장은 사회와 교회 간의 소통과 공감에 대한 신학적 토대를 정립하기 위하여 사회적 삼위일체론의 신학적 의의를 살펴보고, 배제와 분리를 넘어 사랑의 교제와 연합을 엮어내는 교회와 사회관계의 정립을 위한 기독교 윤리적 함의를 살펴보려고 한다.

1) 공감, 소통 그리고 공유에 대한 신학적 성찰

기독교의 진리는 논리만으로 전달되지 않는다. 이성적 논리만으로 타인을 설득하거나 가치를 공유하기 어렵다. 일방적 전달체계로 진리를 전파하는 방법의 한계는 다양한 이웃들의 아픔과 고통에 대한 공감 형성을 진지하게 반영하지 않는다는 것이다. 타자의 마음을 헤아리고 그 마음을 움직일 수 있는 공감의 역량을 소유할 때만이 복음은 이웃에게 온전히 전달되는 것이다. 따라서 소통이라는 것은 합리적 의견 교환 이상의 것이다. 소통은 머리와 가슴, 논리와 감성, 신앙과 삶이 함께 가는 것이다. 이러한 관점에서 한국교회는 세계와 이웃을 향한 소통의 자세를 변화시켜야 한다. 교회는 타락한 세상에 대한 심판자의 자리나 훈계자의 우월한 태도에서 내려와야 한다. 특별히 고난 속에 있는 소수자들에게 물질적 공세나 시혜적 자세로 복음을 전파하는 태도를 내려놓고 세계에 열린 자세와 차이를 존중함으로 마음을 움직이는 복음의 능력을 소유해야 한다. 교회와 사회를 분리하여 세상을 가르치려 하지 말고 겸손하게 경청하고 이웃들의 아픔과 고통에 자기를 개방해야 한다. 이렇게 소통하는 고통은 그리스도인들에게 은총과 희망의 시간이 되는 것이다.

진정성을 보장하는 소통과 공감은 이웃과 사회와 공유하는 문제의식이나 사회공동체의 공동의 가치를 수반할 때 가능한 것이다. 한국교회는 이웃과 공감하고 있는가? 한국교회는 사회문제와 공적 가치를 공유하고 있는가? 기후변화로 생태계가 파괴될 때, 비정규직 노동자들이 소수 무책으로 자신을 죽음으로 내몰 때, 신 빈곤의 현상으로 가난한 자들이 희망을 잃고 점점 주변부로 밀려 나갈 때 한국교회는 누구와 어떠한 문제를 공유하고 어떠한 공동의 가치를 추구하고 있었는지 돌아보아야 한다. 세상이 교회와 소통하기를 원하는 것은 사회를 변혁시키는 대단한 이슈나 세상을 떠들썩하게 하는 이벤트형 행사를 원하는 것이 아니다. 사회는 교회의 공감 없는 의도적인 행사나 특정 메시지를 앞세우는 선교들이 무례하게 느껴질 뿐이다. 교회가 이웃과 공유할 이슈가 부재하고 사회와 공감할 수 없을 때 영향력은 약화되고 하나님 나라의 실현은 요원해지며 실제적인 복음전도는 형식적으로 끝나고 교회는 그 생명력을 잃는다.

특별히 교회는 하나님과의 인간의 친교를 통해 인간 상호 간의 소통이 가능하도록 자신들을 타자에게 개방하는 공동체이다. 따라서 세상에 존재하는 교회는 사회적 이슈와 이웃의 문제들을 가지고 공감과 공유를 위한 꾸준한 노력을 해야 한다. 동시에 교회는 복음전파뿐 아니라 교회가 교회됨으로도 소통의 사명을 행하게 된다. 이러한 교회와 사회 그리고 그리스도인과 이웃 간의 역동적 관계를 살펴보기 위하여 교회의 근본적인 실체로서 교제와 연합의 신비를 밝히는 사회적 삼위일체론의 패러다임을 살펴보고자 한다.

2) 교회와 사회 간의 소통을 위한 신학적 토대로서의 사회적 삼위일체신학

① 분리와 배제를 넘어 소통하는 한국교회

소통은 인간 내면의 끊임없는 대화 그리고 인간과 인간, 인간과 사회 사이의 올바른 관계형성에 필수적인 생존 조건 중 하나이다.[3] 인류의 역사는 소통의 역사이고 개신교의 소통의 역사는 '말씀의 역사'로 시작된다. 성서는 인류의 역사와 관련해서 '태초에 계신 말씀'의 중요성을 강조하고 예수의 탄생과 관련해서는 '말씀이 육신이 되어'라고 기록하고 있다. 이러한 의미에서 인류의 역사를 넓은 의미의 소통의 역사라고 본다면, 교회공동체와 그 공동체의 진리의 전파는 필수적으로 소통과 만나게 된다. 소통이 인간과 인간이 말[소통]을 통해서 의미와 가치를 공유하는 과정이라면, 복음전파는 사회 속에서 인간과 인간이 하나님의 말씀을 통해서 그 의미를 공유하는 과정이라 말할 수 있다. 사회 속에서 그리스도인의 말하고 쓰는 언어의 역동은 그들의 생활과 행동을 통해 더욱 복음을 실천적으로 소통되게 만든다.

사회는 기독교 진리를 전달하는 유일한 장소이다. 그러나 한국교회는 세상과 소통하면서 기독교의 가치를 실현할 수 있는 공론의 장이 많지 않다. 그런 의미에서 교회는 그리스도인들이 사회적 쟁점에 대해 신앙적 관점을 나누고 사회의 공동선을 증진시키는 교회의 역할을 토론하고 나눌 수 있는 현장이어야 한다. 교회는 공동선을 도모하는 교회의 책임을 수용하면서 한국사회 속에서 교회의 바람직한 미래

---

3   기독교 커뮤니케이션 포럼, 『기독교 커뮤니케이션』(서울: 예영커뮤니케이션, 2004), 17-18.

상을 그려볼 수 있어야 한다. 즉 수직적인 소통과 수평적인 소통의 원활한 관계를 통하여 교회는 '하나님 사랑'과 '이웃 사랑'을 더욱 구체화할 수 있기 때문이다.

　더 나아가 교회와 사회 간의 소통에 있어서 언론의 역할이 중대하다. 미국을 제외한다면, 한국은 세계적으로도 가장 종교 언론이 활성화된 사례다. 신문과 방송으로 제한한다면, 한국의 종교 언론은 대부분 해방 이후 현상이며 특히 1980년대 이후 현상이다. 이런 움직임을 개신교와 천주교가 주도했다.[4] 그러나 교계 신문들이 언론의 중요한 소통자 역할을 제대로 수행하는 데 미흡하며, 현재 교회 신문의 기능은 참다운 소통이 아니라 일방적인 전달에 그치는 경우가 대부분이다. 한국교회가 언론을 단순히 자신의 선전도구로만 활용하려는 경향을 성찰하고 교계 언론은 기독교의 선교적 매체로써 뿐만 아니라 공적인 기능을 갖는 언론 매체로써 자리매김하여야 할 것이다.

　하나님의 형상으로 지음 받은 인간이 가진 특권 중의 하나가 소통이다. 인간은 하나님과 소통하며, 다른 인간과 자연과 그리고 자기 자신과 소통하도록 지음을 받았다. 이제 소통에 대한 성찰적 의미에서 사회적 삼위일체 신학은 이러한 하나님과 인간, 교회와 사회 그리고 인간과 인간의 소통의 중심에 뿌리내리는 교회의 사명을 감당하도록 촉구하고 돕는다. 전통적으로 삼위일체론을 신학이론으로 정립하면

4　위의 책, 117. 1980년대 말부터 한국 종교 언론은 제 2의 중흥기를 맞았다. 1988년에는 여의도 순복음교회가 〈국민일보〉를 창간했고 이듬해인 1989년에는 통일교 교단이 〈세계일보〉를 창간하는 등 두 개의 종합 일간지가 탄생했다. 1989년과 1990년에는 천주교의 평화 방송국(PBC, 라디오)과 불교 방송국(BBS, 라디오)이 설립되었다. 1995년에는 〈불교 방송〉과 〈평화 방송〉이 케이블 TV 방송을 시작했고, 같은 해에 개신교 케이블 TV인 〈기독교 TV(CTS)〉도 새롭게 출범했다. 1997년에는 기독교 인터넷 방송(C3TV)이 시작되었고, 1998년에는 원불교의 〈원음 방송(라디오)〉이, 2002년에는 디지털 위성방송인 〈CBS TV〉가 각각 개국했다. 개신교는 무려 3개의 TV와 라디오 방송국이 있고, 불교 TV가 있는 곳은 전 세계에서 한국밖에 없다.

서 교회의 실천적 경험으로부터 분리시켰고 결국은 교리로서도 큰 의미를 갖지 못했다. 그러나 현대 신학에서의 삼위일체론의 부흥은 이러한 문제점을 해결하고 삼위일체 하나님에 대한 올바른 이해와 더불어 교회의 실천과 사회와의 연관성에서 삼위일체론을 새롭게 해석하였고 신학의 최전선으로 등장시키는 계기를 이룬다. 왜냐하면 교리와 신학의 내용은 실제로 교회공동체의 하나님 경험과 밀접한 연관을 갖는다. 그런 면에서 삼위일체 신학이론과 인간 공동체를 연관 짓는 것은 마땅하며 사회는 삼위일체 신비를 나타내야 하며 삼위일체의 신비는 계시로부터 나오지만 사회적 삶의 원형을 가지고 있기 때문에 페리코레시스적 연합은 인간이 만든 모든 조직 안에 깃든 모든 억압과 지배의 구조를 비판하며 동시에 그것을 극복하는 비전과 힘을 제공한다. 즉 인간 사회는 신적인 사회로 삼위일체의 흔적^{vestigium trinitatis} 을 포함하고 있기 때문이다.

현대 삼위일체신학의 특징은 하나님을 성부, 성자, 성령의 공동체 내지 사회^{society} 로 이해하면서 그것이 함의하는 실체적인 의미를 찾아내고자 하는 사회적 삼위일체신학의 발전에 있다. 삼위일체론의 사회성에 대한 연구는 전통적으로 교리적 측면으로 다루어져 왔다. 그러나 최근 들어서 삼위일체론이 인간사회의 모델로서 제시되면서 새롭게 부각되기 시작하였다. 최근 삼위일체 신학의 특징 중 하나는 하나님의 일체성에서 출발하여 삼위성을 질문하던 전통적 방식을 떠나 세 신적 인격의 사랑의 공동체로 이해하는 사회적 삼위일체론이 주도적 삼위일체론이 되고 있는 것이다.[5] 보프는 사회적 삼위일체론이 삼위

---

5   박만, 『현대 삼위일체론 연구』(서울: 대한기독교서회, 2003), 143.

하나님의 신비를 가장 적절히 설명하며 또한 우리 시대에 가장 적합한 삼위일체 모형이라고 주장한다.[6] 그에 따르면 사회적 삼위일체론은 세 인격으로서의 성부, 성자, 성령을 말함으로써 온전히 서로 다르고 구별되는 개체의 가치를 긍정하고 연합을 지원하고 있기때문에 현대 사회의 바람직한 모델이 되며 바람직한 인간사회를 위한 모형을 건설할 수 있다. 이러한 사회적 삼위일체론은 교회와 사회 간의 배제와 분리를 넘어서 교회가 다시 사회 속에서 변화의 주체로 설 수 있는 신학적 기초를 마련할 것이다.

삼위일체론의 연구에 나오는 용어는 상호침투perichoresis, 상호순환circuminsession, 상호내재circumincession, 공속함께 속함, co-inherence, 상호관통inter-penetration이다. 예컨대 한 분 하나님의 존재는 완전한 연합으로 이루어져 있으며 절대적이고도 영원한 참여로 이루어져 있다. 세 위격들로 구성된 일치는 성삼위일체 안에 나타나는 연합과 상호침투의 무한한 역동성을 표현한다.[7] 몰트만에게 성부, 성자, 성령의 연합은 단지 '신학적'인 것만은 아니다. 그것은 또한 온 세계의 회복과 구원을 포함하는 '구원론적'인 것이다.[8] 그러므로 하나님에 대한 삼위일체적 이해는 전 사회와 온 세계를 품어 앉는 무한한 관계로의 확대를 가능하게 한다. 이러한 삼위일체신학은 전 사회가 갈등과 차별을 넘어 상호침투와 상호순환을 통하여 연합의 관계를 나아가는 것을 강조한다.

그리고 이 관계는 온 만물을 향하신 하나님의 개방된 교제요 하나님과 함께, 하나님 안에서 누릴 피조물의 교제인 것이다. 이러한 삼

---

6   보프와 같은 삼위일체 신학을 '사회적 삼위일체론'(Social Trinity)이라고 부른다.
7   박만, 『현대 삼위일체론 연구』, 181.
8   위의 책, 172.

위일체적인 사회적 존재론은 포스트모던의 이슈 중에 하나로 지적되는 "다름"과 "자아 정체성"의 문제에 관한 해결점을 제시할 수 있을 것이다. 사회적 삼위일체 신학적 관점에서 교회는 자신의 정체성을 가지고 사회와의 차이를 인식하되 끊임없이 사회를 향해 개방하며 교제를 통하여 연합하는 사회적 존재로 해석된다.

아버지, 아들, 성령은 분리되거나 병렬로 나타나지 않고 언제나 상호 내포되고 관계된다. 즉 연합이란 함께 하나가 됨^{communio, union with}을 의미하기 때문에 위격들 안에서만 일치가 존재할 수 있다. 왜냐하면 위격들만이 본래적으로 다른 위격들에게 개방적이며 다른 위격들과 함께 존재하고 서로를 위해 하나이기 때문이다. 따라서 삼위일체 신학적 관점에서 셋이라는 숫자는 차이, 개방성, 연합을 뜻한다. 삼위일체는 분리되고 배제된 것^{아버지-아들의 이원성}을 연합하기에 포용적이다. 중요한 것은 이러한 삼위일체론의 하나됨^{union}-연합^{communion}-페리코레시스^{perichoresis}는 하나님에게만 적용되는 것이 아니라 인간과 전체 우주를 하나님의 삶 안으로 초청한다.

더 나아가 사회적 삼위일체론의 또 한 가지 중요한 특성은 하나님의 이런 연합이 역사 속에서 계속 이루어지다가 마침내 역사의 끝날 종말론적으로 완성될 것으로 보고 있다는 점이다. 하나님은 사랑과 상호 관계 속에서 피조세계를 향해 열려 있는 "개방된 삼위일체"^{open Trinity}로 존재한다는 것이다.[9] 이러한 페리코레시스적인 연합으로서의 자유로운 공동체는 힘의 원리를 통해서 지배하려고 하는 세속적인 사회원리가 아닌 나눔과 상호 내어줌, 상호양보와 상호침투의 상호내주

---

9   위의 책, 168.

적 관계에 의해서 이루어지는 거룩한 하나님의 사회적 패러다임이다. 이런 페리코레시스적인 연합에서 세 분의 위격들의 다름은 한 분 존재에서 아들은 아버지 안에 존재하고 성령 안에 존재함으로 통해서 서로가 서로 안에 내주하는 완전한 공동체를 보여줌으로 몰트만은 하나님을 한 분 이심 oneness 라고하지 않고 통일, 연합 unity 이라고 한다.[10]

그리스도인들의 삶이란 언제나 타자와 더불어, 타자를 위해, 타자의 현존 안에 있는 삶이며 존재이다. 포스트모던 시대에서 타자를 향한 관심과 차이와 다양성을 삼위일체를 통해서 새롭게 이해할 수 있다. 즉 하나님의 궁극적인 목표는 개개 신자들의 집합체를 하나의 고립된 영역인 피안의 세계에 배치하기보다는 역사 속에서 행하시는 하나님의 섭리 안에 존재하며 그리스도의 역동적 구원역사에 초점이 맞추어져 있다. 이제 하나님의 교제인 페리코레시스는 삼위일체 신학의 핵심으로 자리 잡고 있으며 특히 개방적인 교제와 평등 그리고 다름 difference 을 존중하는 사회를 향한 우리의 열망과 중점적으로 연관된다. 구원의 역사는 하나님의 영원한 삼위일체의 삶 안에 우리를 포함시키며 온전한 관계를 누리도록 하는 것이다. 이러한 삼위일체적 관점에서의 모든 살아있는 존재와의 관계 단절로서 고립은 죽음을 의미한다. 교회와 사회와의 관계에 있어서 비개방적이고 배타적 자세로 인한 소통의 부재가 무엇을 의미하는지 우리는 깊이 성찰해야 한다. 이러한 사회와 인간관계에 왜곡은 결과적으로 그리스도인들에게 삼위일체 하나님에 대한 이해를 제한시키게 된다.

하나님께서 우리를 근원적 공동체로 인도하시는 것 같이 우리

---

10   안택윤, 『삼위일체 조직신학』, 70.

도 공동체의 온전함을 위해 일해야 한다. 그것은 삼위일체 공동체의 페리코리시스에 참여하는 것이다. 이렇게 사회적 삼위일체 신학은 사회공동체의 구체적이고 공동적 일을 통해서 성부, 성자, 성령 하나님과의 관계를 의미 있게 한다. 따라서 사회적 삼위일체론은 사회와 교회 간의 관계의 재정립과 차이를 포용하고 자신을 개방하며 사랑과 생명의 교제를 통하여 연합의 공동체를 지향하고 공공선과 공익을 위해 헌신하고 봉사할 수 있는 한국교회를 위해 신학적 기초를 제공한다. 사회는 교회의 성찰의 자리이고 교회와 어떠한 관계 속에 있느냐에 대한 소통의 기초적 현장이다.

② 이웃과 사회 그리고 우주를 초청하는 사회적 삼위일체신학

서방교회의 삼위일체 하나님 이해는 초월적인 하나님 한 분의 섭리로 연결되었다. 반면에 동방교회의 삼위일체론은 구별된 세 위격들이 서로의 관계성에 의해 한 분이 되는 하나님 이해를 보여 준다. 이러한 관계의 이해는 현대 신학자들이 추구하는 사회적 삼위일체론의 시작이다. 이러한 관계성으로서의 삼위일체론은 전통적으로 중세로부터 교권의 통일성과 위계질서의 모형으로 여겨왔던 삼위일체론을 재해석함으로서 정치사회의 새로운 패러다임을 제공할 수 있는 신학적 기초가 되었다. 즉 관계성이란 삼위 간의 교제이며, 무엇보다도 서로 간의 온전한 사귐과 내어줌을 통해서 하나가 된다. 이것이 삼위일체 하나님의 신비이며 이 세 위격 간의 영원한 사랑과 연합이 영원부터 있었음을 말한다. 이것은 기존의 기독론 중심의 신학에서 삼위일체론으로 그리고 개인 중심이 아닌 공동체 중심의 신학으로의 전환을 의미한다.

특히 이 연합의 과정에서 친밀감은 중요한 정서적 감정인데 연합은 친밀감, 의도의 투명성, 마음의 일치를 포함한다. 삼위일체론적 관점에서 진정한 사회라고 하는 것은 개인들이 모여서 한 사회를 이루는 것이 아니라 '교제'koinonia 가 먼저 있고 개인들이 이 교제의 관계성을 통하여 사회가 이루어졌다는 것이다. 즉 사회현실이 삼위 하나님을 경험할 수 있는 장이 되어야 하며 사회적 비전이 되어야 한다. 이러한 삼위일체적 교제의 의의는 사회와 분리하려는 경향이 있는 그리스도인들에게 사회를 향해서 우월한 위치 혹은 무관심의 태도에서 벗어나 사회와 교회의 가장 낮은 자리에서 고통을 받는 자들과 친밀한 정서적 연합을 형성함으로 약자들에게 억압적이고 배타적 사회를 거부하는 힘을 얻게 된다.

하나님의 페리코레시스적 연합에 근거한 삼위일체적 원리는 "힘의 원리를 상호 일치의 원리로 대치"함으로써 정의와 평등에 근거한 건강한 사회를 만들 수 있도록 한다. 바로 이런 근거에서 몰트만은 "거룩한 삼위일체는 우리의 사회적 프로그램이다."라고 주장한다.[11] 보프에 따르면 이렇게 삼위일체 모델로부터 영감을 얻은 사회는 친교, 기회의 균등, 개체와 단체가 넉넉하게 역동하는 사회가 된다는 것이다. 모든 면에 배제와 박탈이 아닌 참여와 연합에 기초해 이루어진 공동체적 사회만이 삼위일체의 형상과 모양을 가진 사회라고 말할 수 있다.

물론 삼위일체론이 직접적 혹은 즉각적으로 사회적 프로그램으로 활용되는 아니다. 그러나 삼위일체론은 교회와 사회가 어떤 관계로

---

11 위의 책, 174.

살아야 하는지 우리가 추구하는 사회가 어떠한 모습이어야 하는지에 대해 방향과 가치를 제시한다.[12] 그리스도인으로 살아가는 의미는 사회 속에서 어떤 유형의 사회가 하나님의 계획과 일치하지를 고민해야 함을 말한다. 교회와 사회상호 간의 배제의 관계 속에서 그리고 분리와 차별의 사회조직의 형식으로는 하나님을 기쁘게 할 수 없다. 더 좋은 세상의 역사적 구현을 원한다면 삼위일체, 페리코레시스의 신비, 삼위일체적 연합과 신적 사회의 신비에 대한 신앙에 주목해야 한다. 이러한 삼위일체적 관점에서 교회는 예수를 따른 사람들의 공동체가 되고, 교회를 넘어 인간이 하나님과의 만남을 통해 창출한 모든 가치에 개방된다.[13] 이 연합을 통한 인격화는 사회 변화의 갈등이나 과정과 상관없는 인격주의로 가는 것이 아니라, 보다 참여적이며 인간화를 가져오는 새로운 관계를 추구해야 한다.[14] 그것은 현대사회의 지나친 개인주의와 한국교회의 지나친 교파주의로 사회 속에서 복음의 역동성을 잃어가고 개인과 사회의 관계를 생각하기보다는 개인구원과 교회 성장에 함몰되어가는 한국교회를 돌아보게 하는 신학적 관점이 된다.

　　철저히 중립적인 체계에 의하여 모든 것을 설명하며 독립적이고 자율적 개인에 근거한 근대와 다르게 삼위일체론은 다름을 통하여 아름다운 일체성을 일구어내시는 삼위 하나님의 관계성과 그 하나님에 근거한 올바른 사회와 교회의 관계 모델을 추구할 수 있다. 몰트만은 억압이 없이 전체적으로 통일을 이루는 기독교 공동체와 계급 지

12　이문균, 『신앙과 삶 속에서 삼위일체 하나님 알아보기』(서울: 한국장로교출판사, 2005), 215.
13　Leonardo Boff, *Trinity and Society*, 이세형 옮김, 『삼위일체와 사회』(서울: 새물결플러스, 2012), 33.
14　위의 책, 216.

배와 독재의 억압이 없이 전체적으로 통일된 하나를 이루는 인간 공동체만이 삼위일체 하나님을 존중하는 것이며 삼위일체의 형상과 모양을 가진 사회는 권력이나 소유에 의해서가 아니라 사회적 관계로 특정되는 것임을 밝힌다. 삼위일체와 가장 어울리는 사회적 모델을 고안하는 것이 신학자의 과제는 아니더라도 교회와 사회 간의 관계 모델에 근간을 이루는 원리와 영감을 삼위일체적 연합과 관계 속에서 얻을 수 있다.

특별히 사회와의 적극적 소통이 요구되는 한국교회는 이러한 삼위일체 신비를 이해하며 사회와의 관계를 바르게 정립하고 사회에 대한 자세를 전환할 필요가 있다. 기본적으로 관계에 기초한 사회의 모델은 개체 인간 사이에, 단체 사이에 차이를 존중하면서도 함께 공유할 수 있는 정의와 평등을 원한다. 동방교회의 대표적인 신학자인 지지울라스는 교회의 신비는 하나님의 존재, 그 자체와 깊이 연관되어 있다고 주장한다. 그 이유는 타자와의 관계성의 회복을 위한 유일한 모델이 삼위일체 하나님이시라고 생각하기 때문이다. 삼위일체 하나님의 형상을 우리 안에서 회복하고 재현하는 길은 우리가 자아에 갇히기보다는 모든 피조물과 사귐에 열려 있어야 한다. 따라서 자기-내어줌self-giving과 자기-사랑self-loving이 균형을 이루는 그러한 사회를 지향해야 한다.[15] 이러한 공동체를 삼위일체적 신학은 온전한 사랑과 섬김 그리고 영원한 사귐의 공동체로서의 삼위일체 하나님의 공동체에서 찾는다.

삼위일체론적 관점에서 교회와 사회 간의 만남은 관계와 연합

15　안택윤, 『삼위일체 조직신학』, 73.

을 전제하는 하나님께서 인간에게 하락하신 위대한 축복이며 선물이다. 인간은 하나님과 소통이 가능한 생명으로 하나님의 형상으로 지음받은 인간이라는 신학적 대전제를 가지고 있다. 인간은 그 본래의 존엄성을 유지하며 공동체적인 삶의 영위하기 위하여 온 세상과 관계하며 소통해야 하는 것이다. 이러한 관계를 전제로 하는 소통은 근본적으로 인간의 존엄성과 모든 생명의 경외감과 직접적으로 관련되어있다. 즉 그것은 단순한 수단과 도구를 넘어 인간의 기본적 권리이고 본질적인 요구이다.[16] 이제는 단순히 선교의 도구로서의 소통을 넘어서 삶의 방식과 의미체계로의 사회문화적 측면의 특성을 고려하며 그 적절한 관계를 위해 언론에 대한 비판적 사명도 동시에 감당해야 한다.

따라서 한국교회는 사회적 삼위일체론적 관점을 적극적으로 해석함으로 사회공동체의 회복은 자기 정체성을 다른 사람과의 관계성에서 찾는 것으로 부터 시작되는 것임을 인식하게 한다. 그리스도인들이 먼저 타자를 배려하는 관계성의 공동체로 모일 때 진정한 사회 회복이 가능하다는 것이다. 한국교회는 사회와의 소통 회복과 친밀한 상호관계성을 통하여 사회의 변화를 이끌어내는 공동의 연대와 연합을 모색함으로 "삼위일체 신학은 우리의 사회적 프로그램이다"Trinity is our social program 라는 몰트만의 테제를 실천적으로 수행해 나아갈 수 있어야 한다. 사회적 삼위일체론은 분열과 반목, 그로 인한 고통을 안고 있는 사회가 신앙에 대한 우리의 이해에 영향을 미치며 삼위일체의 신비를 온전히 표현할 수 있는 적절한 환경이 될 수 없음을 깨닫게 한다.

---

16   WACC 편, 『기독교와 커뮤니케이션』(서울: 대한기독교서회, 1993), 64.

3. 언론과 교회의 바람직한 관계를 지향하며

소통은Communication 이제 상호전달이나 홍보의 수단 만으로서가 아니라 인류의 총체적 삶의 환경과 일상의 문화로 정착되었다. 특별히 새로운 미디어New Media의 출현은 21세기 변화된 미디어 환경의 급속한 변화를 가져오고 고도의 정보기술의 발전은 일상생활의 구석구석까지 스며들어 사람들의 생각과 삶의 태도에까지 막강한 영향력을 행사하고 있다. 하나님의 선교는 삶의 전 영역과 사회와 역사 전체를 선교의 영역으로 삼아야 하는 것으로 교회는 이제 이 소통의 문제와 미디어에 대한 이해의 질적인 전환을 요구받고 있는 시대적 상황임을 인식해야 한다.

이러한 소통의 정신은 근본적으로 교회로 하여금 끊임없는 변화를 요구한다. 개혁교회의 모토는 "개혁교회는 언제나 개혁되는 교회"였다. 이렇듯 철저한 개혁교회의 정신은 교회공동체가 과거 질서에 안주하게 될 때 스스로를 엄히 질책하고, 복음의 정신으로 자신을 새롭게 갱신시켜 나가는 고매하고 깊은 자기성찰과 회개의 정신을 요구한다. 이것은 동시에 끊임없이 타자와의 열린 대화의 자세를 요구한다. 타자란 교회 안과 교회 밖 어디든 존재한다. 복음이라는 절대가치 속에서 우리 스스로의 역사와 이야기, 문화가 지닌 상대적 의미들을 인정하고 우리 교회 지체들 서로가 서로를 이해하고 대화해야 할 뿐만 아니라 교회 밖 사회와도 그리해야 함을 의미한다. 그리고 이를 통해 교회와 사회의 상호소통과 상호변화로 이어질 때 비로소 하나님 나라는 보다 실천적 의미로 다가옴을 경험하게 될 것이다.

이러한 의미에서 한국교회의 소통은 보다 진지한 자기성찰과 경청, 그리고 타자에 대한 존중에 바탕해야 한다. 그래야 거기에 진정성이 있고, 감동과 공감이 있는 '소통'이 일어나는 것이다. 이러한 소통을 통하여 약육강식의 원리가 공동체적인 공영의 질서로 전환되고 있는 것이다. 한국교회는 이제 이러한 문화환경의 변화의 흐름을 바르게 이해하고 교회와 언론과의 올바른 소통을 위한 신학적 성찰과 연구를 성실하게 감당해야 하는 시대임을 깨달아야 한다.

언론의 기능과 영향력은 정치, 경제, 사회, 문화의 여러 방면에 걸쳐 현대사회 속에서 정치적으로는 여론형성의 도구와 공동선의 도구로서, 경제적으로는 변화 및 진보수단으로서, 문화적으로는 문화파급 및 자녀교육을 위한 도구 등으로 활용된다. 그러므로 언론매체가 주는 영향력은 인간의 생활과 사고방식 및 행동양식에 영향을 주고 인간사회의 화해와 일치에 기여하며, 인류를 위한 하나님의 창조사업과 구속사업 즉 구원의 역사 속에서 그 진리를 전파하고 민족 간의 이해를 증진하여 인류의 발전에 기여하는 등 광범위한 영역에 미치고 있다. 따라서 교회는 언론의 기능과 영향력에 대해 주목하지 않을 수 없다.[17] 왜냐하면 신뢰할 수 없는 저질 정보들이 많은 인터넷에서 신뢰할 수 있는 고급 정보를 생산해내는 현실에서 언론의 필요성은 오히려 더 커졌다고 할 수 있기 때문에 신뢰할 수 있는 뉴스분석과 심층취재 등은 언론이 줄 수 있는 최대의 장점이다.[18] 그런 의미에서 권력에 의해 흔들리지 않고 도덕률을 지키면서 오직 인간의 존엄성과 우리

---

17 최창섭, "미디어 환경과 한국 가톨릭교회의 커뮤니케이션 정책,"『신학전망』103 (1993.12), 12-13.

18 국제미래학회,『미래가 보인다: 글로벌 미래 2030』(서울: 박영사, 2013), 363-64.

사회의 공동선을 추구하며 진실을 전하는 언론 환경을 만들어야 한다. 교회는 누구나 서로 진실을 말할 의무가 있기에 소통은 일종의 도덕적 행위라고 말한다.

특별히 교단차원에서 그리고 에큐메니칼 운동적 차원에서 또한 교회연합의 차원에서도 세상과의 바른 소통과 교회의 사회적 책임을 감당할 뿐만 아니라 전 사회의 하나님 나라의 가치의 실현을 위하여 소통의 기능을 참여적으로 실현시킬 수 있는 제도의 마련과 그 실현을 위한 공동의 합의가 기독교공동체 내에서 시급하다. 즉 교회는 가능한 범위 내에서 막강한 영향력을 갖고 있는 각종 미디어를 최대한 효과적으로 활용한다. 첫째, 교회는 교회의 메시지가 현대사회에 적합하게 전달되어 사람들의 가치관을 형성하는데 도움을 주어야 하며 둘째, 교회는 인류의 자유와 인간존엄의 가치를 보호하기 위해서 미디어 교육을 증진시켜야 한다. 셋째, 교회는 시대에 맞는 언어를 통해 믿음을 표현하기 위한 미디어의 활용을 도모하고, 넷째, 기독교 가치관에 반하는 내용으로 미디어가 세속적인 방향으로 흘러 버릴 가능성이 존재하는 한 교회가 균형 잡힌 인간적 요건의 실현을 위해서 미디어에 관심을 가져야 한다는 것은 명백한 일이다. 다섯째, 개인, 단체 또는 국가적인 차원을 막론하고 자기를 상대방이나 대중에게 알릴 필요성이 있는 현대사회에서 교회는 능동적인 홍보와 활동을 효과적으로 전개하기 위해서는 미디어의 활용과 커뮤니케이션 전반에 걸친 적극적인 이해가 불가피하게 요청된다.[19]

그리스도의 몸으로 살아 숨 쉬는 건강한 유기적 교회는 항상 현

---

19 위의 책, 21.

장의 소리에 귀를 기울이고 지역과 원활히 소통하는 교회이어야 한다. 이러한 지역과 사회와의 소통을 실현하기 위하여 목회자는 현대사회에서 급속히 달라지는 미디어 환경의 변화와 언론의 중요성을 인식하고 세상과 소통하는 매체와 기술에 대한 이해를 바탕으로 때로는 언론을 대하는 바른 태도를 준비해야 한다. 살아있는 공동체로서 교회를 위해 목회자는 소통하는 사람이 되어야 하고 목회자야말로 소통의 가장 적극적 도구가 되어야 한다. 그 어느 때보다도 한국교회와 언론의 바른 소통을 위한 신학적 성찰, 기독교 언론의 사명과 역할, 그리고 목회자들의 언론에 대한 의식을 성찰함으로 세상과의 건강한 소통을 회복함으로 교회가 사회에 긍정적인 영향력을 미치고 하나님 나라 확장에 기여 하는 시대적 사명을 감당해야 한다.

기독교 윤리적 관점에서 한국사회의 언론의 중요성 그리고 언론의 자유와 책임에 관한 기초연구를 통하여 언론과 종교 그리고 언론과 교회와의 관계에서 나타나는 소통의 문제를 분석하였다. 동시에 진리를 선포하고 복음을 전파하는 교회의 사회적 가르침에 비추어 볼 때 한국교회는 언론의 책임 그리고 자유와 공정성에 대해 더 분명한 목소리를 낼 수 있어야 한다. 이러한 관계 안에서 개인의 경험, 언어, 문화 등을 전달하는 언론은 더욱 절제되고 신중한 자세를 갖추어야 한다. 한 사회 안에서 언론의 공정성은 정의에 입각하여 평가하는 형평성에 기초한다. 즉 커뮤니케이션 매체의 공공성과 언론의 자유를 보장하는 언론환경이 중요하다는 의미이다. 권력에 의해 흔들리지 않고 도덕과 언론윤리를 지키면서 오직 인간의 존엄성과 공동선을 추구하며 진실을 전하는 언론환경을 구축하며 동시에 한국교회의 사회를 위한 공헌^{헌신과 봉사}들이 바르게 평가되기 위한 공정성의 문제도 성찰되어야 한다. 따라서 교회와 언론의 바른 관계를 전제하면서 언론의 공정성의 문제와 종교의 진정성은 늘 동시에 고려 되어야 하는 소통의 전제가 되는 것이다.

3장

신학과 영화의 만남:
공감의 시대정신과 기독교 가치의 실천

1. 21세기 현대문화와 영화 그리고 신학

영화는 21세기 가장 영향력 있는 예술형식이다. 영화는 20세기 놀라운 발전을 거쳐 21세기 현대사회의 대중적 예술의 한 양식으로 세계의 공용어가 될 만큼 보편적이다. 현대사회를 살아가는 다양한 모든 계층의 사람들은, 그들이 종교인이든 비종교인들이든 남녀노소를 막론하고 다양한 매체들 중에 가장 대중적으로 영화를 소비하고 본다. 특별히 현대 미디어 시대의 학생들은 어릴 적부터 영화에 길들여진 영상세대이다. 이들에게 영화는 블록버스터, 오락, 그리고 여가활동을 넘어 그 이상의 의미를 갖는다. 이러한 영상세대에 대한 인식은 신학 교육에 있어서도 발상의 전환을 요구하고 있다. 한편의 잘 짜인 영화는 한 사람의 인생을 바꾸는 영향력을 미치기도 하고, 세상과 소통하는 열린 창문이 되기도 하며, 다양한 도덕적 가치들을 성찰하는 삶의 훌륭한 텍스트가 되기도 한다.

　　이러한 영상매체들을 통한 이미지 문화의 홍수 속에서 교회는 점점 매력적이지도 감동적이지도 못한 대중적 이미지로 전락하고 있다. 기독교 신앙이 세상에서 빛이 바래고 소통 불능의 상태로 고착되어 세상에서 점점 고립되어 갈 때, 대중문화는 급속하게 성장하고 있음을 주목해야 한다.[1] 마가렛 마일즈는 대중영화의 발전이 역사적으로 지리적으로 교회의 통제와 보호로부터 공적인 삶의 해방과 일치한다고 주장한다.[2] 영화가 놀라운 발전을 해 온 지난 세기와 기독교가 세계적으로 그 영향력을 잃어가는 시기가 동일한 것은 우연이 아니다.[3] 한국 대중영화에서 개신교 성직자들에 대한 부정적 이미지와 가톨릭 수녀나 신부에 대한 긍정적 이미지들이 굳어진 현실은 이미지 문화에 익숙한 현대인에게 복음전파를 어렵게 한다. 즉, 개신교 성직자들이 영화의 상황설정 상 더 자연스럽게 종교의 이중성과 위선적 성직자의 이미지를 한국사회 속에서 나타낼 수 있는 영화의 극적 요소를 확대할 수 있다는 것이다.[4] 한국교회가 세상과 이웃들과 공감하지 못하고 삶의 구체적 현장 속에서 복음의 생명력을 잃고 교리적인 추상성에서

1　미국 풀러 신학교에서 영화와 신학이라는 과목을 오랫동안 개설하고 영화를 적극적으로 신학교육에 적용하여온 존스톤은 〈베켓〉이라는 영화를 통하여 소명을 받고 스텐포드 졸업 후 신학을 전공하고 지난 30년 동안 풀러 신학교에서 가르치고 있다. Robert K. Johnson, *Real Spirituality: Theology and Film in Dialogue*, 전의우 옮김, 『영화와 영성』(서울: IVP, 2000), 23.

2　Magaret Miles, *Seeing and Believing: Religion and Values in the Movies* (Boston: Beacon Press, 1996), XV.

3　Robert K. Johnson, 『영화와 영성』, 22.

4　한국의 대중문화 또한 기독교에 대해 매우 비판적이다. 〈다빈치 코드〉가 외국영화로서 한국 기독교인들의 심기를 건드렸다면 〈밀양〉이나 〈친절한 금자씨〉와 같은 한국영화는 직간접적으로 기독교에 대해 부정적인 이미지를 고착시키는 역할을 하였다.

벗어나지 못할 때, 대중문화는 더 가까이 사람들의 일상에 파고든다.

인간은 문화적 존재로서 문화를 떠나서는 존재의 의미를 찾을 수 없을 뿐 아니라 하나님에 대한 이해 또한 문화라는 내용과 형식의 관련 속에서 진행되는 과정임을 인식해야 한다. 대중예술은 문화와 삶의 매개체이다. 그럼에도 불구하고 현실문화 속에 예술과 신앙 사이의 틈은 더욱 멀어지고, 대중문화와 교회의 접촉점을 찾기가 쉽지 않다. 그것은 대부분의 개신교 그리스도인들은 대중문화를 대할 때 신학적 관점을 제외한 채 즐기고 있거나 신학적 관점을 고려하면서 경계하는 관점이 지배적인 것은 개신교 신학적 관점이 형상과 이미지에 대한 부정적 견해와 성속 이원론이 그 토대를 이루고 있기 때문이다. 특히 가장 영향력 있는 대중영화popular movies를 통하여 보고 듣고 경험하는 메타포와 관용구들은 일상의 대화와 대중적 언론에 이르기까지 전역에 퍼져있다.[5]

이러한 변화된 문화 환경 가운데 개혁신학적 전통 안에서 오랫동안 터부시되어온 시각예술과 신학교육의 관련성과 활자화된 신학교육과 함께 이미지화된 새로운 형태의 텍스트로서의 영화에 대한 관심이 증가하고 있다. 영화는 가장 대표적이고 일반적인 영상 컨텐츠이다. 더욱이 인쇄와 출판을 통해 문자화된 텍스트를 넘어 소리와 이미지, 그리고 듣기와 보기를 통한 더 풍요로운 하나님에 대한 경험을 시도하는 다양한 신학교육 방법론들을 모색하면서 종교와 영화와 신학과 영화religion and film/theology and film 관계를 연구하는 신학자들이 증가하고

---

5 테미네이터의 "I will be Back," 친절한 금자씨의 "너나 잘하세요," 혹은 타이타닉에서의 연인의 뱃머리포즈 또는 베트멘의 흉내 등 셀 수 없다.

있다.

본 장은 영화가[6] 끼치는 정치경제 사회적 영향력보다는 그리스도인들의 가치관과 삶에 미치는 다양한 영향력을 조사하여 교육매체로서의 영화의 특징을 고려하는 신학교육의 필요성을 논할 것이다. 특별히 한국교회의 내러티브가 사회 속에서 공감되지 않고 신학적 담론이 사회현실에서 소통되지 않는 현실에 대한 통찰을 전제로 신학교육이 관념적 차원을 넘어 생명력 있는 삶과 일상에 경험되고 육화될 수 있는 교육을 위해 대중영화가 신학의 중요한 텍스트임을 강조하고 영화와 신학의 적극적 대화를 시도할 것이다. 나아가 기독교 진리의 구체적 실체적 접근을 위한 중요한 교육방법으로서 영화비평과 영화와 신학의 대화를 시도하고 교육매체로 영화의 필요성과 유용성을 진지하게 고려하면서 신학과 영화 영역의 연구를 통하여 영화 속에 표현된 문화적 가치와 삶의 현장들 속에서 그리스도인들의 선 삶을 성찰하고 기독교 진리의 현재성을 구체화하고자 한다.

2. 신학교육적 관점에서 영화의 대중매체로서의 특성과 그 영향력

문화적 관점에서 대중영화[7]는 서구 문명화의 과정에서 큰 영향력을 미쳐왔다. 영화는 겨우 100여 년 전에 발명되었지만 현재 가장 대중적인 예술 형태 가운데 하나이며 계속해서 중요한 영향력을 미치고 있다. 오늘날 영화는 기록 장치나 오락의 대상을 넘어서는 의미를 담고 있다. 그것은 현실의 기초가 되는 텍스트로서의 역할을 하고 있을 뿐 아니라 때로는 현실을 뛰어넘고 대체하며, 현실을 새롭게 구성하는 역할을 하고 있다. 또한 삶과 그 표현으로서의 영화는 인간의 경험을 넓혀주고 삶의 의미와 가치에 대하여 대안적 견해들을 제시한다. 현대사회 영화는 영상문화 속에서 문학이나 철학보다도 작가와 감독과 배우가 우리가 살고 있는 시대의 문화를 형성하는데 더 많은 영향을 미치기도 한다.[8] 영화의 잘 짜여 진 줄거리는 2시간 동안 압축된 인생의 파노라마로서, 나와 다른 세계에 대한 이해를 넓힐 수 있도록 돕는다. 영화는 삶의 모든 주제들을 다룬다. 고전, 액션, 서스펜스, 스릴, 역사, 로맨스, 미스터리, 전기, 연구기반, 동물 등. 로맨틱한 영화는 당신에게 낭만적인 영향을 주고 서스펜스 영화는 실제 생활에서 긴장감을 느끼게도 하며 역사 영화는 고전예술과 고전적인 삶의 방식의 영향이 우리와 어떻게 관련되었는지 보여주기도 한다.[6][7][8]

영화는 현실을 반영하는 동시에 현실을 넘어서고 허구를 표현하기도 한다. 그런가 하면 SF영화나 고감도 액션영화 등 블록버스터 영화들은 일어나지 않은 일이 일어나기를 가정하기도하고 미래에 일어날 일에 대한 상상을 동원하기도 한다. 이렇듯 영화는 현실세계에서 있을 법한 일, 혹은 이미 나타난 사회의 현상들을 감독 나름의 시각으

---

6   영화는 인간의 눈의 착시현상, 즉 시각의 지속현상을 이용한 것으로 프레임이라고 불리는 약간씩 다른 사진들을 연속적으로 제시하여 움직이는 것과 같은 효과를 얻는 매체이다. 최근 한류문화 속에서도 핵심적인 역할을 하고 있는 한국영화 속에 나타타는 시대정신과 대중심리와 가치표현을 통해 한국의 그리스도인들의 가치관관 세계관에 어떠한 영향력을 미치고 있다.

7   영화는 전 세계 수많은 사람들에게 큰 영향력을 끼치는 대중오락 가운데 하나이다. 세계 최초의 영화는 1896년 상영된 프랑스의 뤼미에르 형제가 만든 "뤼미에르 공장의 점심시간"이라는 영화이다. 그 후로 각 나라에서 만들어져 나오는 영화의 수는 집계하기조차 어려울 정도로 많다.

8   Anton Kozlvic, "Hollywood and Divine: Some Aspects of Christianity within the popular Western Cinema," in *Journal of theology for Southern Africa* 130 (March 2008), 92.

로 표현해 냄으로써 우리로 하여금 간접경험을 하게 하고 미래세계를 상상하며 카타르시스를 경험하게끔 한다. 요즘 아이들은 동화책보다 영화를 먼저 접하고, 청소년들은 영화를 통해 얻은 간접 경험으로 세상을 배워 간다. 영화의 가상이 현실 속으로 깊이 침투하여 가상과 현실의 구분이 모호한 지경이 된 것이다. 그런데 영화는 이처럼 현실을 가장하고 현실에 가까이 있으면서도 또 다른 한편으로 현실을 왜곡하여 보여준다. 그것은 영화가 관객의 흥미를 유발할 목적으로 창조된 상품이기 때문이다. 그렇기 때문에 영화를 만드는 사람들은 가능성이 허락하는 범위 안에서 가장 극단적인 상황 설정과 스토리 전개로 관객들의 자극한다. 따라서 때로는 부정적 영향력을 가지고 다가오는 영화와 같은 영상 매체를 무조건적으로 받아들이는 것이 아니라, 좀 더 비판적으로 수용할 수 있도록 신학적 성찰과 연구가 필요하다. 문화연예산업, 특히 그 중 영화는 전통적 교육과 소통의 방법을 의미심장하게 변화시켜왔다. 교회는 이러한 변화를 인식하고 준비해야 한다.

더욱이 영화는 관객들이 한편의 내용을 시공간적으로 같은 상황 하에서 수용하며 여타 매스커뮤니케이션 수단과 차별화되는 동시성과 동공간성의 특성으로, 인쇄 미디어와 같은 개인적 수용 방식과 비교되는 집단수용과 집단동화 작용의 심리적 요소가 가중된다.[9] 따라서 종합예술이라고 불리는 영화의 특성은 많은 젊은이들의 감수성에 깊은 영향을 주고 그들의 도덕과 가치관을 배양시키기도 한다. 영화는 편집과 프레이밍, 음향과 특수 효과를 통해 기억할 만한 이야기들을

---

9   영화의 주제는 주로 사랑, 범죄, 그리고 성에 관한 영화들이 전체의 75% 정도를 차지하던 영화의 내용이 청소년과 어린이들에게 어떠한 영향을 미치는가에 대한 많은 연구가 진행되었다.

표현해 낸다. 존스톤은 영화가 단순히 공연물, 즉 보여 지는 무엇이 아니라 경험되는 무엇이기도 한 것은 관객의 지성과 접촉하면서 관객의 감성도 사로잡는 능력 때문이라고 말한다. 즉 영화 연출가는 이미지와 말, 장면과 음향을 포함하는 종합예술양식을 통해 청중과 접촉하려고 한다.[10]

　　물론 영화에는 인간의 자의식을 드러내는 수단이 예컨대 소설 같은 문학작품에 비해 제한되어 있다. 그래서 인물묘사와 심리묘사는 주로 배우들의 표정연기나 액션을 통해 이루어질 수밖에 없다. 영화는 화면 위에 물리적 시간과 전혀 다른 시간, 또는 물리적 공간과 전혀 다른 공간 그리고 현실의 인간과 전혀 다른 인물, 현실적 사건과 전혀 다른 사건들도 아무 어려움 없이 생생하게 창조해 낼 수 있다. 이러한 점에 있어서는 다른 예술 장르들이 따라오기 어려운 장점을 갖고 있는 셈이다.[11] 이렇게 영화는 다양한 삶의 이야기들을 표현하면서 커다란 의미로 다가오고 있지만 영화에 대한 신학적 철학적 성찰은 오랫동안 거부되고 유보되어 왔다.[12] 그러나 최근 영화와 심리학이 만남으로 영화는 치유의 매체로 사용하기도 한다. 현대인들은 한편의 좋은 영화를 통해 치유와 해방을 경험하고 시간과 공간을 넘어서는 영적인 체험의 가능성도 제기한다.

　　대중영화가 재미를 넘어 대중에게 의미를 줄 수 있을 때 문화적 컨텐츠는 성공할 수 있다. 앞으로 우리가 사는 시대는 문화가 정치, 경제를 주도하는 사회가 될 것이라고 많은 전문가들이 이야기한다. 여기

10　Robert K. Johnson, 『영화와 영성』, 141-142.
11　위의 책, 38.
12　이종관, 『사이버 문화와 예술의 유혹』(문예출판사, 2003), 115.

서 중요한 것은 문화는 '흐름'이라는 것이다. 고정되고 불변적인 것이 아니라 만나서 충돌하고 넓어지며 깊어지는 것이 문화다. 진정한 세계화는 다양한 사람들이 자신들의 색깔을 드러내고 표현할 때 그것을 존중해주는 것으로부터 시작된다. 미래학자 다니엘 핑크는 이 시대의 경쟁력은 공감, 조화, 의미 에서 나온다고 역설한 바 있다.[13] 대중영화가 재미를 넘어 의미를 던지는 작품으로 시대와 조화를 이루고, 이 시대의 사람들과 공감하며, 삶의 의미를 제시할 때 그 영향력을 발휘한다.

특별히, 영화는 이미지를 사용한다. 사진 한 장은 단어 1천개보다 더 힘이 있다고 한다. 그만큼 감성을 중심으로 한 우뇌의 힘이 크기 때문이다. 영화 속에서 움직이는 이미지는 세계를 새로운 관점으로 보는 데 도움을 줄 수 있다. 보통 사람의 삶에서 큰 부분을 차지하는 시각 매체인 영화는 사람의 인식을 다스리는 이미지에 엄청난 영향을 미친다. 더욱이 매체로서의 영화는 그것을 보기 전에는 인간의 경험에 열려있지 않은 경험들을 극화하고 찬양하며 제시하는 능력이 있다. 영화는 인간의 시각을 확장시켜서, 자칫 모른 채 지나칠 것들까지 볼 수 있게 한다. 움직이는 이미지는 삶의 혼돈과 모호함을 포착할 수 있다. 즉 이전과는 전혀 다르게 한 발 물러서서 삶을 볼 수 있게 한다.

영화는 맨눈으로는 볼 수 없는 것을 보여주면서, 관객과의 대화를 위해 다양한 예술 매체 ― 음악, 말, 춤, 연극, 사진, 건축 등 ― 를 사

---

13 그는 저서 '새로운 미래가 온다'(A Whole New Mind)에서, 텍스트 분석을 중점으로 하는 왼쪽 뇌보다, 콘텍스트를 감지하는 오른쪽 뇌를 활성화해야 한다고 역설한다. 우뇌의 능력은 공감(共感)하고 디자인하고 스토리텔링하는 것은 인간이 원초적으로 갖고 있는 능력이다. 다니엘 핑크는 정보사회 이후는 개념사회로서 미래를 창조를 하기 위해서 6가지의 능력, 즉 디자인, 스토리, 심포니, 공감, 놀이, 의미 필요하다고 강조한다.

용한다. 예를 들어 이자크 펄만Itzhak Perlman의 바이올린 독주가 없었더라면 〈쉰들러 리스트〉1993는 지금과 같지 않을 것이다. 영화 〈미션〉의 가브리엘 오보에를 자곡한 엔니오 모리코네는 한국인이 가장 좋아하는 영화음악가 이기도 하다.[14] 영화의 가장 감동적인 장면에 그 감동을 증폭시켜 주는 배경음악이 없다면 그만한 감동을 불러일으키기 힘들 것이다. 두 경우 모두, 음악은 이야기의 내러티브를 강화하며, 그 의미를 전달한다. 지면의 한계 상 다 말할 수는 없지만 작은 소품하나도 영화의 이야기를 새롭게 구성하는 힘을 가질 수 있다. 영화는 이러한 총괄적인 경험을 해석하고 포괄적인 환경을 창출해 낼 수 있는 독특한 능력이 있다.[15]

영화는 자신이 제시하는 이야기를 통해 관객의 삶이 형성되도록 관객의 경험 가운데서 '현실'과 '영화'가 서로 결합되기도 한다. 영화는 경험을 재창조하며 거기에 생기를 불어넣는다. 영화가 미적인 힘과 윤리적 영향력이 있지만 신학의 대화상대로 고려된 적은 오래 되지 않았다. 우리는 대부분 영화관에서 본 것을 통해 자신이 정서적으로, 의식적으로 형성되고 있다는 것을 인식하지만, 영적인 것은 거의 생각하지 않는다. 예술 비평가들이나 신학자들 어느 쪽이건 영화를 진지하게 다루지 않은 것은 아마도 이런 이유 때문이었던 것 같다.[16] 하지만 영화가 오늘날 우리 삶을 구성하는 무시하지 못할 역할을 수행하고 있는 한, 그리고 신학이 삶과 존재의 문제를 결코 도외시할 수 없

---

14 영화 〈미션〉에 삽입된 '가브리엘 오보에'에 가사를 붙인 것이 사라브라이트만의 '넬라판타지아'이다.

15 Robert K. Johnson, 『영화와 영성』, 142-146.

16 위의 책, 278.

는 한, 신학은 영화를 성찰해야만 하고 이를 통해 다시 삶을 돌아볼 수 있는 것이다.

시나리오 작가이자 감독인 폴 슈레이더는 신학과 영화의 계시적 유사성은 우연한 것이 아니라 두 개의 보편적 요소, 즉 예술에서 초월적인 것을 표현하려는 열망과 영화 매체의 본성에 뿌리를 두고 있다고 주장하며 영화는 "관객에게서 경외감과 경이감을 일깨울 능력이" 있다고 말한다.[17] 아름다움과 거룩함은 별개의 것이 아니기에 종교와 예술은 늘 함께 동행 하였다. 거룩함은 세속적인 것들과 늘 공존하며 세속적 세상에서 그 빛을 발하는 것이다. 영화는 삶의 가치와 의미를 형성시키고 이미지와 보고 들음의 종합적 예술로서 진리를 전달할 수 있다. 이러한 의미에서 영화와 교육의 만남에 대한 연구는 21세기 문화를 이해한다면 대단히 중요한 작업이다.

3. 신학교육에 있어서 영화의 유용성과 교육매체로서의 영화비평의 의미

1) 신학교육에 있어서 영화의 유용성에 대한 의미

문화적 변화에 대한 인식은 신학의 중요한 사명이다. 오늘날의 문화적 상황을 이해하고 있다면 신학교육에 영화를 도입하는 것은 당

---

17 재인용, 위의 책, 82.

연한 결과이다. 신학교육과 성서해석도 영화를 만드는 일과 마찬가지로 문화적 진공상태에서 이루어지지 않는다. 복음이 변함없이 전달되어야 한다면 그것을 듣는 청중들을 위한 동시대적인 표현이어야 한다. 즉 신학교육은 문화 속에서 문화를 통해서 가능하다. 한국교회가 세상과 소통하는 데 실패했다면 신학적 담론이 왜 그 역동성을 잃고 독백처럼 세상에서 울림이 없는 언어와 이미지가 되었는지 반성해야 한다. 영화는 교회 안 밖의 수많은 사람들의 삶의 의미와 현실을 탐구하는 중요한 방법이다.[18] 미디어에 능통한 젊은이들에게 다양한 매체는 이제 국제적으로 소통하는 핵심적 도구이다.

전통적으로 교회와 세속주의에 대해 비판적인 신학이 영화의 존재를 무시하거나 비판했지만 현대사회 안에서 교회는 끝없이 세상에서 소외되었고 영화는 너무나 현실처럼 가깝게 우리들의 삶의 곁으로 다가왔다. 갈수록 영화산업은 번성하고 다양하고 간편한 매체들을 통하여 언제든지 반복적으로 영화를 볼 수 있다. 때로는 현실보다 더 실제적으로, 때로는 영화보다 더 극적인 현실 속에서 살아가는 현대인들은 이러한 미디어 문화 속에서 일상을 소비하면서 살아간다. 이러한 문화환경의 변화 속에서 현대교회는 점점 극장화 되어 볼거리를 제공해야 하는 부담감을 느낀다.[19] 교회에서도 효과적인 신앙교육을 위해 여러 교육학적인 학문들과 함께 유용한 매체의 활용도 장려하고 있다. 오늘날 교회들은 교회를 찾아온 이들의 눈과 귀로 즐겁게 해주기 위

---

18 존스톤은 "교회의 말씀과 같은 특별계시와 함께 대중문화영역을 일반계시의 중요한 통로라고 생각한다. 따라서 영화 속에서도 하나님이 어떻게 말씀하고 계시시는지를 직접 듣고 눈으로 볼 수 있다"고 말한다.

19 미국의 LosAngeles의 시내에 위치한 〈Dream Center Picture〉.

해 영상매체를 찬양, 설교, 광고 등 다양하게 사용하고 있다. 교육현장에서도 영상매체의 영향을 더 이상 무시하는 것이 아닌 선하게 사용하기 위해 고민해야 하는 것이다.

이제 현대인의 삶에 막강한 영향을 미치는 영화를 신학교육에 적절히 활용해야 하는 구체적 의미를 찾아보자.

첫째, 영상매체의 시대 사람들은 영화를 통해 세상을 이해하고 삶을 배우고 인생의 의미를 생각하고 삶과 죽음의 의미를 되새긴다. 즉 영화는 대중을 대상으로 만들어지고 대중은 그들의 관심사를 보여주는 영화를 선호한다. 인간에 대한 깊은 이해는 신학적 성찰과 영적 성장에 중요한 자원이 된다. 주변의 삶에 더욱 가까이 주의를 기울이고 깊은 관심을 갖는 것이 신학적 성찰에 도움이 된다면 영화는 매우 좋은 소통의 통로가 된다. 즉 한국영화는 바로 동시대의 한국인들의 대중심리와 그들의 의식을 깊이 있게 반영할 때 지지를 받는다. 따라서 영화가 시대정신을 대변한다는 것은 영화가 대중이 겪는 사회의 정신적 기조를 그대로 사실적으로 노출시키는 면이 있기 때문이다.[20] 우리들의 실제 인생은 어쩌면 영화보다 더 영화 같고 영화보다 더 역설적이다. 때로는 영화의 내용들이 인생의 역설적 현실을 이해하고 직면하는데 도움이 된다. 우리는 영화 관람을 포함하여 일상의 삶의 경험 속에서 하나님이 말씀하시는 소리를 듣지 못한다. 그러나 마쉬는 하나님에 대한 이해는 우리가 해결해야 하는 삶의 문제들 속에서 그 삶의 질문들과 함께 존재할 때 바르고 적절하게 표현되고 말하여짐을 강조한다.[21]

---

20   영화의 영향력과 창조적 해석(2005) reportnet.co.kr 20.

영화만큼[21]타인의 다양한 삶을 쉽게 이해하고 공감하게 하는 매체가 없다. 영화는 분명 어둠과 빛이 공존하고 그 한계와 비판적 요소가 있음에도 불구하고 시대마다 그 시대정신을 이끄는 가치를 지닌다. 시대정신을 언급함에 있어서 만약 18세기의 시대정신이 이성이고 19세기가 진보이며 20세기는 자유라고 한다면, 21세기는 '공존과 공감'이 아닐까 생각한다. 이것은 다른 사람의 시선으로 보고 다른 사람의 심장으로 느낄 줄 아는 능력이다. 소통기술이 아무리 발달해도 공감하는 능력을 대신할 수 없다. 영화비평을 통한 신학교육은 영화에 대한 교육이 아니라 영화라는 창을 통하여 세상과 타인을 이해하는 힘을 기르는 해석과 태도를 배우는 교육이다.

영화는 신학적 이론을 동시대의 문화적 표현으로 접근을 용이하게 하는 특징이 있다. 신학교육에 있어 지난 20년간 적극적으로 영화를 사용해 온 조직신학자 린다는 기독론을 가르칠 때 예수영화의 몇 장면을 보여주고 처음에는 소리만 그리고 장면들과 함께 보고 토론을 이끌고 성찰하였다. 소리만 듣는 것과 이미지를 보는 것의 수업에서의 교육적 효과의 차이를 연구하였다. 그녀가 초기에 신학교육을 위한 영화에 관심을 갖기 시작한 것은, 오하이오의 농촌지역에 위치한 신학교에서 신학생 중 대다수가 이미 나이가 든 학생들이어서 신학을 배우는 어려움, 즉 신학은 어려운 학문이라는 선입견을 극복하도록 도와주는데 성공적이었기 때문이라고 말한다.[22] 이미 한국대학에서도

---

21   Clive Marsh, "Film and Theologies of Culture," in *Exploration in Theology and Film* (New Jersey: Wiley-Blackwell, 1997), 23.

22   Linda Mercadant, "Using Film to Teach Theology," in *Theological Education*, vol. 42, no. 2 (Pittsburgh: The Association of Theological Schools, 2007), 19-28.

영상매체를 교육학적인 도구로 계속 발전되고 있으며 이제 대학에서는 이러한 영상매체의 특성과 대중문화가 피교육자에게 미치는 영향력을 인식하고 영화를 적극적 교육매체로 고려한다.[23] 교육을 뜻하는 에듀케이션 education 과 오락의 엔터테인먼트 entertainment 를 합하여 에듀테인먼트 edutainment 로서의 영화읽기가 최근 그 교육적 가치가 인정되기 시작하면서 에듀테인먼트라는 용어는 단순한 방법론을 넘어 영화읽기를 통한 교육을 목적으로 하는 수업들이 증가하고 있다.

둘째, 영화는 그리스도인의 영성을 개발시킨다. 현대인들은 영화관을 자주 가고 영화를 모든 곳에서 즐긴다. 우리는 영화를 보면서 현대인들의 일상의 삶을 추상적 개념과 의미 있는 통찰과 설명하는 다양한 영화와 장면들과 쉽게 연결 시켜볼 수 있다. 인간의 삶의 모든 문제는 신학적이다. 성, 사랑, 결혼 등 대중영화의 세속적 주제들이 신학과 관련이 없을 것 같은 여러 가지 현상도 깊이 성찰해보면 인간의 깊은 종교적 영적 문제들과 관련이 있다. 따라서 문화에 대한 방기는 영성에 대한 무책임이다.

종교와 대중문화는 인간의 정서적, 지적 반응의 측면에서 본질적으로 유사한 구조를 가지고 있기 때문에 종교적 영성이 떨어지면 대중문화가 종교를 대체할 수 있다. 영화를 통한 대체영성, 대체종교가 가능하다는 말이다. 닐 헐리는 신학과 영화 모두 초월적인 것을 다룰 수 있다고 믿는데, 그 차이라면 신학은 엘리트 계층에 호소하는 반면, 영화는 대중을 겨냥한다는 것이다. 물론 신학이 엘리트 계층만을

---

23 숭실대학을 예로 들면 영화관련 교양과목은 시네마영어, 필름과 영미문학, 영상으로 보는 한국문화, 영상으로 보는 독일 문학, 영상예술의 이해, 영상으로 보는 프랑스 예술 산책, 영상을 통한 생명윤리의 이해 등이다.

대상으로 한다고 생각하지는 않지만 "영화 관객은 종교가 전통적으로 믿음, 예언, 숭배라고 말한 것과 아주 유사한 통찰, 비평, 경이의 초월적인 능력들을 훈련하고 있을 때가 많다."[24]는 그의 말에 공감을 한다. 특별히 최근 영적으로 매우 민감한 영화들이 점차 증가하고 있다. 문화적 텍스트란 폭 넓게 공유되고 있는 의미를 구현하는 인간의 행동, 사건, 작품 등을 말한다. 따라서 이러한 문화적 텍스트로서 영화는 그것이 지향하는 의미나 문화적 가치를 이해하기 위해 해석되어져야 한다. 이렇다고 한다면 영화야 말로 새로운 옷을 입은 신학의 중요한 텍스트가 되는 것이다.

셋째, 영화는 관객에게 삶의 경험과 함께 문화에 대한 더 큰 이해를 제공할 수 있다. 영화는 그리스도인들이 살아가는 시대를 이해하는 중요한 소통과 대화의 상대가 될 수 있다. 따라서 신학적 관점으로 영화를 볼 줄 아는 것은 문화 변혁의 중요한 조건이다. 영화는 대중의 일방적 윤리와 가치를 넘어서서 대중의 감성과 생각에 영향을 감동적이고 적극적으로 미친다. 영화비평이란 영화를 보되 영화로부터 일정한 거리를 두고 영화 속에 인물이 처한 상황과 현실에 주목하며, 영화의 이야기와 대화하고 만남을 시도하는 적극적 혹은 비판적 영화보기를 의미한다.[25] 하찮은 일들 사소한 일에도 귀 기울이고 살피며 다양한 삶과 타인의 취향을 수용하고 공존하는 기능 외에도 새로운 문화를 비판적으로 바라보는 관점을 배운다. 영화비평을 통하여 상상력을 개

---

24 재인용, Robert K. Johnson, 『영화와 영성』, 82.
25 영화 비평의 네 가지 방법은 장르비평(genre criticism)은 영화의 공통된 형식과 신화화의 양상을 검토하고, 작가비평(auteur criticism)은 작가에 주목하며 주제비평(thematic criticism)은 영화의 텍스트를 비교한다. 문화비평(cultural criticism)은 영화의 사회적 정황에 초점을 맞춘다.

발하고 삶을 성찰하고 세대 간의 벽을 허물며 스스로 신학적 비판적 사고를 기르고 기독교적 가치관과 세계관을 어떻게 현실세상에서 뿌리내리게 할 것인지를 구체적으로 고민하게 된다. 즉 기독교적 가치형성의 기초적인 현장을 이해하는 시대정신을 배운다. 세상과 소통하고 타인을 이해할 수 있는 중요한 다리가 되는 것이다. 그러기위해 문화에 대한 이해는 실천적 신학교육을 위한 우선적인 작업이다.

　　영화는 우리가 살아가는 세계의 문화 이해와 비판을 배우게 한다. 왜냐하면 영화는 그 시대의 치관, 사회에 대한 '집단적' 이미지를 볼 수 있기 때문이다. 영화는 우리시대의 불안과 혼란 그리고 희망이 무엇인지 규명해 줄 뿐 아니라 우리 사회의 가치관도 보여준다. 영화는 우리에게 우리가 살고 있는 시대를 말해준다. 영화감독은 자신의 철학을 담아 영화를 만들고 영화를 통하여 오락만을 추구하는 것이 아니라 자신이 추구하는 가치를 표출하고 사회적 윤리적 이슈를 제기하기도 하며 때로는 영화를 통하여 기독교의 본질적 문제에 접근하기도 한다.[26] 또한 영화를 통화여 우리는 문화 속에 표현되는 교회를 다시 배운다. 린다는 신학 수업에서 영화의 다양한 기술들, 예를 들면 카메라의 앵글과 조명 또는 경제적 측면과 사회적 상황 그리고 영화의 역사와 영화의 장르, 등 영화적 기법과 특성들을 함께 토론하였다. 동시에 중요한 장면들은 확대하여 감독의 의도와 영화학에서의 참고적인 자료들을 보면서 폭넓게 토론을 하기도 했다. 그녀가 학생들에게 부여하는 다양한 과제는 때로 영화에서 보여 지는 사회, 문화, 역사적

26　최근 헐리우드 영화 중에는 멜깁슨의 *The Passion of Christ*과 한국영화는 "밀양"은 기독교의 본질적인 문제를 다양한 각도에서 조명하고 있다.

상황에 대한 조사를 포함할 때도 있다. 이러한 과정을 통하여 신학생들은 영화 속에서 "보여 지는 종교"를 통해 변화하는 문화적 자세를 탐구한다.[27] 린다는 더 나아가 신학생들에게 영화를 통한 신학교육뿐 아니라 영상매체 혹은 영화를 그들의 교회에서 신학적 토론을 위한 기초로 사용할 수 있도록 교육하는데 까지 확대하였다. 이것은 시대정신을 내포하고 있는 문화에 대한 이해와 그리고 영화교육이 신학수업을 더 현장감 있게 구성하며 복음을 구체적으로 세상과 소통하며 전하는데 유용한 교육적 매체가 됨을 말하는 것이다.

2) 신학의 텍스트로서의 영화

코델은 그의 책 *God's Next Big Thing: Discovering the Future Church*에서 서구사회에서의 영적인 주도권이 교회로부터 대중문화로 옮겨졌다고 주장한다.[28] 대중문화 속에서 한 때 제도적 교회 및 기독교 문화와 관련되었던 영적이고 공동체적인 신화들과 가치들이 발견되고 광범위하게 지속적 영향을 미치는 것이 확실하다는 것이다. 그는 이러한 논쟁이 문학과 드라마 그리고 음악과 예술을 포괄하는 대중적 문화 형식들 중에 가장 최근에 나타난 대중영화에 적용된다고 주장하였다.[29] 첨단 과학이 발달하고 이성이 세계를 지배할수록 어찌된 것인지 세상이 아름다워지기는커녕 고통과 분열이 그치질 않는다.

---

27 Linda Mercadant, "Using Film to Teach Theology," in *Theological Education* 42-2 (2007), 27.

28 S. Cowdell, *God's Next Big Thing: Discovering the Future Church* (Mulgrave: John Garratt Publishing, 2004), 58.

29 Anton Kozlvic, "Hollywood and Divine: Some Aspects of Christianity within the popular Western Cinema," in *Journal of Theology for Southern Africa* 130 (2008), 90-91.

대중영화는 피터 맥니콜의 보도처럼 심오한 개인적 변화와 정신적 그리고 영적 성장을 위한 도움으로 작용할 수 있다는 것이다. 그는 "영화는 단지 나를 기쁘게 하는 것이 아니라 나를 이동시키고 황홀하게 하고 두렵게 만들고 더군다나 정보도 제공한다. 어떤 성직자도 그리고 그들의 설교도 영화가 끼친 것처럼 나의 도덕적 나침판을 조정해 준 것도 없다. 어떠한 교실의 강의도 할리우드처럼 나를 인간답게 만든 것도 없다."고 고백했다.[30] 존스톤 역시 영화는 관객을 위해 삶에 초점을 맞추며, 그렇지 않으면 얻을 수 없는 다양한 경험을 우리에게 제공하며 좋건 나쁘건 간에 모든 영화는 교육적이고, 할리우드는 최고의 교육기관이라고 말한다.[31]

이제 신학교는 신학교육을 위해 영화가 전통적인 교육을 괄목할만하게 변화시켜왔음을 인지해야 한다. 현대 미디어 시대, 세속적 대중영화를 추방하려던 교회는 세상 끝으로 밀려나가 끊임없이 추락하며 세상과의 소통의 위기에 처해 있다. 이 세상 모든 곳에서 영화를 찍고 있고 그 영화가 우리들의 삶과 세계의 모습을 담고 있다면 영화야말로 새로운 모습으로 등장하는 삶의 텍스트가 아닌가? 과거의 신학자들이 그들에게 다가오는 존재의 면모를 명제적 논리적 언어게임을 통해 깨알 같은 글씨로 종이 위에 기록했다면, 이제 존재는 빛과 소

---

30 Anton Kozlvic, "Hollywood and Divine: Some Aspects of Christianity within the popular Western Cinema," 91. P. Malone and R. Pacatte, *Light, Camera, Faith! A Movie Lover's Guide to Scripture* (Boston: Pauline Books and Media, 2003), xi. 에서 재인용.

31 존스톤은 그리스도인이 영화와의 진지하고 지속적인 대화에 관심을 갖게 하기 위하여 (1) 하나님의 일반 은총은 인간 문화 전체에서 나타난다. (2) 신학은 이 세상에서 이루어지는 성령의 임재와 사역을 다루어야 한다. (3) 하나님은 넓은 문화 속에서 역사하시며 삶의 모든 것을 통해 우리에게 말씀하신다. (4) 말 뿐만 아니라 이미지도 우리가 하나님을 만나는데 도움이 될 수 있다. (5) 신학은 내러티브 형태를 취하기 때문에 다른 이야기들과의 상호작용에 특별히 열려 있다. (6) 건설적인 신학의 특징은 하나님의 이야기(성경, 기독교 전통, 특별한 예배 공동체와 우리의 이야기(주변 문화와 삶의 경험) 사이에 대화가 이루어진다는 점을 강조한다. (91-2)

리를 통해 현상으로 떠오르며 스크린에 비친 모습으로 자신을 드러내고 말을 걸어올지도 모른다.[32] 영화는 더는 허구가 아니다. 오히려 오늘날의 현실은 우리가 종래 철학의 관점에서 허구라고 생각했던 것을 기반으로 형성되고 있다. 이미 현대인에게는 실재보다 영상을 대면하는 시간이 더 많으며 따라서 그들의 삶은 영상 이미지로 채워져 있다. 활자로 인쇄된 책을 읽고 성서를 읽으며 예배를 드리는 시간들을 초과한지 오래다.[33] 보드리야르는 하이퍼리얼리티 Hyperreality 라는 용어를 통해 기호와 영상 테크놀로지가 조작한 시뮬레이션의 세계가 현실보다 더 현실적으로 다가오며 현실을 대치하는 현대의 전복된 형이상학적 모습을 그려낸 바 있다. 이처럼 오늘날 우리가 실재라고 믿고 있는 것은 사실상 영화와 같은 하이퍼리얼리티를 기반으로 구축되고 있다.[34] 따라서 신학교육이 현실에서 유리된 자신들만의 논리라는 폐쇄성을 떨쳐버리고 싶다면, 신학교육은 변화하는 실재 뒤에 있는 불변의 실체를 찾으려는 노력뿐만이 아니라 현실을 떠받치고 있는 하이퍼리얼리티, 즉 실재성이 결여되어 있으면서도 실재를 형성하는 허구적 기반을 탐구하려는 노력 또한 게을리 해서는 안 될 것이다. 실제로 기독교 청년들을 포함해서 한국의 많은 젊은이들은 가장 중요한 삶의 가치인 사랑과 성과 결혼과 가족과 같은 주제들에 대한 현대적 이해와 영향을 영화와 대중문화를 통해 획득한다. 즉 이러한 신학적으로 성찰하는 것을 회피하고 있었던 무지의 공간을 대중문화가 메우고 있는

---

32 이종관, 『사이버 문화와 예술의 유혹』, 118.
33 1인당 영화관람 횟수는 1998년 1.10회였으나 2009년 3.15회로 증가했으며 특히 서울이 4.77회로 가장 높다.
34 이종관, 『사이버 문화와 예술의 유혹』, 163.

것이다.

　　일반적으로 한국교회의 보수적인 그리스도인들이 보이는 일반적인 태도는 회피가 아니라 경계이다. 그리스도인도 대중영화를 볼 수 있지만 조심스럽게, 분명한 윤리적 종교적 입장을 가지고 봐야 한다고 생각한다. 그러나 급속한 문화변화와 미디어 매체의 등장은 피교육자들의 생각을 변화시키고 있다. 청년들은 문자를 넘어서는 이미지, 소리, 그리고 다양한 시각적, 예술적 매체들이 정서적이고 분석적 측면을 사용하여 더욱 통전적으로 인간이해와 하나님에 대한 심연을 확장시킬 수 있다는 생각에 유연하게 반응한다. 즉 대중영화가 이미 신랄한 비판을 받고 있는 교회나 성경을 결코 대신할 수 없을 지라도 영화는 성서와 역사와 그리고 고고학적 문서들과 같이 중요한 추가적 기독교의 자원들로 인식되어지는 것이 급속히 진행되고 있다. 영화는 중요한 신학적 구성에 즐거움을 함께 제공하는 요소뿐 아니라 핵심적인 문화적 텍스트이며 또한 신앙적 내용을 보충할 수 있는 자원이다. 따라서 기독교 교육자들이 단지 무시하는 것으로 이미 심각한 위기로 인식되는 신학과 삶, 또는 신학교육과 인문학적 담론과의 괴리를 극복할 수 없다.[35] 이러한 교수법의 위기를 극복하기 위하여 변화하는 문화적 환경에 적응하고 새로운 전환을 가능하게 하는 대중영화비평은 하나의 사회적 도덕적 영적인 가치들에 대한 강력한 자원들임을 인식하는 것이다.

35 Anton Kozlvic, "Hollywood and Divine: Some Aspects of Christianity within the popular Western Cinema," 92.

4. 신학과 영화의 만남을 통한 신학교육방법론

우리는 앞에서 영화가 영상매체로 갖는 특성들과 그러한 특성들로 인해 신학교육의 중요한 교육적 영향을 미치는 매체임을 신학과 영화 영역의 신학적 연구들을 통하여 확인하였다. 이제는 신학교육 현장에서 영화와 신학이 어떻게 만나야 하는지 그 방법론에 대한 연구를 살펴볼 필요가 있다. 종교와 영화의 관계성에 대한 연구는 이미 서구의 신학자들에 의하여 60년대부터 활발하게 진행되었다. 초기의 영화와 종교 관련 연구는 주로 기독교적 관점에서 영화를 비평하는 것들이다. 단순히 신학적 관점에서 일방적으로 영화에 비평적 기술을 적용하였다. 그러나 최근 연구들을 통해서 영화는 신학적 진리를 전달할 수 있는 독특한 가능성을 갖고 있음을 강조하고 있다. 영화가 단순한 매체를 넘어 텍스트로서 역할을 할 수 있는 신학교육의 중요한 자원이라는 것이다. 최근에 많은 학자들이 종교와 영화의 만남에 관심을 가지고 있지만 그것을 통하여 구체적으로 무엇을 가르치는지에 대하여는 다양한 의견과 서로 다른 관심이 존재한다. 이 분야의 내용을 간단히 정리해보면 네 가지로 나타난다. 첫째, 영화를 해석하기 위한 종교, 둘째, 종교를 비판하는 영화, 셋째, 종교를 홍보하는 영화, 넷째, 문화적 가치를 나타내는 영화이다.[36] 이 네 가지가 종교와 영화의 관계성에 대한 가장 일반적인 관심이다.

이미 많은 신학연구 분야에서도 종교와 영화의 만남에 대한 간

---

[36]   Gregory J Watkins, *Teaching Religion and Film* (Oxford University Press, 2008), 17.

학문적인 연구들이 sacred cinema, spiritual cinema, holy film, cinematic theology, cinematheology, theo-film, celluoid religion, film-and-faith, fulm-faith dialogue 증가하게 하였고 과거에 잘 활용되지 않았던 소설을 통하여 신앙을 증진시키기 위한 흥미진진한 연구들이 왕성했던 것처럼 최근에는 영화의 중요성에 관심을 보이고 있는 신학자들이 증가하고 있다. 90년대 이후 종교와 영화 연구의 간 학문적인 관점이 부각되면서 성서에 대한 주류 교과서들 내에서 대중적 성서영화들에 대한 섹션을 포함하는 것은 구전으로, 인쇄된 문자로, 그리고 시청각에 이르기까지 하나님의 말씀에 대한 문화적 지속성을 분명하게 보여주는 것이다.[37]

신학적 영화 비평가들은 영화를 '신학적 아이디어의 비평적 분석'을 위한 매체이자 '종교적 경험을 유발하기 위한' 매체이며, 동시에 신학적 질문을 허용하며 성례전적인 것이라고 이해한다. 틸리히의 신율과 자율과 타율의 개념을 가지고 설명하는 신학적 영화비평의 다섯 가지 유형은 그의 두 번째 책인 *New Image of Religious Film*[1997]에 자세히 설명되어있다.[38] 다섯 가지 비평방법은 90년대 후반이 되어서 본격적으로 이 분야의 신학적 연구가 되기 전에 가장 영향력을 주었던 분류이다.[39] 이 비평방법에 대한 자세한 설명은 메이에게 영향을 받은 존스톤의 방법들과 유사하기 때문에 생략한다. 1990년대 와서

---

37 Anton Kozlvic, "Hollywood and Divine: Some Aspects of Christianity within the popular Western Cinema," 92.

38 폴 틸리히(Paul Tillich:1886-1965) 회고 : 경계선과 한계 "종교의 실현"(Religiöse Verwirklichung)이라는 책의 서문에서 "경계선은 앎을 얻기에는 가장 좋은 곳이다." 나의 생각들이 나의 삶에서 전개되어 나온 과정을 설명해 달라는 요청을 받을 때마다 나는 경계선의 개념이야말로 나의 인간적, 지적 발전의 전체를 보여주는 적절한 상징이라 생각했다. 거의 모든 순간마다 나는 실존의 두 갈래 가능성 사이에 서지 않을 수 없었으며 그 어느 하나에 안착할 수도 없었고 또 그 어느 하나에 순전히 반대 입장을 취할 수도 없었다. 그의 철학적 자서전 "경계선에서"(On the Boundary)는 철학이나 신학에서는 이성과 계시의 대립을 주로 논하였지만 틸리히는 이 두 가지의 상관관계를 탐구하였고 신율이란 이러한 두 가지 자율과 타율 사이의 대립의 해결이다.

마틴과 오스트팔의 *Screening the Sacred: Religion, Myth, and Ideology in Popular American Film*[1995]가 출판되었다. 이 책은 기존의 일반학에서의[39]연구와는 달리, 종교와 영화의 관계에 대한 신학적 연구를 통해 신학적 비판을 의도적으로 시도한 최초의 책이다. 마틴은 80년대에는 일반학의 영화비평은 종교를 무시했고 종교연구학자들은 영화를 무시했던 시기라고 말한다. 90년대에 와서 마틴은 이 책에서 세 가지 비평의 방법을 소개하고 있다. 첫째, 신학비평 theological criticism 은 종교를 특별한 전통, 예를 들면 기독교나 성서와 같은 것과 동일시하는 관점이고, 둘째, 신화적 방법 mythological criticism 은 종교를 넓은 의미에서 보편적 원형이나 상징들과 동일시하는 관점이며, 셋째, 이데올로기적 방법 ideological criticism 은 종교의 정치적 사회적 영향력에 중점을 두는 관점이다.[40] 이 방법은 그 후 오랫동안 교육학적인 도구로 사용되어졌다. 이 연구의 기본 목적은 영화가 개인적 혹은 집단적 모임 속에서 종교적으로 작용하기위하여 분명한 종교적 컨텐츠를 가지고 있어야 하는 것은 아니라는 것을 설명하고자했다.[41] 그 후 그는 네 번째 비평의 방법으로 '감각적 비평'을 첨가하였다.[42]

그 후 마가렛 마일스는 그녀의 책 *Seeing and Believing: Religion and Values in Movie*[1996]에서 영화의 사회적 상황을 통해 영화

---

39 John R. May and Michael Birds, *Religion in Film* (Knoxville: Univ Tennessee Press, 1982). 메이의 다섯 가지 유형의 신학적 영화비평은 다음과 같다. 1. Religious Discrimination with heteronomy, 2. Religious visibility with heteronomous norms 3. Religious Dialogue, 4. Religious Humanism with theonomy 5. Religious aesthetics with autonomy

40 Joel W. Martin, *Screening the Sacred: Religion, Myth, and Ideology in Popular American Film*, eds. E. Conrad and Jr. Ostwalt (Colorado: Westview Press, 1995). 7.

41 Cornad Ostwalt, "Teaching Region and Film: A fourth Approach," in *Teaching Religion and Film*, ed. Gregory J. Watkins (Oxford: Oxford University Press, 2008), 36.

42 위의 책, 52.

를 분석하였다. 그녀에게 영화는 다원적인 사회 속에서 공적인 삶과 사적인 생활 속에서 나타나는 중요한 이슈들을 고려하고 해석하기 위해 형성되고 해석되는 하나의 접근 가능한 매체이다. 영화는 문화의 표현과 상품으로 중요한 장소이기 때문에 그러한 영화의 접근성과 침투성으로 인해 영화 속에서 표현되는 윤리적 종교적 내용을 자세하게 검토하는 것을 중요하게 보았다.[43] 마일스는 영화를 예술적 목적보다는 문화적 가치로, 사회적 정황을 제공하는 것으로서의 효과를 강조한다. 특별히 이 시기에는 여성주의 영화분석이 주를 이루고 종교와 영화연구의 윤리적 비판을 중요하게 고려하는 즉 종교와 영화연구의 의미를 추구하였다.

2000년대에 이르러 메이 John R. May 에게 영향을 많이 받은 플러 신학교의 로버트 존스톤은 기독교적 관점에서 기독교 밖의 다양한 종교와 영화연구 담론에 영향을 미치는 연구를 진행했다. 존스톤은 책 『영화와 영성』 Reel Spirituality :Theology and Film in Dialogue 을 통하여 그의 관점이 기독교 전통 밖에서의 유용성을 위해서도 쉽게 확대될 수 있는 신학과 영화의 상호관계성에 대한 모델을 제시하고 있다. 존스톤은 영화와 신학을 관련시키는 다양한 연구방법들을 다섯 가지 유형으로 분류했다. 1 회피 avoidance, 2 경계 caution, 3 대화 dialogue, 4 수용 appropriation, 5 신적인 만남 divine encounter. 첫째와 둘째 유형은 문화에 대해 적대적거나 주의하는 관점으로써 '회피'는 말 그대로 '영화는 악마의 도구'라는 생각을 갖는 것이다. 영화를 거부할 뿐 아니라, 영화를 신학적 성찰의 도구나

---

43   Christian Hoff Kraemer, "From Theological to Cinematic Criticism: Extricating the Study of Religion and Film from Theology," in *Religious Studies Review* 30-4 (2004), 245.

신학교육의 매체로 생각할 수 없는 부류이다. '경계'는 보수적인 그리스도인들이 갖는 일반적인 태도다. 영화관에서 뿐만 아니라 다양한 영상매체를 통하여 영상을 대하는 혹은 대할 수밖에 없는 현대미디어기술로 인해 더 이상 회피의 방법이 어려운 많은 기독교인들이 선택한 방법이 경계이다. 영화를 회피할 수 없지만 선택해서 보아야 한다는 관점이다. '대화'는 영화는 영화 그 자체로 봐야 한다는 주장에 따른다. 그리스도인들이 영화와 신학적 대화를 시작하기 전에 먼저 영화를 그 자체로 보아야 한다는 것이다. 영화를 먼저 영화 자체로 보고 영화의 이미지 자체가 스스로 의미와 방향을 제시하게 하는 것이 바람직하다는 판단을 내리는 것은 신학의 중요성을 간과하는 것이 아니라는 입장이다. 1990년대 이에 관한 책들이 대거 쏟아져 나왔다. 이때부터 영화를 기독교 교육의 자료로 활용하자는 운동이 적극적으로 일어났다. 오히려 영화 자체가 종교적인 문제들을 분명하게 다루며 신학적인 반응을 요구한다고 생각한다. 이 방법은 어떤 형태든 간에 양사자가 온전한 대화의 파트너가 되게 함으로써 영화와 신학을 양방향 대화로 이끄는 것이다. '수용'은 영화에서 배운다는 자세. 영화 속에서 인간의 삶뿐만 아니라, 종교적인 지혜와 통찰까지도 배울 수 있으며 신학자의 이해까지도 확장시킬 수 있다고 보고 적극 수용한다.[44] 마지막으로 '신적인 만남'은 영화를 통해 관객이 성례전적인 감동을 받을 수 있다는 데까지 나아간다. 영화가 관객에게 하나님에 대한 눈을 열어준다는 것이다.[45] 물론 하나의 영화 속에서도 위의 5가지 반응을 모두 만날

---

44 존스톤은 영화 〈사이먼 버치〉를 예로 들었다. '주일 밤엔 영화관에서'라는 주장도 여기에 해당된다.

45 존스톤은 〈시네마천국〉 등이 여기에 해당된다고 말한다.

수 있다.[46]

　　존스톤이 이 다섯 가지 중에 가장 중점적으로 발전시킨 모델, 즉 그의 독특한 연구 공헌은 신적인 만남divine encounter의 유형이다.[47] 영화를 보면서 신성과 거룩함에 대하여 강력한 경험을 하게 된다는 주장은 그가 개인적으로 이 분야에서 독특하게 공헌한 관점이다. 이것은 영화를 특수한 종교전통 밖에서도 성스러움the sacred에 대한 경험을 하도록 기회를 부여하는 것으로 이해하게 된다. 비록 존스톤이 종교라고 언급할 때 그것은 분명히 기독교 전통을 의미하지만 그럼에도 불구하고 그의 세 번째, 네 번째, 다섯 번째 유형, 즉 대화, 수용, 신적인 만남 등이 비기독교종교 전통을 대화의 파트너로 사용할 수 있는 상상력을 제공하면서 더 넓고 일반적인 종교와 영화연구의 방법들을 가능하게 돕는다. 그가 특별히 최근 연구서에서 영성Spirituality을 선택한 것도 제도적이고 조직화된 종교와 개인적이고 경험적인 영성의 분리를 고려하고 있기 때문이다. 그의 관점은 기독교신학의 분명한 정체성을 가지고 종교와 영화연구를 기독교신학에 뿌리를 두고 연구하고 있으나 그의 다양한 모델의 에큐메니칼 특성은 기독교적 경계들을 넘어서고자 하는 영화의 종교적 모델들에게 관심을 가지는 종교연구학자들에게

46　존스톤은 〈라이언 일병 구하기〉를 예로 들었다. 영화 속의 폭력과 저속한 언어는 분명 '회피'영역에 속한다. 제2차 세계대전에 대한 생생한 묘사는 인정하지만 처음 25분 동안 계속되는 전투장면에 대해 '경계'의 태도를 취할 수 있다. 그러나 밀러 대위가 자신의 생명을 바치며 한 생명을 구한다는 점에서 '대화'를 진행시킬 수 있다. 전쟁을 경험한 이들이, 그 혐오감을 넘어 가족과 대화를 할 수 있는 계기를 만들었다는 점에서 '수용'의 단계에 이른다. '신적인 만남'은 두 가지로 볼 수 있다. 앞서 언급한 밀러대위의 희생과 영화의 마지막 장면이 주는 메시지다. 노인이 된 라이언 일병이 밀러대위 묘지 앞에서 '당신의 희생으로 얻어진 생명이 가치 있게 살았나'를 스스로 묻는 장면이다. 『영화와 영성』, 25-26.

47　실제적으로 존스톤은 영화 〈베켓:Becket: 1964〉을 보면서 하나님이 자신을 목회자로 부르시는 소명을 느꼈다고 고백했다. 그는 이 영화를 보고 소명에 응답한 베네딕도 수도회 신부를 본 그레고리 엘머 신부의 경험도 마찬가지였다고 소개하면서 '영화가 지닌 힘'을 강조하고 있다.

도 매력적인 모델들을 제시하고 있다.[48]

존스톤의 이러한 유형연구는 다양한 종교들이 공존하고 있는 한국적 상황에서 대단히 유용하고 효과적으로서 영화와 종교와의 연구를 통하여 매우 다른 종교적 신념과 관심을 가지는 다양한 사람들과 영화를 통하여 대화하게 하는 효과적인 수단이다.[49] 그의 가장 중요한 관점은 영화를 기독교 신앙에 대한 적극적인 공헌자로서 인식하면서 종교적 개념들과 소통하고 종교적 자세를 형성하게 하고 더욱이 영적인 경험을 위한 기회를 제공할 수도 있다고 생각한다. 그는 영화를 통하여 하나님의 음성을 볼 수 있도록Seeing 도와줌으로 영화가 21세기 현대미디어 사회에서 신학적 사고와 성찰을 위한 하나의 적절한 도구가 될 수 있음을 확신한다.

영화, 신학적 교육, 성서본문 그리고 현대의 상황이 대화함으로 오늘날 믿음과 삶의 관련성에 대하여 신학이 가지고 있는 유의미성과 변함없는 복음의 능력을 분명히 밝힐 수 있다는 것이다. 성경에서 묘사된 영화와도 같은 인생의 고통과 기쁨 가운데 인생의 역설적 현실과 하나님의 신비로운 개입을 직면하는 것처럼[50] 영화비평을 통하여 대중문화를 통하여 들려오는 하나님의 음성을 듣고 이미지를 통하여 문화 속에 스며있는 하나님의 심연을 경험할 수 있는 것이다. 영화 안에 머물기 영화 자체에서 주고자하는 메시지를 통하여서 신적 섭리와 하나님의 일반은총에 대한 경험을 가능하게 한다. 즉 종교적 특성을

48　Christian Hoff Kraemer, "From Theological to Cinematic Criticism: Extricating the Study of Religion and Film from Theology," 246,

49　위의 책, 246.

50　Robert K. Johnston, *Useless beauty: ecclesiastes through the lens of contemporary film*, 주종훈 옮김, 『허무한 아름다움』(서울: IVP, 2005). 17.

지닌 영화를 통한 하나님 이해의 지평을 확장시키는 것이다.

리덴은 그의 책에서 신학적비평과 이데올로기적 비평의 한계를 말하며 종교로서의 영화의 특성을 강조하였다. "만약에 우리가 우리 자신의 신학적이고 이데올로기적인 기초를 영화에 주입시킨다면 우리는 영화가 어떻게 그것의 메시지를 관객들에게 전달하는지 그리고 그것이 어떻게 종교적으로 영화적으로 작동하는지를 이해하는데 실패할 것이다. 과거의 영화와 종교 관련 연구방법들과 기독교 영화비평들이 특별한 영화를 비판했든지 찬사를 보냈든지 간에 그러한 관점들은 자주 그들이 보기를 원하는 것을 그리고 단지 그들의 관점에 적합한 혹은 인간이라면 반대해야 하는 단순하고 하찮은 것들을 제공한다는 것이다."[51] 리덴의 대안적 영화연구 방법은 인류학적 방법이다. 특별히 크리포드 기어츠의 연구에 영향을 받아서 간문화적인 영화적 능력을 가지는 것으로 영화를 이해할 수 있는 영화비판의 모델을 새롭게 만들었다. 리덴은 영화가 종교적 내용을 선명하게 담고 있는지 없는지 간에 현대사회 안에서 영화가 어떠한 의미에서 종교적 역할로서 기능하는 것으로 묘사한다. 공동체의 세계관과 가치를 표현하는 이야기를 의미하는 신화라는 정의를 사용하면서 영화는 현대적 신화를 창조하고 확산시키는 것으로 생각한다.

그는 영화를 보는 행위를 세계가 있는 그 모습대로 또한 미래에 존재해야 하는 것을 보여주는 공연과 의례적 관점에서 이해한다. 이와 같이 영화는 관객에게 도덕적 가치를 표현하고 관객들에게 희생, 구원

---

51   John C. Lyden, *Film as religion: Myths, Morals, and rituals* (New York: New York University Press, 2003), 34.

적 고통, 그리고 인간 한계에 대한 간접적 경험을 통하여 그러한 가치에 참여하도록 기회를 제공한다. 신학적 규범이 영화에 일방적 또는 강압적으로 적용되어서 영화가 가지는 독특한 종교적 소리를 침묵하게 만드는 상황을 회피하기 위하여 리덴은 종교와 영화 사의의 간종교적 대화의 모델을 제안한다. 이러한 모델의 영화비평은 다른 종교적 전통과의 대화를 가져오기 전에 영화의 종교적 메시지를 듣고 이해하는 것을 추구하는 방법이다.[52] 리덴은 영화가 한 사회의 신화와 의식과 상징을 전달하며 근본적인 신념 체계를 제공할 때 오늘날의 문화 속에서 종교적 기능을 수행할 수 있으며 수행한다고 말할 수 있다고 생각한다.[53]

　　최근 미국에서 영화연구에 대한 중요한 작품을 연구한 존스톤과 리덴은 영화 속에서 경험하는 세속적이고 종교적인 이야기를 고려하지 않고서는 21세기 미국종교가 겪고 있는 다양하고 역동적 변화에 대하여 이야기할 수 없다고 주장한다. 그들은 심지어는 극장이 경쟁적 종교적 의미와 영적 경험과 해석의 풍요로운 장소로서 점점 성전[temples]과 유사한 곳이 되고 있다고 주장한다. 그만큼 영화를 통한 영향력은 현대인에게 지대하다. 그 이유는 영화가 그리스도인들의 세계관과 삶의 자세와 종교적 실천에 영향을 주기 때문이다.[54] 실제적으로 많은 대중영화 속에 종교적 특징이 그 내용으로 담겨지고 정확한 종교적 메시지의 형식을 가지고 표현되기도 하며 강력한 영적인 경험과 신학

52　위의 책, 126.

53　위의 책, 78.

54　Christian Hoff Kraemer, "From Theological to Cinematic Criticism: Extricating the Study of Religion and Film from Theology," 249.

적 개념으로 종교적 실천에 대한 관객들의 자세를 개조시키기도 한다.

영화학자이자 시인인 칼 샌드버그 Carl Sandburg 는 이렇게 말했다. "할리우드가 만들어 낸 상품인 영화가 그것이 무엇이든 당신의 눈에서 눈물이 흐르게 하는 것이라면, 우리 마음 가장 깊은 곳에 영향을 미치는 것이 분명하다. 이런 의미에서 보면 좋건 나쁘건 간에 모든 영화는 교육적이며, 할리우드는 세상에서 최고의 교육기관이다." 이러한 대중영화의 영향력을 신중하게 고려하면서 영화와 관객사이에서 일어나고 있는 문화적이고 종교적 교환의 복잡성을 탐구하는 영화와 신학의 다양한 대화를 시도할 필요가 있다. 「신학과 영화의 탐구」Explorations in Theology and Film, 1997 에서, 데이비드 그레이엄 David Graham 은 영화는 "중요한 종교적 주제들을 매우 시각적인 매체를 통해 제시하는 방법"이라고 주장한다. 더욱이 그는 전통적으로 '종교적'이라는 꼬리표가 붙은 것에만 논의를 제한할 필요가 없으며, "인간의 경험 및 운명과 관련된 모든 문제를 포함시켜야" 한다고 주장한다.[55] 메이는 지난 40년 동안 영화의 신학적 논의에서 그 강조점이 전반적으로 이동했다고 본다. 신학적 비평가들은 초기의 (1) 영화의 도덕성과 (2) 뚜렷하게 인식할 수 있는 영화의 종교적 요소에 대한 관심에서 (3) 영화와의 신학적 대화에 대한 바람으로, 더욱 최근에는 영화의 (4) 휴머니즘적이며 (5) 미적인 감각으로 눈을 돌렸다.[56] 특히, 메이, 존스톤 그리고 로버트 뱅크스등과 같은 신학자들은 '신적인 만남'이라고 부른 종교적 미학이 현재 종교와 영화 연구 분야에서 영화가 관객에게 초월의 경험을

---

55 Robert K. Johnson, 『영화와 영성』, 76.
56 위의 책, 80.

줄 수 있는 성례적적 능력을 가진다는 것을 확신하는 가장 주목받고 있는 분야이다. 왜냐하면 하나님의 말씀은 진실로 살아있고 활동적이기 때문에 현대사회 속에 문화를 통하여 그리고 그리스도인들이 살아가는 일상의 현장들 속에서 상상할 수 없는 방법으로 모든 곳에서 하나님의 말씀의 현존을 인식할 수 있는 능력을 발전시키는 것이 신실한 그리스도인들의 책임과 의무이기 때문이다.

5. 결론: 영화, 신학 그리고 공감

종교개혁이 민족주의의 등장과 활자매체의 발명으로 가능했었다면, 이제 탈-민족주의시대에 지역적 활자문화를 넘어서는 이미지와 소리 그리고 보이는 이야기 등 새로운 매체를 통하여 '새로운 종교-개혁'의 분위기를 형성해 가고 있는 것은 아닐까 전망해 본다. 신세대는 '영상시대'라는 로고에 걸맞게 다양한 매체를 통하여 많은 영화를 섭렵한다. 영화교육은 생동하는 영상과 음향을 통하여 활자/인쇄문화보다 멀티미디어와 이미지문화에 익숙한 새운 세대들에게 위대한 문학가들이 전 세대에게 했던 일들 곧 삶에 관한 보편적 주제들과 다양한 삶의 가치들을 표현하고 형성시키는 핵심적 교육매체이다. 더욱이 이러한 시도는 흥미로 가득차고 드라마와 같이 참여하고 미디어에 민감한 세대들에게 기독교의 복음을 소개하는 아주 단순하고 효과적인 방법이다. 더욱 중요한 것은 신학교육이 대중문화에 대한 가치를 인식하는 학문적 겸손함과 문화에 대한 깊은 통찰을 통해 신앙적 삶과 일상성에 가까워지려는 자세를 갖는 것임을 강조하는 것이다.

교육현장의 실제적 측면에서 보면 대중영화는 재정적으로 비용이 낮고 쉽게 접근가능하고 실용적이며 교육적으로 사용될 수 있는 풍부한 추가적 교회적 자원이다. 지역적 혹은 국제적 그리고 대중적 혹은 예술적 영화 속에서 '용서, 구원, 화해, 복수, 정체성' 등 신학적 주제로 가득 찬 종교적 영화든 또는 비종교적 영화든지 비판적으로 탐구하는 것은 대단히 미래적 전망이 있고 지적인 도전이다.[57] 최근 많은 한국영화도 그리스도인들에게 말 걸기를 시도하고 있다. 신학적 성찰을 자극하는 것은 영화의 주제나 특별한 모티브 때문이 아니라 바로 그 형식과 성격 때문이다. 존스톤은 21세기는 누가 젊은이들에게 세계관을 심어줄 것인지를 놓고 폭스 극장과 교회가 일전을 벌린다고 말한다.[58] 영화의 힘은 감수성이 예민한 젊은이들에게만 미치는 게 아니다.[59] 게이블러 Neal Gabler 의 말을 인용하여 존스톤은 "우리 시대에 가장 널리 퍼져 있고, 가장 강력하며, 가장 저항하기 힘든 힘, 너무 강해서 마침내 삶으로 전이되는 힘은 아마 틀림없이" 정치나 경제가 아니라 연예 entertainment 라고 주장한다.

종교와 영화연구는 미래적 관점에서 연구되어져야 하는 중요한 영역이다. 특별히 신학교육의 대안적 방법론적 접근들로 영화가 고려

---

57 C. Mandolfo, "Film as a Resource for Theological Reflection on Biblical Texts," in *Teaching the Bible: Practical Strategies for Classroom Instruction*, ed. M. Roncace and P. Gray (Atlata: Society of Biblical Literature, 2005), 321-24; Anton Kozlvic, "Hollywood and Divine: Some Aspects of Christianity within the popular Western Cinema," 106.

58 Robert K. Johnson, 『영화와 영성』, 25.

59 월트 디즈니라는 만화가가 밤비라는 캐릭터를 만들었을 때, 사슴 사냥 시장이 한 해 570만 달러에서 100만 달러로 급감했다. 〈라이언 일병 구하기〉이 영화를 본 후, 몇몇 20대 젊은이들은 70대 노인들을 찾아가 그들이 한 일에 감사하기도 했다. 위의 책, 26.

되어지는 것은 늦은 감이 있지만 대단히 시대적이고 문화적으로 중요한 작업이다. 본 연구의 핵심은 기독교를 긍정적으로 다루는 영화를 구별하고자 한 것도 아니며 영화 속에 묘사되어진 기독교적인 가치들을 평가하기 위함도 아니다. 종교를 이용하거나 종교적 개념을 이용하고 있는 영화를 해석하거나 그리고 그들의 영화비평을 통하여 종교를 더 잘 이해하도록 돕는 내용들이 이 분야의 중요한 학문적 내용을 구성하고 있다.[60] 중요한 것은 현대사회 점점 많은 사람들이 교회 안 보다는 영화관에서 도덕적 딜레마와 곤경을 숙고하기 위하여 모인다는 사실을 인식하는 것이다.[61]

하이데거는 말한다. "노동에 지치고, 이윤과 성과 추구에 부화뇌동하며, 오락산업과 휴양산업의 유혹에 시달리는 것이 오늘날 산다는 것이다."[62] 그리고 이렇게 이미지로 존재하는 존재자들은 이미지의 존재론적 특성상 자기 동일성과 완벽한 자기 경계를 유지할 수 없다. 문화의 거대한 흐름 속에서 계속 변형되고 움직인다. 마치 영화가 움직이는 이미지들로 이루어지고, 이 이미지들이 상호 침투하면서 의미의 파노라마를 만들어내는 것처럼 이렇게 보면 실재는 이미 영화에 선행하는 영화, 즉 메타 시네마이며 진정한 실재는 애당초 영화와 같은 파노라마인 것이다.

영화교육은 현대 문화의 한 장르인 영화를 기독교적인 관점에서 해석할 수 있는 신학적 안목을 제공하고, 영화를 통하여 하나님의

---

60 Gregory J Watkins, *Teaching Religion and Film*, 31.

61 〈결혼은 미친 짓이다〉, 〈아내가 결혼했다〉는 결혼의 의미에 대한 젊은이들의 혼란을, 〈가족의 탄생〉, 〈가족〉은 다양한 가족의 출현에 대한 가치의 혼란을 표현하는 영화다.

62 이종관, 『사이버 문화와 예술의 유혹』, 164.

뜻을 발견하도록 돕는다. 더 나아가 신학과 영화의 적극적인 만남은 기독교와 문화의 관계, 교회 내에서의 대중문화 활용, 사역 현장의 설교와 교육에서 어떻게 대중문화를 활용할 것인지에 대해 관심을 가지고 있는 많은 신학생들에게도 유용할 것이다. 하나님은 삶의 모든 영역에 존재하시며, 이러한 모든 신학적 자원들을 통해 우리에게 말씀하신다. 넓은 의미에서 영화는 문화의 한 표현이자 우리 자신의 개인적 경험과 성장의 기회로서 관객에게 통찰력과 확신을 주면서 신학적 자원의 역할을 할 수 있다.

왜냐하면 관객과 영화 사이에 대화가 이루어질 때, 우리는 자기 자신, 다른 사람, 또는 타자the Other 속에 숨겨진 무엇인가를 어렴풋이 볼 수 있을 것이기 때문이다. 영화는 인간이 가지고 있는 '어떻게 살 것인가?'에 대한 오래되고 그러나 지속적인 질문을 고려하는데 도움을 준다는 것이다. 삶의 표현으로서 영화와 삶의 의미로서의 신학 그리고 형성적 가치를 지향하며 세상과 소통하는 개방적 신학교육을 위하여 우리는 예수 그리스도가 하나님께서 세상을 위하여, 세상 사람들이 이해할 수 있는 형상과 이미지로 성육신하신 사건을 기억해야 한다. 실로 영화는 인간의 다른 어떤 의사소통 매체보다 탁월하게 경험의 구조를 경험의 표현으로 보이게 해주고 느끼게 해준다. 영화는 보면서 그 자신의 봄을 보이게 하는, 즉 그 자신을 반성적으로 느끼게 하고 이해되게 하는 물리적·반성적 운동이다.

따라서 신학교육현장에서 영화비평을 통한 교육을 시도할 때 영상매체의 사용은 단순히 몇 장면을 보여주면서 신학토론을 위한 발판으로 사용하는 것을 넘어서 더욱 폭넓고 효과적으로 종교적 감수성을 기르고 현대문화를 이해하며 기독교진리와 계시의 다양한 표현들의 변화를 탐구하는 것이다. 신학교육을 위하여 현대매체와 기술을 사용하고 배우는 것은 충분히 도전적이나 가장 중요한 것은 아니다. 더욱 중요한 것은 이러한 문화의 변화 속에서 다양한 미디어문화와 기술의 변화와 함께 가는 가치, 영성 그리고 공감의 품성을 개발하는 것이다.

IV부

✦

한국교회의
성 평등 문화정착과
그리스도인의
성 의식 변화

1장

양성평등을 위한 신학교육의 변화와 교단정책의 개혁

1. 양성평등을 실현하기 위한 신학교육과 교단정책의 변화[1]

한국의 초기선교 역사를 돌아보면 교회는 그 당시 소외되었던 여성들에 대한 교육으로 남존여비의 인습을 타파하여 여성인권의 획기적인 전환점을 마련하는 개혁의 장소였다. 이러한 한국교회의 역사적 교훈은 위기의 한국교회의 회복과 재도약이 지금도 여성과 남성의 차별 없이 부르심에 따라 신실하게 응답하고 상호 연대하고 연합할 때 가능해짐을 일깨운다. 이번 장에서는 대한예수교장로회 통합교단의 여신학생의 진로에 대한 연구와 소명을 받은 신학생들을 지원하는

---

[1] 장로회신학대학교에서는 신대원 졸업생(2002-2012) 천 명을 대상으로 '양성평등 실현과 여신학생 진로 모색을 위한 정책제안'를 위한 설문 조사를 시행하였다. 현재 진행되고 있는 장로회신학대학교의 양성평등수업이 이러한 연구에 대한 실천적 변화 중의 하나이다.

교단의 정책적 대안을 제시하고자 한다. 구체적으로 2013년 장로회 신학대학교[이후 장신대]에서 '양성평등 실현과 여신학생 진로 모색을 위한 정책제안'을 위해 시행한 조사와 분석을 기본적으로 참고하면서 신학 교육을 통한 양성평등 의식의 고양과 여신학생들의 진로모색에 초점을 두고 작성하였다. 특별히 지난 10년[2002-2012]간 졸업한 신대원[신학과, 목연] 여학생들의 졸업 후 실태조사와 향후 신학생의 성평등 교육뿐 아니라 교단과 노회 그리고 교회의 성의식의 변화를 이끌어내는 졸업생들의 의견과 현장의 소리를 조사 및 분석에 적극적으로 반영하였다. 이번 조사분석에 2013년에 실시한 것이어서 이미 많은 시간이 흐른 통계이지만 여전히 유의미한 결과들을 중심으로 2020년 한국교회의 현실을 반성하고 교회가 다시 세상의 희망이 되기 위해 재구성하였다. 또한, 졸업 후 여신학생들이 소명에 응답해가는 과정에서 겪어야 하는 다양한 어려움과 사역 현장의 장애들을 극복하기 위한 교육적, 교단적, 그리고 교회적 차원에서의 정책적 대안과 제도적 개선을 위한 방향을 제시하였다.[2] 더 나아가 이러한 연구가 예장 통합 교단의 신대원 교육 현황에 대한 분석을 통하여 성평등 실현을 위한 교육환경의 적극적 개선뿐만 아니라, 교단의 정책적 지원, 교회의 조직적 배려, 그리고 목회자들의 의식변화를 끌어내는 실천적인 제안서가 될 수 있기를 바란다.

이 설문조사에 따르면 신대원 졸업 후 여성 사역자들로 하여금 불평등을 경험하게 하는 관계 중 가장 많은 빈도수는 평신도나 교회

---

2   연구대상은 지난 10년간(2002-2012) 90기부터 105기까지의 신대원을 졸업한 여학생을 현황과 졸업 후 진로실태를 대상으로(1000여명) 실시하였다. 목사 46명, 전도사, 97명 등 총 143명이 응답하였다.

중직자들이 아니라 신학교를 함께 다녔던 동료 선후배 사역자들과 목회자들이라는 통계가 나왔다. 이러한 결과는 목회자로서 양성되는 신대원 교육과정을 성찰해야 하는 중대한 근거가 된다. 이에 대해 두 가지 문제를 진지하게 생각해 보아야 한다. 첫째, 지난 이 십여 년 동안 장로회신학^{장신대} 신대원은 목회자 후보생으로서 경쟁력을 갖춘 인재들이 입학하는 교육과정으로 평가받아왔다. 그러나 성의식의 변화라는 차원에서 신대원 교육과정과 교육환경은 반성할 필요가 있다. 미래 시대를 이끌어가기 위한 목회자의 지도력에는 영적 성숙과 함께 건강한 성의식이 필수적으로 수반 되어야 한다는 것이다. 둘째는 여성 스스로의 의식 전환이다. 신학교육 커리큘럼과 교육환경이 여전히 여학생들에 대한 배려가 부족하다. 이들이 학업 하는 신학교라는 장은 자신의 미래 목회의 모델이나 멘토를 발견하기 어려운 환경이기에 자신감과 자아 존엄감이 오히려 낮아지는 경우가 종종 있다. 예를 들면 히든 커리큘럼 ^{hidden Curriculum}과 같이 정규 수업과정은 아니지만 '교육환경' 자체가 여전히 남성 중심적인 분위기일 때^{예를 들어 사경회 및 채플 인도자가 비교적 남성 목회자들이 대다수인 경우}, 신대원 여학생들은 자연스레 자신의 졸업 후 방향을 한 교회의 담임목회자로 꿈꾸기가 어렵다는 것이다. 이러한 교육환경은 여성들 스스로가 하나님이 부르셨다는 소명의식이 아무리 신실하다 하여도 여러 가지 관습과 문화와 제도를 넘어서는 것이 어렵다는 것을 깨닫고 현실에 안주하게 만든다. 여학생이나 남학생이나 목사로 태어나는 것이 아니기 때문에 목회자 양성기관으로서 신대원 교육과정은 소명 받은 학생들이 목회자로서의 지성과 인격과 영성을 훈련하고 배워 나아가는 과정이어야 한다. 교회 안의 여성 평신도의 성평등 의식 수준도 크게 다르지 않다. 이들은 대부분의 담임 목회자의 성 의식의 한계와 한국 교회문화의 가부장적 질서로 인해 사회보다 뒤처져 있을 수밖에 없다. 신앙적으로 성서적으로 바른 성의식에 대한 교육을 접할 기회가 희박하다는 것이다.

2. 졸업 후 목회현장에 대한 기본분석

설문지는 두 그룹으로 나누어 조사했는데 목사 안수자용과 미 안수자용[전도사] 문항을 나누어 조사하였다. 여성 목회자들이 독신으로 살며 사역을 하였던 과거에 비해, 오늘날은 결혼 이후에도 가정과 병행하여 사역을 수행하려는 경우가 증가했다. 그러면서 결혼 후 사역 현장에 대한 여성 목회자의 어려움의 호소가 더 다양해졌다. 즉, 목사 안수를 받은 목회자들은 제도적이고 정책적인 면에 더 관심을 갖는 반면에, 아직 안수를 받지 않은 전도사들은 육아와 양육을 병행하는 사역에 대한 지원을 더 요구하는 추세이다. 여학생들의 진로 모색의 현장인 목회형태로는, 선교사, 영유아부 파트 및 사모, 장애인 전도회, 특수사역, 아동부 및 심방과 교회행정, 총회 기획국, 기관 간사 및 교육전도사, 전국여교역자연합회산하 사회복지기관, 해외선교, 직장 사역, 직장사역훈련강사과정 병행, 교회부설 노인복지시설 사회복지사, 파트 및 사모[해외거주], 담임전도사 등으로 조사되었다. 이러한 현황은 여성사역과 여성목회가 돌봄과 양육으로 집중되는 현실이 때론 효과적일 수 있으나 여전히 다양한 목회현장에 대한 여성사역자들의 선택을 제한시키는 현실을 극복할 수 있는 대안이 필요하다는 것을 보여준다.

이처럼 교회 현장에서 여전도사들의 소명과 사역에 대해 전통적 인식에 머물러 돌봄 사역으로 제한하고, 그에 따라 임지와 사역을 결정하게 하는 것은 이제 극복되어야 하는 문화이다.

현재 사역의 만족도를 조사하는 "귀하는 현재하시는 사역에 만족하십니까?"라는 질문에 대해 전체 응답 중 60.9%가 긍정적^{매우 만족한다/다소 만족한다}으로 응답하였고, 39.1%가 부정적^{만족하지 않는다/전혀 만족하지 않는다}으로 응답하였다. 목사안수에 따른 두 집단 간에 유의한 차이가 나타났는데, 목사 안수자의 경우는 긍정적 응답이 26.1%인 반면, 전도사인 미안수자는 78.3%가 만족하는 것으로 나타났다. 미안수자의 경우 목회적 상황의 구조적 문제와 직접적으로 부딪히는 경우가 적으며 아직까지는 실제적으로 차별적 현실에 대한 경험이 적을 수 있다. 즉, 여전도사까지는 교회 안에서 평등관계를 할 수 있으나, 목회자 혹은 성직자로서의 여성을 평등하게 대하는 것까지는 한국 교회문화 속에서 수용되지 않는다고도 분석할 수 있다.

(목사의 경우) 안수 전후의 만족도 즉 "귀하는 목사 안수 전과 비교해 볼 때, 안수 후에 어느 정도 만족하시나요?"에 대해 전체 응답의 73.9%가 만족한다^{매우 만족한다 포함}고 응답하였다. 안수 후 만족스럽다고 응답한 사람들에 한해 목사 안수 후 긍정적인 변화가 무엇인지에 대해 다중 응답하게 하였다. '교인들의 의식이 긍정적으로 변화되었다'^{51.2%}가 가장 높게 나타났고, 그 뒤로 '담임목사나 동역자들과의 관계가 긍정적으로 변화되었다'^{34.9%} 순이었고, 졸업 과정에 따른 집단의 응답도 유사하게 나타났다. (목사의 경우) 안수 전후의 부정적 변화에 대한 설문은 '오히려 청빙에 걸림돌이 된다'^{50.0%}가 비교적 높게 나타났으며, '사역의 범위는 확대되고, 처우 면에서는 여전히 불평등하

다' 25.0%와 '사역 범위가 오히려 축소된다' 25.0%는 응답은 고르게 나타났다. 앞에서 2010년 안수자의 숫자가 감소하는 것에 대한 이유 중에 하나가 될 것이라고 생각 한다. (전도사의 경우) 안수를 받지 않은 이유에 대해 '개인적인 사정으로'가 35.8%로 가장 높게 나타났으며, '본인은 원하였으나 안수과정을 허락해주는 교회가 없어서'와 '가정과 자녀 양육'이 13.8%로 나타났다.

　　　남성 목회자와 여성 목회자에게 동등한 사역의 기회와 권한이 주어지고 있는지에 관한 인식을 묻기 위한 "귀하는 현재 남성 목회자와 여성 목회자에게 동등하게 사역의 기회와 권한이 주어진다고 생각하십니까?"에 대해 전체 응답의 14.9%는 긍정적 매우 그렇다/그렇다 으로 응답하였으며, '주어지긴 하나 차별이 있다'는 36.2%로 나타났고, 49.0%는 부정적 그렇지 않다/전혀 그렇지 않다 으로 응답하였다. 동등한 사역에 대한 기회가 주어지지 않는 부분에 대한 동의가 85%에 달하는 것은 성차별의 교회 현장을 현실을 적나라하게 보여주는 대목이다. 동등한 사역의 기회와 권한이 주어지지 않는다고 응답한 경우에 한 해, 그 이유에 대해 응답하게 하였다. 전체 응답 중 46.8%가 '남성 위주의 목회문화 때문에'라고 응답하였으며, '성도들의 편견 및 막연한 불신 때문에' 19.9%, '여성 목회자의 출산 및 자녀양육의 문제 때문에' 16.9% 순으로 나타났다. 동등한 사역의 기회와 권한이 주어지지 않는 이유에 대한 졸업 과정 별 다중응답 결과에 따르면, '남성위주의 목회문화 때문에' 81.4%, '여성 목회자의 출산 및 자녀 양육의 문제 때문에' 16.9%, '성도들의 편견 및 막연한 불신' 12.6% 순으로 나타났다.

　　　여성 목회자에 대한 편견을 누가 가장 많이 가졌는지에 관한 다중응답 결과, 전체 응답 중 37.2%는 '남성 목회자'로 나타났고, 여성

평신도35.4%, 여성 목회자12.4% 순으로 응답하였다. 안수 여부에 따른 집단별 응답을 비교하면, 목사 안수자는 남성 목회자41.8%, 전도사 미안수자는 여성 평신도36.5%가 여성 목회자에 대한 편견을 가진 대상으로 인식하는 것으로 나타났다. 특별히 남성목회자가 가장 높은 비율을 보이는 것은 신대원교육의 양성평등부분의 시급한 보안을 필요로 하는 것으로 한국의 양성평등지수가 하위권이라는 사회적 배경[3]과 이러한 남성중심적인 사회 속에서 가부장적 교회의 권위가 교차되면서 여성평신도가 두 번째로 나타나는 부분도 주목해야 할 부분이다. 한국교회 문화와 신앙적 인식체계를 통해 여성이 여성으로서의 자존감이 건강하게 형성되지 못하고 여성 스스로가 여성을 존중하지 못하는 부분도 전통적 신학에서 여성의 열등성을 정당화한 왜곡된 인식과 정신과 영혼의 대리자로서의 남성과 육체와 몸의 상징으로서의 여성에 대한 이원론적인 신학적 관점이 여전히 교회에 영향을 미치는 것이 한 원인이 될 수 있겠다.

3. 신학교육에 관한 분석

신대원 신학교육내용이 목회현장에서 실제적이고 효과적으로 발현되고 있는지에 관한 인식을 조사하기 이한 질문의 전체 응답자의

---

3   2017년 세계경제포럼(WEF)이 발표한 '성격차지수'(Gender Gap Index)에서 한국은 144개국 중 118위로 하위권에 머물렀다. 『노컷뉴스』, 박기묵 기자, "한국 성평등, 118위 vs 10위 … 진실은?" https://www.nocutnews.co.kr/news/5041598 (2020.07.21 접속)을 참고하라.

22.1%가 긍정적 매우 그렇다/그렇다 으로 응답하였으며, 28.7%는 부정적 그렇지 않다/전혀 그렇지 않다 으로 응답하였다. 신대원 교육과정에 신설해야 할 교과목을 묻는 질문에서 다양한 대답이 조사되었는데, 목사 안수자의 응답은 지면상 간단히 정리하면, 첫째 여교역자들을 배려하는 윤리적 태도 즉 언행, 예의 등 교역자로서 갖추어야 할 소양으로 신대원 학생들은 신학대학원 3년의 과정을 통해 성숙한 목회자 자질을 함양하도록 훈련받아야 하는 교육을 강조하였다. 자신의 영성과 인간관계를 훈련해야 한다. 둘째, 양성평등과목: 양성평등의 문제를 다룰 수 있는 여성신학에 대한 기본적 인식변화가 있어야 할 것으로 보인다. 남성사역자들이 가진 여성신학에 대한 편견이 생각보다 심각한 상황으로 생각되기 때문이다. 여성신학이 여성을 위한 신학이 아닌 인간학으로서 접근할 수 있도록, 여성신학적 기초부터 시작해 심도 깊게 접근할 수 있는 전반적 과정이 필요하다고 생각하고 한국교회 역사가 남성들 중심, 위주로 쓰여 왔다는 점을 강조할 필요가 있다. 그에 따라 여성학이나 여성신학적 눈으로 보는 성경해석이라든지 균형 잡힌 관점과 근대한국교회 변천사 남성목회 중심에서 여성목회 전환 시대를 조명 를 교육해야 한다. 셋째, 인문학에 대해서, 사회학에 대한 공부와 이것은 여성이라서 뿐 아니라, 전체적으로 교역자들 의식이 부족한 부분이라 생각한다고 답했다. 전도사 미안수자의 응답으로는, 첫째는 다양한 교육에 대한 바램이다. 특히 여성학, 철학 및 종교학, 포스트모던 신학, 여성신학 기독교 역사 속에서 소외되고 억압받아 온 여성들의 역사, 미디어 활용 교육, 문화사역과 관련된 과목의 강화가 필요하다고 답했다. 둘째. 여성목회자들을 위한 새로운 형태의 교회를 지향할 수 있도록, 다양한 교회를 경험할 수 있는 교회방문 연구 프로그램이 있었으면 한다. 그 예로는 공정무역 분야, 환경 분야, 혹은 다

문화 교회, 사회운동을 하는 교회, 농어촌 목회, 출판 분야 등 이제는 문화의 색깔이 그러하듯 믿음의 색 또한 다양하기에 창의적 목회연장을 개발해야 한다. 그리고 이러한 변화의 사역현장을 인식하고 미래를 내다볼 수 있는 미래목회과목이 필요해 보인다.

여성 목회자들이 열악한 현실을 뛰어넘어 바람직한 목회를 할 수 있게 하기 위한 교회 차원의 과제에 대해 전체 응답 중 28.6%가 '여성 목회자에 대한 목회자 의식변화'로 응답하였으며, 그다음으로 '여성 목회자에 대한 평신도들의 의식변화' 21.6%, '교회 부목사 청빙 시 여성 목회자 할당제' 17.9% 순으로 나타났다. 졸업 연도에 따른 집단들의 응답을 비교하면, 모든 집단에서 '여성 목회자에 대한 목회자의 의식변화'가 교회 차원의 가장 중요한 과제라고 응답한 것으로 나타났다.

여성 목회자들이 열악한 현실을 뛰어넘어 역량 있는 목회를 할 수 있게 하기 위한 교단 차원의 우선 과제는 다음과 같다. 교단 차원의 우선 과제에 대해 전체 응답의 22.6%가 '여성 할당제 실시' 여성 총대 할당제, 개 교회 여성 목회자 청빙 할당제 등로 나타났으며, '총회는 여성목회자들의 사역지 개발을 위한 중장기 정책 수립' 20.4%, '교회에 양성평등 문화를 정착하고 확대' 16.1% 순으로 응답하였다. 교단 차원의 과제에 관한 전도사 미안수자의 전체 응답 중 21.1%가 '여성 할당제 실시'와 '헌법에 부부목회 인정을 명시함으로 동등한 사역 기회 제공'으로 가장 높게 나타났으며, 그다음 과제로는 '총회는 여성 목회자들의 사역지를 위한 중장기 정책 수립' 17.0% 해야 한다고 응답하였다. 기타 의견으로는 "성폭력 피해 대책 위원회", "안수, 출산, 육아를 위한 제도" 등이 제시되었다.

세계교회 및 타 교단의 정책 중 본 교단이 채택해야 할 정책적 과제에 대한 다중응답 결과, 전체 응답의 29.3%가 '부목사 2인 이상일 경우 1인 이상 여성 부목사 청빙'으로 가장 높게 나타났으며, '장로 선출 시 여성장로 30% 선출 의무화' 24.9%, '각 노회 위원회 여성위원 30% 의무화' 20.6% 순으로 나타났다. 안수유무에 따른 두 집단의 응답은 동일한 순서로 나타났으며, 기타 의견으로 전도사 미안수자는 "안수, 출산, 육아를 위한 제도" 등의 의견을 제시하였다. 특별히 여성 목회자의 지위 향상을 위해 필요한 요소로 목회에 대한 전문적 지식과 여교역자 스스로의 의식화와 변화라는 응답은 제도적 보완과 정책적 지원과 함께 여성 스스로의 노력이 절실하다는 점에서 대단히 중요한 응답이라고 생각한다. 즉, 졸업연도에 따라 조금씩 차이는 있으나 '여성 목회자 자신이 의식화해야 한다'가 필요하다고 보았으며, 둘째 '목회에서의 전문적 지식을 갖춰야 한다'가 필요한 요소라고 응답하였다. 마지막으로 여성 및 남성 목회자가 동등하게 목회할 수 있는 시기에 관한 예측에 관한 질문으로 한국교회 안의 모든 제한적 요소가 극복되고, 여성 및 남성 목회자가 차별 없이 동등하게 목회할 수 있는 시기에 관해 전체 응답자의 46.8%가 '20년 미만'으로 응답하였으며, '10년 미만' 24.0%, '30년 미만' 12.5% 순으로 나타났다.

4. 함께 세워가는 교회

우리의 소명은 하나님께서 부르셨다는 확신에서 시작된다. 이 소명은 제도와 관습과 힘의 질서의 장벽까지 뛰어넘을 수 있을 때 소명이라고 말할 수 있다. 따라서 부르심에 응답하기 위하여 문화적 한계와 관습을 과감히 뛰어넘고 서의 차이를 존중하고 때로는 연대하며 사역자 그리고 목회자로서의 전문성과 소명의식에 더욱 책임 있게 응답하는 신학생이 되어야 한다. 설문조사와 분석을 통하여 교회현장에서 여성사역자들이 겪고 있는 어려움은 우선적으로 1. 남성목회자들의 성차별과 남성위주의 목회문화 2. 여신도들의 차별 3. 출산과 양육 등으로 정리할 수 있다. 안수유무와 졸업년도의 상관없이 일관적으로 나온 어려움은 남성위주의 목회문화이다. 즉 응답자 85%가 목회현장의 불평등한 구조와 인식을 어려움으로 응답했다. 이렇게 변화하는 세계 속에서 한국교회의 사역현장에서 선교적 사명을 수행하는 많은 여성사역자들이 아직도 스스로 좌절하고 현실의 어려움을 호소하고 있다.

결론적으로 남성위주의 목회문화의 개선과 여성목회자들에 대한 남성목회자들의 인식전환이 없이는 여학생들의 진로는 개선되기 어렵다는 것이다. 양성평등에 대한 신대원 교육의 전반적 변화와 함께 중요한 것은 목회자의 인식의 전환과 교단의 정책적 지원이다. 마지막으로 예전보다 제도적 문제뿐 아니라 여성 스스로의 성찰적 반성이 높은 비율로 나타나고 있음은 신대원 여학생들의 인식전환 역시 중요한 과제로 삼아야 한다는 것이다. 어려움을 극복하고 하나님의 부르심에 응답하고자하는 철저한 소명의식이 여성목회자로서의 정체성을 갖는 것이다. 그러나 최근까지도 결혼 후에 목사안수를 받은 아내와 함께 사역을 하려는 남성목회자들이 아내가 목회자인 이유로 부목사 면접에서 떨어지는 고배를 마셔야 하는 안타까운 소식이 종종 들려오면서, 여신학생들의 목회에 대한 미래는 더욱 어렵기만 하다. 이미 대한예수교장로회 통합의 여성안수는 25년이 넘었지만, 안수 주는 것을 전제로 사임을 해야 하고 안수를 받지 않는 조건으로 사역을 해야만 하는 현실은 단순히 여성안수허락이라는 제도적 변화로는 해결되지 않은 문화적 인식적 장애들이 산재해 있음을 실감하게 하는 대목이다.

예장통합의 2000명이 넘은 여성목회자들의 진로 현황은 밝지 않고, 1000여명의 여성 목회자들이 교회 청빙을 기다리고 있다. 최근에는 임지를 기다리다 지친 여성목회자들이 개척을 하고 열심히 노력하지만 각 노회에 가입하고 재정적으로 독립하는데 수 많은 어려움을 겪고 이렇게 어렵게 개척한 여목사들은 노회에서 지원해 주어야 하는 기피인물로 인식되고 있는 현실이다. 양성평등에 대한 빠른 사회적 인식의 변화와 사회 정치 경제 문화영역의 활발한 여성 지도력의 발전과는 다르게, 교회 여성 지도력의 대표적 지위인 여성목회자에 대한 인식은 좀처럼 바뀌지 않고 있다. 명석하고 실력 있고 당당하던 여학생이 3년이란 목회자양성 과정을 마치고 가야 하는 교회 현장은 여전히 크고 작은 장애들이 있고 때로는 양성평등의 문화를 향해 빠르게 변화는 사회와 소통이 어려울 정도로 동떨어져 있다.

이러한 현실에서 우리들의 마음을 더 무겁게 만드는 이유는 지역교회 여신도들이 여성목회자를 꺼리고 달갑지 않게 생각한다는 사실이다. 필자는 2018년 한 중형교회에 전교인 부흥회를 인도하였다. 부흥회는 여전히 남성목회자를 청빙하는 교단의 분위기를 알기에 여성목회자를 초청한 이유를 알아보니 담임목사는 곧 있을 장로 선출에 몇 년간 여성도들의 지지가 부족하여 선출하지 못한 여성 장로가 선출되기를 바랐고, 많은 여성도의 지지가 필수적이기 때문에 여성 목회자를 초청하여 여성도들의 인식전환을 시도하는 것이었다. 다행히 몇

달 후에 시행된 장로 선출에서 교회 역사상 처음으로 여성 장로가 선출되었다. 목회자가 되어서 하나님이 주신 성직의 사명을 감당하기 위해 다양한 현장과 가장 낮은 자리에서 ^{미조직교회, 특수목회, 임시목사} 애쓰고 있는 여성 성직자들의 목회 사역이 21세기에도 여전히 어려움을 겪는 이유는 무엇일까? 종교개혁 이후부터 사용된 목회라는 명칭은 목자의 존재를 전제로 하며 양 무리를 돌보는 일이라고 정의할 수 있다. 성직의 수행은 여남의 성별에 의해 결정 되는 것이 아니다. 예수 그리스도의 정신을 계승하고 하나님께 소명을 받은 자들이 그 사명을 온전하게 수행하는 것이다. 한국교회의 수직적 위계 구조와 가부장적 문화가 맞물려 낳은 한국의 불평등하고 위계적 교회문화 속에서 여성 성직자들은 자신의 사명을 충분히 바르게 감당하지 못하는 현실이다. 한국교회 공동체 안에 있는 차별을 극복하지 않는 한 교회가 세상 속에서 예수님이 보여주시고 초대교회가 실현했던 평등공동체를 지향한다는 것은 불가능할 것이다.

5. 함께 실현하는 양성평등

우리는 지난 반세기 동안 수많은 신학적 논의를 통해서 광범위한 동의를 이루어낸 여남 성직의 동등성을 신학적으로 재론하는 대신, 오랜 신학연구의 역사를 통해 확립된 양성평등의 성서적 기초위에 세워진 성평등은 여전히 실현되지 않고 여성 사역자들과 목회자들이 왜 아직도 하나님이 부르신 자신의 소명을 감당하는데 목회현장에서 다양한 어려움을 겪고 있는가를 약 6년 전에 시행된 설문 조사와 그에 따른 결과 자료를 통해 생각해보았다. 세상이 변하는데 왜 교회 안의 성의식의 변화는 이렇게 느리게 진행되는 걸까? 인종과 성과 계층을 막론하고 전 인류의 평등이 그리고 남성과 여성의 평등이 하나님의 뜻임을 지식적으로 알고 있지만 오랜 역사를 통해 내려온 왜곡된 성의식과 뿌리 깊은 성차별의 문화를 평등문화로 변화시키는 과정은 남성과 여성, 목회자와 평신도 그리고 청년시대와 기성세대가 함께 연대해야 하는 영적인 문제로 인식해야 한다. 필자는 지난 15년 동안 신대원 학생들의 성교육을 담당하고 성문제를 상담하고 있지만 끊임없이 성문제로 인해 피해자들이 발생하고 신학생들이 교육을 통해서 영적으로 성장하기보다는 신학교 교육현장에서 발생하는 성인지 감수성의 결핍으로 인한 개인적으로 공동체적으로 아픔과 고통을 호소하고 있다. 신학교 교육이 무색할 만큼 새로운 형태의 성희롱과 성폭력의 문제를 신학교조차 적극적으로 해결하고 있지 못하는 현실이다. 더욱이 최근 통계를 보더라도 교회 안에서의 성차별의 현실은 지금 우리가 존재하는 시대가 21세기인가 귀를 의심할 정도이다. 때론 느리게 변하는 것이 아니라 오히려 후퇴하고 있는 것인가라는 절망이 느껴질 때도 있다. 이렇게 신대원 교육과정을 통해 성의식에 정립되지 못한 사역자들이 교회 사역 현장에서도 동일하게 문제를 일으키고 있다. 한신문사에서 353명을 대상으로 교회와 기독교단체에서 여성 차별에 대한 경험을 하였는지에 대한 조사 결과를 보면 1. 외모·복장·나이를 언급하는 차별적 사례[79.3%] 2. 성 역할 고정 및 차별[67.4%] 3. 여성 차별 설교[47%] 4. 기타[11%] 순이며 응답한 대다수가 교회에서 세 가지 모두를 경험한 것으로 나타났다. 당시 겪었던 상황을 적은 답변은 총 212개

인데 그 내용은 상상을 초월한다.[4]

　　지난 이십 여 년간 한국교회 역시 많은 변화를 겪었고, 현재 여성 성직자들이 활발하게 활동하고 있다. 그러나 여전히 담임목사[위임목사]로서 성직을 수행하는 여성들이 극히 소수이다. 이제는 제도적 평등성을 넘어 여성 성직에 대한 성숙한 교회문화와 평신도들의 인식의 변화를 위해 교육하고 노력해야 한다. 남성이든 여성 스스로든 여성목회자에게 기대하는 모습과 기준은 남성과는 너무나 다르다. 같은 목회자의 같은 실수라도 여성목회자는 더 많은 곤혹을 치르게 되고 그 평가가 불필요하게 오래 지속되는 경향이 있다. 심지어 한 서울의 교회에서 여성목회자가 교구를 맡게 되면 교회를 옮기는 성도가 있다고 한다. 이렇게 성평등의식의 결핍은 전도사와 목회자 한 사람의 문제를 넘어 교회 공동체와 설교를 통해 양육되고 있는 많은 성도들에게 부정적인 영향을 미침을 기억해야 한다.

　　하나의 정책과 제도가 정착되기 위해서는 수십 년이 흘러야 하듯이 여성 안수 허락이라는 제도의 변화는 의식의 변화를 저절로 수반하지 않는다. 전통신학에 뿌리내리고 있는 성차별적 성서해석과 여성에 대한 잘못된 신학적 전통을 비판하고 극복하는 대한 신학교육이 더욱 철저하게 수행되고 나아가 평신도들에 대한 의식개혁에 대한 교회 지도자들의 구체적이고 책임적인 노력이 필요하다. 많은 그리스도인들은 여성목회자가 담임목회자로서 거룩한 성직을 수행하는 데는 아직은 시기상조이고 많은 부분이 부족하다고 말한다. 그러나 이러한

4　『뉴스앤조이』, 최유리 기자, "이것이 '교회 내 여성 혐오' 아무 말 대잔치다," https://www.newsnjoy.or.kr/news/articleView.html?idxno=209845 (2020.07.21 접속).

전제는 동일하게 신대원 남학생들에게 또는 부족하다라고 스스로 진단하는 남학생들에게도 주어지지 않는다. 가장 기초적인 변화는 우선 여성사역자들을 보조자로서의 여성목회자를 성직자로 보지 않는 남녀목회자들의 의식 전환이 필요하다. 실제로, 교회 곳곳에서 다양한 사역현장에서 훌륭하게 사명을 감당하는 여성목회자들이 많이 있지만, 여전히 여성목회자는 어린이, 노인, 깨어진 가정 등 여성의 돌봄이 필요한 특수한 분야에서 사역해야 할 뿐 일반담임목회를 통한 영적인 지도자로서의 목회적 지도력을 수행하기에는 부족하다고 보는 시각이 남아있는 것이다.

성차별에 대한 근본적인 현대신학의 비판에도 불구하고 남성을 영혼의 대표적인 성으로 여성을 죄에 빠지기 쉬운 육체와 몸을 상징하는 성으로 바라보는 인식과 편견이 한국 교회문화에 생각보다 뿌리깊게 남아있다. 따라서 대부분 목회자와 많은 평신도가 여성을 온전한 성직 수행의 주체로 보지 못하며 여성은 거룩하고 성스러운 목회의 사역에 적합하지 않다는 부정적 인식이 남아있다. 이러한 잘못된 관점이 양성평등 문화가 교회 안에서 그리고 목회현장 속에서 실현되지 못하는 원인 중 하나이다. 여성들이 국회의원도 되고 장관도 되고 대법원판사가 되어도, 장로가 되고 교육 전도사는 되어도, 아직 인간의 영혼을 돌보는 성직을 수행하는 담임목회자로 받아들이기는 어려운 문화이다.

마지막으로 여성과 남성 사역자들의 연합과 여성 목회자들 사이의 연대와 공동체적 노력이 절실히 필요한 시대이다. 교회 평신도들의 인식의 전환도 필수적이고 동료 남성 목회자들의 의식도 변화되어야 하지만 여성 사역자 스스로에게 아직 남아있는 열등한 자의식과 때로는 자아 존엄감과 교만함을 혼돈하거나 여성들에게 강요되는 순종과 겸손의 덕목으로 가장한 자기비하를 무의식적으로 수용하고 있는 자기이해의 변화이다. 때로는 여성 스스로가 성직을 수행함에 있어서 이차적 존재로서의 열등성을 극복하지 못하고 있다는 말이다. 현재와 같은 가부장적 기독교 문화 속에서 오랜 시간 동안 살아온 교회 여성들은 각자의 개인차는 있겠지만 대부분 다양한 종류의 열등감과 낮은 자존감에 시달린다. 교회 안에서 뿐 아니라 가정에서나 학교, 대중매체, 사회적 기대와 관습까지도 삶의 모든 영역에서 마치 공기처럼 다양한 이미지와 문화적 상징을 통해서 남성과 여성 모두에게 남성보다 여성은 어쨌든 열등하다는 의식을 심어주고 있기 때문이다. 특히 위계적 유교 문화가 뿌리 깊은 한국교회 문화는 복종과 부드러움과 온유함 등 여성에 대한 고정된 이미지에 묶여서, 당당하고 용기 있게 자신감을 가지고 하나님이 주신 거룩한 성직의 사명을 감당하는 자로서의 여성목회자로 성장시키기에 척박한 토양이다. 이러한 교회 여성 의식으로 인해 목회현장에서 여성목회자들 사이에서도 서로의 성장을 격려하고 이해하기보다는, 경쟁 속에서 성숙한 목회지도력을 갖추지 못하는 경우도 있다. 이제는 남성목회자들과 여성목회자들이 상호성을 깊이 인식하고 서로를 조직적으로 지원하고 다양한 멘토쉽을 통해 격려하며 서로에게 힘을 실어주는 협력과 연대가 절실히 요구되는 시대이다. 즉 제도와 개인 그리고 타자와 자아는 동시에 함께 변화되어야 한다. 가부장제라고 하는 수천 년의 제도가 생성해낸 문화적 영향은 단숨에 변화되는 것이 아니기 때문이다. 하나님은 허락하셨으나 인간이 허락지 않은 성직의 권위는 사람에게서 나오는 것이 아니라 하나님께 있음을 다시 되새기며, 어려울수록 주신 소명을 가지고 절망

하지 않고 상호 존중과 깊은 영성으로 예수 따름의 사명을 감당하는
현장의 사역자들에게 격려의 박수를 보낸다.

2장

한국사회 성의식 변화와
한국교회 목회자 성윤리

1. 목회자 성폭력 실태와 목회자 성윤리

1) 성폭력으로부터 자유로운 교회를 위한 반성

한국사회는 다양한 폭력의 문제로 몸살을 앓고 있다. 학교폭력, 이주노동자에 대한 폭력, 아동폭력, 가정폭력, 노인폭력에 이르기까지 광범위하다. 그중에서 여성에게 가해지는 폭력이 절대다수를 차지하는데, 그 이유는 불평등한 여남 관계와 위계적 힘의 불균형이 그 근본적 원인이다. 2018년, 성차별적 현실을 폭로한 서지현 검사를 시작으로 전개된 한국의 '미투 운동'은 일상에 만연한 가부장적 남성 중심의 성 문화와 성에 대한 잘못된 인식구조에 대한 비판과 실천들이다.

이러한 사회적 변화의 한가운데 목회자 성폭력이 교내외적 심각한 문제로 제기되고 있다. 목회자 성범죄 근절을 위한 대책의 하나로 한 기독교 단체에서 '전병욱-이동현 법'을 추진하였다. 목회자 성범죄에 가중처벌을 규정하는 '성폭력방지 특별법'을 제정하자는 전문가들은 성직자의 성폭력은 그 특성상 고소나 상담으로 드러나기보다 은폐되거나 침묵 속에 있는 사건이 더 많을 것이라고 말한다. 이에 따라 2차, 3차의 피해가 조장되기도 하며 교회가 자정 능력이 없는 집단으로 비추어지고 있는 현실이다. 이것이 한국교회의 현주소이며 한국사회 다양한 그룹 안에서 성 평등 문화에 뒤처진 교회 공동체의 현실이다. 한국교회 내에 뿌리 깊은 불평등한 여남 관계가 사회문화 속에 있는 왜곡된 성문화와 남성 중심의 성 의식과 밀착될 때 교회 역시 목회자들의 성폭력의 현장이 되는 부끄러운 현실이다.

2) 한국교회의 목회자 성폭력의 실태와 교회의 위기

성폭력은 강간, 강제추행, 언어적 성희롱, 음란성 메시지, 몰래카메라 등 상대방의 의사에 반하여 침해하는 모든 신체적 정신적 성적인 폭력을 포함하는, 성적 자기 결정권[1]에 대한 침해를 말한다. 성폭력 개념은 여성에 대한 남성의 지배와 통치 즉, 위계 체계적 성별 권력 구조에서 발생하는 광범위하고 일상적인 폭력이다. 현실적으로 가해자의 절대다수가 남성, 피해자의 절대다수가 여성이라는 점에서 알 수

---

1   자신의 몸에 관한 결정을 자신이 내릴 수 있는 권리. 1995년 UN 세계여성 회의에서 여성인권에 포함해 각종 여성운동의 행동강령에 반영하면서 등장한 용어로, 원하지 않는 성행위나 임신·출산, 성기관 절제 등을 강요받지 않고 모든 성 관련 행위를 본인의 결정에 따라 할 수 있는 권리를 말한다. (여성부/위민넷, 다음 오픈백과)

있듯이 성폭력은 단순히 개인 간 일어나는 것이 아니며 그 배경에 위계적 성별 구조가 사회문화적으로 존재하는 것이다.

　　교회 성폭력의 가해자인 목회자의 교회 내 위치와 영향력을 고려하면 이는 더욱 잘 드러난다. 최근 일어난 한국교회 성폭력은 그 수법이나 파렴치성에 있어서 우리를 경악하게 했다. 과거에는 성직자들의 성폭력이 주로 사이비 교주들 가운데서 일어나는 일이라고 치부했지만, 이제는 자타가 공인하는 교단의 목회자에 의해, 그리고 교계에 중요한 영향을 미치는 지도자들에 의해 벌어지고 있다. 특히 목회자가 성서에 대한 잘못된 해석을 근거로 들거나 혹은 성직의 절대적인 권위를 악용하여 이러한 범죄를 저지르는 경우가 대부분이기 때문에, 교회는 이러한 현실을 바르게 파악하지 못하는 경우가 더 많다. 오히려 적지 않은 교회가 이런 사건들에 있어 여성의 죄의식과 수치심을 강조함으로 피해자들에게 이중의 고통을 주기도 한다.

　　통계적으로 한국사회에서 성폭력의 약 80%가 아는 사람에 의해 발생한다. 성폭력을 으슥한 밤거리에서 모르는 사람에 의해 기습적으로 당하는 비일상적인 일로 여기는 우리의 관념을 여지없이 깨뜨린다. 성폭력은 친밀한 사이, 직장이나 같은 집단 내 등 일상적 공간과 가장 도덕적 안전성을 보여주어야 할 가정과 교회에서도 빈번하게 일어나고 있다. 경찰청 범죄통계에 따르면 2010년부터 2016년 11월까지 성폭력 범죄로 검거된 전문직이 5,261명이고 이 중 종교인이 681명으로 1위를 차지했다. 이 중에서도 성범죄를 가장 많이 저지른 전문직 직업군 1위가 바로 개신교 목회자로 조사되었다.[2] 기독교 반성폭력센터에서 2018년 한 해 동안 접수받은 사건들을 분석한 결과, 피해자가 여성인 경우가 99%[85건], 남성인 경우가 1%[1건]이었다. 전체 중 성년이 73%^{여성 72건, 남성 1건}을[2] 차지하지만, 미성년도 25%^{여성 21건}이나 차지하고 있다. 가해자는 담임목회자가 34%^{31건}, 부목회자가 27%^{24건}이며, 목회자와 교인 간에 성폭력이 벌어진 경우가 전체의 58%에 달했다.[3] 이러한 목회자와 여성도 간의 성폭력은 목자와 양 무리 간의 영적 돌봄과 목회적 차원의 긴밀한 관계가 인격적 관계보다는 위계적 관계 속에서 쉽게 왜곡된다.

게다가 교회 성폭력 피해자가 자신에게 벌어진 일을 성폭력으로 인식하지 못한다는 데에 큰 어려움이 있다. 피해자의 경우 자신이 그런 방식으로 목회자를 섬기고 있다거나 주의 종을 기쁘게 하는 것이 하나님을 기쁘게 하는 것이라고[4] 생각한다는 것이다. 목회자의 언어적 표현이나 신체적 접촉을 애정표현이나 관심이라고 생각하거나 불쾌하게 여기는 자신을 너무 예민한 것이 아닌지 자신을 검열함으로써 폭력이라는 인식으로 이어지지 않는다. 한편 피해자는 목사를 추종하는 신도들에게 목사를 음해하는 마귀로 지탄받기도 하고 목사는 다른 교회에 봉직하면서 하나님이 자신을 용서하셨다고 설교한 경우도 있다. 피해자는 교회 내에서의 목회자의 지위, 사회적인 편견, 그리고 폭력에 대한 스스로의 확신 부재로 성범죄 피해자라는 사실은 쉽게 밝히지 못하며 가해자와 피해자 둘 만 아는 사실이다 보니 입증하기가 쉽지 않다. 또한 성직의 절대적 권위는 그 영향력이 크고 특수하기

---

2 『머니 투데이』, 류원혜 인턴기자, "명성교회 뿐? … 계속되는 교회 세습, 성범죄 배경 되기도," https://news.mt.co.kr/mtview.php?no=2019071617373392168&outlink=1&ref=https%3A%2F%2Fsearch.daum.net (2020.07. 21 접속).

3 "기독교반성폭력센터 2018 상담 통계," 기독교반성폭력센터(2018.12.20). http://yourvoice.or.kr (2020.07.21 접속).

4 박성자, "교회 내 성폭력의 실태와 대책," 『목회자 성윤리, 어떻게 할 것인가?』(서울: 교회개혁실천연대, 기독교윤리실천운동, 바른교회아카데미, 2010), 10.

때문이 여신도들이 자발적이 추종과 순종이 따르므로 피해의 입증이 어렵고, 이러한 이유로 처벌도 수사도 어렵게 된다.

또한 교회 내부에서 발생한 성문제를 해결하는 과정에서 보이는 교회 지도자들의 태도는 피해자 중심의 목회적 돌봄의 자세보다는 목회자에 대한 성도들의 신속하고 "은혜로운" 용서, 그리고 피해자인 여성에 대한 암묵적인 질타의 목소리들을 내왔던 것이 대부분이었다. 가장 양심적이고 도덕적이어야 할 목회자들이 우월적 지위를 이용해 범죄를 저지르고 피해 여성에게 돌이킬 수 없는 상처를 재차 주는 것이다. 성職직 종사자들의 성性 범죄는 피해자의 육체만이 아니라 영혼까지 파괴할 수 있기에 매우 심각한 사안이다. 그뿐만 아니라 끊임없이 발생하는 성범죄에 대한 기초적 법 제정도 준비되지 못한 상황에서 피해자의 보호와 가해자의 처벌을 위해서는 교회 밖으로 가야 하는 상황에 부닥쳐 있다.

일반적으로 목회자들의 심각한 도덕적 문제를 단순하게 '돈' 문제와 '여자' 문제라고 말한다. 목회자들이 돈과 여자를 '조심'하면 큰 문제는 없을 것이라는 의미이다. 그런데도 하루가 멀다고 미디어를 통해 돈과 여자 문제로 인한 목회자의 비윤리적 사건들이 언급된다. 이러한 "여자 때문에"라는 관습적 이해에는 여성이 성문제의 원인 제공자라는 의식적 혹은 무의식적 인식이 잠재하고 있다. 성에 대한 성찰이 부재한 결과이다. 동시에 도덕적 행위자로서 목회자들의 무책임성을 의미하는 말이기도 한 것이다. 이러한 역사적 과정을 반성하면서 한국교회는 교회에서조차 발생하는 다양한 성폭력을 극복하고 건전한 성윤리를 확립하기 위해 뿌리 깊이 있는 신학적 전제에 대한 철저한 반성과 실제적 변화를 가능하게 하는 성교육과 철저한 의식개혁,

그리고 고통과 침묵 속에 사라져 간 수많은 피해자들을 보호하고 치유하는 정책적 입법화도 필요하다.

3) 목회자 성폭력과 왜곡된 성서 해석과 잘못된 성 의식

성폭력을 사전에 예방하고, 또 그것이 발생한 후에 대처방안도 중요하다. 하지만 교회 성폭력 가해자의 대다수가 남성임에도 불구하고 왜 그 책임은 오히려 피해자인 여성에게 전가되는지에 대해 질문을 던질 필요가 있다. 그러기 위해서는 여성과 남성 간의 관계의 양상과 힘의 구조와 그 기저에 어떤 신학적 전통과 기독교적 가치관들이 자리하고 있는지 고민하는 일이 선행되어야 한다.

한국교회의 지도자들과 교회 여성들은 성서 해석학적으로 남녀의 위계적 관계에 기초한 전통 신학에 지대한 영향을 받고 있다. 성도와 목회자, 아내와 남편 사이의 위계적 질서에 기초한 관계를 건강하게 회복할 수 있는 신앙적 관점이 교회교육을 통하여 체계적으로 제공되지 못했다. 이제 성 평등을 위한 신학적 전환이 여성신학자들의 학문적 영역을 넘어 각 교회와 교계 지도자들을 교육할 수 있고 의식의 전환을 가능하게 하는 구체적인 방법으로까지 나아가야 할 것이다. 특별히 목회자들의 잘못된 성서 해석은 교회를 심각한 성폭력의 현장으로 만들어 가고 있다. 예를 들어, 모 교회 목회자는 '라헬'의 이야기로 20여 명의 젊은 여성들을 성폭행하였으며, '다윗'과 '밧세바'의 이야기는 목회자의 성폭력을 쉽게 용서하는데 정당한 이야기로 왜곡되어 왔다. 구약학자인 이경숙 교수는 여성들이 인간으로 취급되지 않고 남성들이 나누어 갖는 전리품 정도로 생각하며, 성적으로 착취당하고

학대받는 존재로 자주 묘사되는 현실을 지적하면서 목회자들이 이러한 구약성서의 이야기를 마치 하나님이 허용하시는 것처럼 이해하는 것이 심각한 문제라고 지적하였다.[5]

　　여성 성서신학자들은 목회자들의 폭력을 정당화하기 위해 오용된 성서본문이 불필요하다고 생각하기보다는, "다르게" 해석함을 통해 그 진정한 의미를 찾아야 한다고 주장한다. 세계적인 성서학자인 필리스 트리블Phyllis Trible은 성서가 이천 년이 지난 현실에도 자행되는 '정신대', '성 고문', '인신매매', '성 상품화' 등 여성을 비하하고 폭력을 야기하는 현실에 대한 생각을 불러일으키게 하는데 중요한 본문이 된다는 것을 강조한다.[6] 또한 엘리자베스 피오렌자Elizabeth Fiorenza는 고통받는 자들과의 연대를 위한 성서본문, 즉 회상의 해석학hermeneutics of remembrance[7]을 주장한다. 왜 폭력의 절대다수의 피해자가 여성인가? 왜 성폭력 가해자의 절대다수가 남성인가? 왜 교회가 심각한 성폭력의 현장 중 하나가 되고 있는가? 질문하고 이에 교회는 책임적으로 응답해야 한다.

　　일반적으로 가장 왜곡된 사회통념은 첫째, 많은 사람이 남성의 폭력을 사회문화적 현상으로 이해하기보다 '본능'이라는 생물학적 현상으로 이해하면서 남성들의 성폭력을 억제할 수 없는 생리적 결과라고 보는 것이다. 그러나 성폭력은 남성의 생물학적 본성에 기인하는 것이 아니라, 성차별주의 사회sexist society 현상의 결과이다.[8] 남성의 높

5　　이경숙, "성폭력과 성서," 『성폭력과 기독교』(서울: 여성신학사, 2000), 36-37.

6　　Trible, Phyllis, *Texts of terror: literary feminist readings of Biblical narrative*, 최민자 옮김, 『성서에 나타난 여성의 희생: 성서의 여성신학적 재조명』(서울: 전망사, 1984), 18.

7　　이우정 편, 『여성들을 위한 신학』(서울: 한국신학연구소, 1985), 115.

8　　윤종모, "교회 내 성폭력 문제의 대안 모색을 위한 제언," 33.

은 성욕을 폭력의 원인으로 규정하는 일반적 통념은 모든 남성을 잠재적 성폭력 가해자로 전제하는 것이다. 이러한 통념은 수많은 세월 동안 사회문화적으로 남성의 폭력을 수용하는 결과를 낳았다. 그러나 최근 연구는 그 반대를 주장한다. "공격적 행위가 남성 호르몬 분비를 촉진시킨다"는 것이다. 예를 들어, 남편이 아내를 지배해야 한다는 기대는 남성 호르몬 분비를 증가시키기 위한 상황을 제공하고, 폭력으로 몰고 갈 수 있다는 것이다. 이러한 전체 상관관계로 고려해야 하는 남성과 여성 사이의 육체적 차이는 생물학적으로서가 아닌 사회적 상황에 기인한 것일 수 있다.[9] 따라서 기독교는 현대문화 속에 상징화되어 있는 왜곡된 남성다움의 반문화적 이해, 즉 남을 다스리는 힘과 폭력을 통하여 남성성을 나타내는 것을 포함하지 않는 새로운 의미의 성서적이고 복음적 부성父性과 남성성에 대한 이미지를 재발견하고 교회에서 교육시켜야 한다.

둘째, 가부장제는 성적 관계에서 여성에게 수동적인 역할을, 남성에게 능동적인 역할을 하게 하는 이중적인 성 규범 각본을 부여했다. 이러한 가운데 여성은 성적 자기 결정권을 능동적으로 행사하는 데 구조적인 제약이 있다. 동의라는 개념은 남성들에게는 '자발성'을 의미할 수 있지만, 여성들에게는 '거부하지 않음'으로만 이해될 뿐이다. 이러한 의미에서 성폭력과 성관계를 구분하기 모호한 문제가 발생한다.

결론적으로 교회를 통하여 이 땅에 실현되어야 하는 하나님 나

---

9   Kathlyn A. Breazeale, *Mutual Empowerment: A Theology of Marriage, Intimacy and Redemption*, 15.

라의 신앙공동체로서 교회 내의 성폭력은 명백히 인간의 죄의 결과이며, 회개하고 해결해야 할 문제이지, 인간의 생물학적 본성이나 관습 때문에 일어나는 어쩔 수 없는 일이 아님을 분명히 하는 것이 중요하다. 특별히 한국교회의 전통은 여성을 남성에게 종속된 존재로 가르쳐온 남존여비의 잘못된 유교사상과 여성을 타락의 역사를 만들어낸 열등하고 불경한 존재로 남성의 보호와 감독을 받아야 한다고 가르쳐온 가부장적인 유대 기독교와 만나면서 여성에 대한 가장 왜곡된 사회적 규범을 강화하는 도덕적 근거를 제공해 왔다. 이러한 배경은 세계 교회 속에서 역사적으로 가장 빠르게 성장해온 한국교회가 성 평등 부분에서는 세계교회에서 가장 뒤처진 상황을 만들게 했다.

4) 목회자의 도덕적 지도력과 성 Sexuality에 대한 신학적 이해: 전통적 신학에서의 몸의 소외와 성의 부정

많은 교회 내 성폭력 현장에서 일어나는 목회자들의 성적 비행과 이러한 현상에 대한 은폐와 무관심은 이러한 전통 신학에 내재한 성차별적이며 몸을 소외시킨 전통과 무관하지 않다. 기독교적 몸 이해는 히브리적 사유뿐 아니라 헬레니즘의 영향을 지대하게 받았다. 서구 철학의 토대가 되어 온 헬레니즘 전통은 몸이 정신에 비해 이차적이고 이질적인 것으로 이해했다. 그리고 내가 아닌 비非 자아로 생각하는 경향을 보여 왔다. 철학이 물질적 세계로부터 이성적 정신을 분리시킨 시도는 신학에도 영향을 미쳤다. 하나님을 이성적 정신과 동일시하고 물질적 세계로부터 분리시켰다. 이성적 정신은 유한하고 신은 무한하나 둘 다 탈 육체적이다.[10] 이러한 이해는 기독교 신학으로 하여금 이성을 찬양하는[10]반면, 몸을 죄와 타락의 영역으로 가져가면서 본질적으로 하나가 다른 하나보다 우월하다는 계층적 인식을 전개해 왔다.[11] 서구 기독교는 이러한 신학적 전통 속에서 필연적으로 맞이하는 육체의 죽음에 대항해서 영원한 영혼의 생존을 추구하였다.

이러한 사유를 통해 오랫동안 기독교 역사 안에서 성은 신학적 성찰의 대상이 아니었다. 서구교회의 전통 속에서 성적 욕망을 죄악시하는 금욕주의가 지배적이기 때문이다. 가부장적이고 성차별적인 기독교 전통 안에서 인간의 몸body과 신체성flesh, 그리고 성 sexuality은 신학적 성찰의 과정에서 오랫동안 소외되어 왔다. 현대신학은 이러한 전통 신학의 왜곡된 성에 대한 이해를 반성하면서 기독교의 성에 대하여 다시 질문을 던진다. 그리고 성성sexuality에 대한 바른 의미를 발견하며 신학적으로 재구성하고자 노력하였다. 영혼 중심주의와 정신 중심주의에 터한 서구 신학전통 속에서, 고아처럼 버려져왔던 주제인 몸과 성에 대하여, 현대신학은 영혼의 성장과 육체의 건강함이 얼마나 깊은 관계가 있는지를 주목한다.

그렇다면, 그리스도인은 왜 몸에 대해 긍정해야 하는가? 하나님이 직접 육체를 입고 이 땅에 오셨기 때문이다. 또한 하나님이 인간을 육체로 창조하셨기 때문이다. 성경은 인간을 낮춰 말할 때, '육신'flesh이라고 부른다. 하나님의 말씀이신 그리스도께서 가지신 영적인 영광과 우리 육신의 지독한 추함 사이의 간격은 대단히 깊고 멀다. 그런데도 하나님의 아들은 자신을 지극히 낮추셔서 인간의 비참함을

10 Janet Trisk, "Embodied Subject," in *Journal of Theology for South Africa*, 117, 42.
11 Ruether, Rosemary Radford, Sexism and god-talk, 안상님 옮김, 『성차별과 신학』(서울: 대한기독교출판사, 1985).

표현하는 '육신'을 친히 취하셨다. 여기서 '육신'은 (바울이 즐겨 사용하는) 타락한 본성을 가리키기 위함이 아니라, 죽을 수밖에 없는 운명을 가진 인간을 가리키려고 사용되었다. 다시 말해서, 인간의 가장 연약한 부분을 언급하는 '육신'이라는 말속에 '전인'全人이 포함되어 있는 것이다. 성육신하신 예수님은 하나님 형상의 완전한 모델이다. 예수 그리스도의 성육신은 추상적인 개념이나 교리가 아니라 구체적인 생명과 삶을 의미한다. 예수의 몸은 전통적 기독교가 생각하는 것처럼 죄를 짓는 장소가 아니라, 가장 친밀하게 하나님을 만나는 거룩한 영혼의 거처가 된다. 현대신학을 통해 발전되어 온 몸 신학은 지금 여기, 이 순간의 생명을 가능하게 하는 육체성이 하나님과의 관계를 가능하게 한다. 그리고 예수 그리스도를 통해 몸으로 오신 하나님의 성육신의 의미를 주목한다. "말씀이 육신이 되었다"요 1:14는 요한의 주장에서 우리는 그리스도의 인격의 통일성을 분명하게 이해할 수 있다. 거룩한 몸은 영적인 인간 이해에 몸을 포함하는 통합적인 정체성이 얼마나 중요한지를 의미한다.

　　기독교의 성윤리를 새롭게 정립함에 있어서 이 신학적 주제보다 중요한 것은 없다. 더욱이 육체는 하나님이 자신을 현존하시는 방법이다. 육체는 존재론적으로 시간과 영원을 가로질러 위치하는 중대함을 가진다. 육체적 경험과 표현은 마치 우리가 하나님과 관계를 추구하는 것처럼 존재의 양쪽 영역에서 기초적인 인식론적 도구가 되었다. 우리는 육체를 가지지 않고는 하나님과의 사랑의 관계도 불가능함을 기억할 때, 생각을 넘어 몸으로 신앙하는 생활신앙이 가능하다. 즉 체현embodiment의 방식을 통해 육체가 전달하는 지식은 다른 방법으로는 획득할 수 없는 지식이다. 여기에 육체의 목적이 있다. 육체는 지금 그리고 다가오는 삶 안에서 우리가 하나님에 대하여 어떻게 무엇을 알 수 있으며, 알아야 할 것인가에 대한 배경을 제공한다.[12] 이렇게 육체는 하나님에 대한 지식의 토대 위에 우리의 믿음을 더욱 굳건히 하는 중요한 역할을 한다.

이러한 몸 신학에 대한 새로운 관점은 구체적인 시공간에서 인간이 개별적인 몸으로 존재하는 것을 중요하게 여긴다. 한 사람의 지각, 생각, 행동은 몸의 체험을 통해서 존재와 삶을 형성한다. 신앙은 삶의 현장과 괴리될 수 없다. 몸을 떠나서는 영혼의 건강함을 전제할 수 없다. 오히려 몸은 인간의 주체성과 신앙인의 정체성에 늘 우선한다. 인간은 몸과 관련될 때에만 영적 건강과 깊은 영성을 소유할 수 있고 몸을 통해서만이 하나님의 영광과 그리스도의 사랑을 경험하게 되기 때문이다. 성육신적 관점에서 몸에 대한 이해가 인식론적, 존재론적으로 전환된 신앙은 서구 전통 신학적 이론들의 방향을 재조정한다. 그러한 전환에 기초해 새롭게 재구성된 몸 신학은 인간 주체성의 형성과 어떠한 관계가 있는지를 진지하게 검토하게 한다. 더 나아가 몸 신학적 관점은 말과 생각의 신앙의 차원을 넘어서 궁극적으로 신행일치의 삶과 생명력 있는 신앙의 삶을 가능하게 하는 가장 기초적인 개념이 된다.

기독교 역사 안에서 끊임없이 반복된 몸에 대한 평가절하는 여성의 삶의 전 영역에 영향을 주었다. 가부장적이고 성차별적인 이원론은 정신과 자아로부터 철저히 몸을 소외시켰으며 더 나아가 몸을 상징하는 여성의 억압을 정당화시켰다. 그러므로 기독교 여성들로 하여

---

12   위의 책, 9-11.

금 온전한 인간으로서 주체성을 형성하는 길을 원초적으로 막은 것이다. 따라서 몸 신학의 과제는 이러한 이원론에 대한 비판을 넘어 몸을 다시 신학의 주제로 회복시키는 것이다. 더 나아가 몸에 대한 긍정은 곧 몸이 지닌 욕망에 대한 긍정을 의미한다. 신앙적 삶은 단순히 몸의 욕구를 억누르는 것이 아니라, 오히려 깊이 성찰함으로써 영혼과 정신의 깊은 체험과 몸의 지각과의 관계를 통해 성장하는 영성을 실현하는 것이다. 또한 몸에 대한 긍정은 상징적 의미에서 여성에 대한 긍정을 의미하기도 한다. 몸의 욕망이 긍정으로 받아들여지고 여성의 가치가 재정립될 때, 비로소 건전하고 조화로운 성윤리가 가능해짐을 잊지 않아야 한다.

2. 성폭력에 대한 기독교 윤리적 대안 모색

폭력에 대한 감수성을 높이고 폭력에 대한 책임 있고 윤리적인 기독교 신앙을 위해 성 Sexuality 과 영성 Spirituality, 도덕성 Morality 이 분리되지 않은 온전한 인간성과 그리스도인의 인격을 통합적으로 교육하는 노력이 계속되어야 한다. 또한, 이미 남성들과 여성들을 지배하고 있는 이미지와 언어들에 대해 저항하며 여성성과 남성성으로 구분되고 고착된 모습들을 비관습적, 복음적으로 바라보는 노력이 필요하다. 한국교회는 수직적 위계구조와 가부장적 문화가 맞물려 낳은 교회문화 속에서 무감각해진 성도덕과 다양한 성폭력 사건들로 하나님이 주신 교회의 선교적 사명을 바르게 실현하지 못하고 있다. 우리 교단 총회 안에서 성차별을 극복하지 않는 한 교회는 성폭력에서 벗어날 수 없고 진정한 의미에서 신앙공동체로 거듭날 수 없다. 한국교회의 현실을 바라보면 양성평등이 온전히 실현되고 성폭력 제로존^{Zero Zone}으로 교회를 변화시키는 일이 요원해 보일 수 있다.

그러나 그리스도인들에게 절망은 희망의 반대가 아니라 믿음 없음을 의미하는 것이다. 희망은 우리가 만들어 가는 것이 아니라 예수님의 정신에 순종하고 하나님의 활동하심에 참여할 때 실현되는 것이다. 그리스도인들은 폭력을 생산하는 배제와 차별의 정책과 신념에 개인적으로 공동체적으로 저항해야 한다. 모든 인종과 계급과 성적이 차이들이 그리스도의 사랑 안에서 어떻게 급진적인 평등성으로 전환되는지를 행동하기 위한 신학적 전제들을 생각해 본다. 그리스도인들은 폭력을 생산하는 배제와 차별의 정책과 신념에 개인적으로 공동체적으로 저항해야 한다. 모든 인종과 계급과 성적이 차이들이 그리스도의 사랑 안에서 어떻게 급진적인 평등성으로 전환되는지를 행동하기 위한 신학적 전제들을 생각해 본다.

여성에 대한 폭력은 가부장제의 역사 동안 보편적이고 일상적인 문화의 일부로 행해져 왔음을 인식해야 한다. 이토록 오랫동안 비가시화된 여성에 대한 폭력의 문제를 명명하기 시작한 것도 얼마 되지 않았으며, 그것을 근절하기 위한 운동도 이제 막 시작된 것이다. 따라서 여성에 대한 폭력을 이야기한다는 것은 필연적으로 여성의 관점에서 여성의 경험을 말하기를 요청함에도 불구하고 이는 남성 중심적 언어와 관점이 보편성을 인정받는 사회에 균열을 일으키는 하나의 혼란으로 보이기 때문에 쉽게 진실성을 의심받는다. 이러한 가부장적인 문화 속에서 직장과 가정 혹은 교회 내 발생하는 심각한 폭력은 쉽게 하찮고 사사로운 일로 여겨진다.

광의의 성폭력 개념은 성폭력이 여성에 대한 남성의 지배와 통제, 즉 위계 체계적 성별 체계 안에 나타나는 힘의 관계 속에서 발생하는 광범위하고 일상적인 폭력이라는 점에 주목할 수 있게 해 준다.[13] 일반적으로 성폭력은 위계 체계적 성별 권력구조로부터 발생하는 경우가 대부분이기 때문이다. 성폭력이 단순히 개인 간에 일어나는 것이 아니라 그 배경으로 근원적 성별 권력구조가 사회적·정치적·문화적으로 존재한다는 사실을 인식하는 것이 중요하다. 특별히 교회 내 성폭력은 교회의 목회자나 교역자가 자신의 권위를 이용/남용하여 성도에게 가하는 성폭력과 간음 또는 그와 유사한 행위를 하는 것이다. 또한 더욱 유의해야 하는 현실은 폭력성을 수반하지 않았더라도 목회자의 영적 권위를 이용하여 여신도들의 성을 유린했다면 이러한 것도 성폭력의 범주에 넣어야 한다는 목소리가 높다.[14]

1) 성폭력 극복을 위한 교회 문화 변화

성폭력 극복을 위해 필요한 첫 번째 의식변화는 교회 내에 만연한 위계질서의 변화이다. 성폭력은 남녀 간의 사회문화적 위계질서뿐 아니라 성역할에 의해서 정당화되기도 한다. "모든 인간은 폭력 당하

---

13 정희진, "인권과 평화의 관점에서 본 여성에 대한 폭력," 『성폭력을 다시 쓴다: 객관성, 여성운동, 인권』(파주: 한울아카데미, 2003), 17-36. 성폭력은 성적 자기결정권에 대한 침해로 자신의 몸에 대한 결정을 자신이 내릴 수 있는 권리이다. 성폭력은 강간, 강제추행, 언어적 성희롱, 음란성 메시지, 몰래카메라 등 상대방의 의사에 반하여 침해하는 모든 신체적 정신적 성적인 폭력을 의미한다. 1995년 UN 세계여성회의에서 여성의 인권에 포함시켜 각종 여성운동의 행동강령에 반영하면서 등장한 용어로, 원하지 않는 성행위나 임신, 출산, 성기완 절제 등을 강요받지 않고 모든 성 관련 행위를 본인의 결정에 따라 할 수 있는 권리를 말한다. (여성부/위민넷, 다음 오픈백과)

14 정숙자, "교회 내 성폭력의 문제와 대안 모색," 『한국여성신학』 36 (1998), 33.

지 않을 권리를 포함하여 인간으로서 권리를 가진다."는 기초적인 인권 개념은 성차별 사회에서는 모순적인 명제가 되어버렸다. 인간은 누구나 맞지 않을 권리가 있지만, 폭력에 대한 우리 사회의 남성 중심적 담론은 인간으로서 맞지 않을 '권리'보다 여성으로서 참아야 할 '도리'를 더 강조하며 '맞을 짓', '당할 만한 짓'을 하지 않았는지 묻는다. 전통적인 성역할이라 여겨지는 충실한 수행 여부를 더 추궁하는 것이다. 필자가 지난 6년 동안 가정 폭력과 성폭력의 피해자들을 중심으로 목회할 때의 경험을 통해서도 피해 여성들이 자신이 부족하고 죄가 많은 것이며, 여성으로 잘 참고 살지 못함에 대한 자책이 일반적임을 어렵지 않게 확인하였다.

이처럼 여성에 대한 폭력과 부정의不正義는 종종 성역할로 정당화되며 정상화된다. 이러한 문화와 관습 속에서 여성의 성역할과 인권은 양립할 수 없는 것이 된다.[15] 특별히 한국 사회의 유교적 성역할 이데올로기는 남녀유별을 강조하고 남성에 대한 여성의 복종적이고 의존적인 태도를 미덕으로 가르쳐왔다. 물론 남녀 성역할의 분업은 필요할 때도 있지만 남성의 역할이 중요하고 그 우월성과 중요성을 주입시키고 정당화시킨다. 이렇게 끊임없는 사회화의 과정은 남성우월주의나 위계적 권위주의로 쉽게 전환되고 남성의 지배를 여성의 보호로 왜곡시킨다. 그리고 이러한 관계 속에서 남성폭력의 가해자는 종종 보호자로 위장하게 된다.[16] 일반적으로 폭력이 수용적인 환경 속에서 성폭력도 더 자주 일어난다.

15   정희진, "인권과 평화의 관점에서 본 여성에 대한 폭력," 35.
16   이원규, "교회 내 성폭력에 대한 종교사회적 분석," 『한국여성신학』 38 (1999), 65.

둘째로 교회 안에 만연한 유교적 지배복종의 문화도 상호 섬김과 배려의 문화로 변화시켜야 한다. 성공회대학교 윤종모 목회상담학 교수는 목회자 중에 폭력적인 성향이 강한 사람들이 매우 많다는 것은 공공연한 사실이며 폭력적인 성향은 양육의 과정에서 형성되는 것이므로 목회자의 선발 과정에서 좀 더 면밀한 심사과정을 통하여 부적절한 사람은 후보로 추천하지 않아야 한다고 주장하였다.[17] 이러한 폭력적인 성향은 남성의 지배적 경향이 전통적인 성역할이라는 명목 하에 암묵적으로 정당화되는 것을 보여준다.

이렇게 성폭력을 야기하는 원인은 다양하다. 가부장적 사회구조와 성차별적 의식, 성차별을 고착화시키는 다양한 위계적 사고방식, 남성 중심적 언어와 관점, 여성에 대한 폭력을 수용하고 부정의한 성역할의 사회화, 왜곡된 남성과 여성에 대한 정체성, 아내와 자녀에 대한 가부장적 소유의식 등 복잡하고 다차원적인 측면을 통합적으로 고려해야 한다.[18] 이러한 관계를 좀 더 근본적으로 인식하고 현실적 변화에 대한 다양한 노력들과 새로운 인식의 공유와 성교육 그리고 실천적 노력들이 병행되어야 한다. 이런 연구결과는 결론적으로 여전히 한국교회의 신학적 전통과 전제 속에 위계적이고 계층적 이원론이 내재해 있는 한 이러한 폭력의 고리를 끊는다는 것은 불가능하다는 것을 시사해 준다.

마지막으로 의식의 변화에 따른 교회문화의 형성이 요청된다.

---

17 윤종모, "교회 내 성폭력 문제의 대안 모색을 위한 제언," 『한국여성신학』 36 (1998), 33.

18 Harway, Mich'ele, O'Neil, James M., *Waht's causes men's violence against women?*, 김태련·김정휘 옮김, 『남성의 폭력성에 관하여: 무엇이 여성에 대한 남성의 폭력을 야기시키는가』(서울: 이화여대출판부, 2002).

한국교회 신앙공동체는 배려와 존중의 평등 공동체에 기초한 문화여야 한다. 따라서 한국교회의 성문화가 여성과 남성의 지배^{우위} 복종 이데올로기가 좀 더 온전한 양성평등 의식과 상호존중과 인간 존엄에 기초한 건전한 성문화로 정착된다면, 이러한 의식과 구조의 변화는 구체적으로 교회문화의 변화를 가져오고, 오히려 한국사회를 통해 전해 오는 사회화 관습과 밀접한 관련성 속에서 여성과 남성 간의 불평등한 권력관계를 유지하는 가부장적 구조의 변화시키는 주체로 복음으로 변화된 새로운 그리스도인들과 신앙공동체로서의 교회가 앞장설 수 있으며 이러한 교회 공동체로 거듭날 때 세상을 살리고 어두운 세상을 비추는 빛이 되는 것이다.

기독교 윤리적 관점에서 그리스도인의 올바른 성의식 형성을 위해 필요한 것들이 있다. 그것은 성도들 간의 성역할의 사회화와 성폭력 사이의 연결을 깨뜨리고 지배와 복종의 관계를 해체하며 남성과 여성 사이의 상호 강화^{Mutual Empowerment}와 상호존중을 관계적으로 실천하는 것이다.[19] 교회 공동체 안에서 예수 그리스도를 통하여 하나 된 몸으로서의 힘은 관계를 맺는 것과 관련이 있다. 공동체를 평등하고 아름답게 지속시키는 사람들의 관계에서 재창조되는 연합의 과정이다. 신앙공동체는 남성과 여성 한쪽이 힘을 일방적으로 소유하고 행사할 것이 아니라 힘의 내어줌을 통한 상호의존의 관계성을 회복하는 것이 필요하다. 상호 강화의 모델은 피조물의 공동체에서 평등하게 행하고 책임지는 능력을 행사하는 여성과 남성을 고려한다. 이제는 교회의 문화가 일방적이고 위계적이고 지배자적 관계를 정당화해온 가부

---

19 위의 책, 11.

장적 문화의 반성과 해체를 통해 지배/종속적으로 드러나는 힘의 불균형을 극복하고 상호 소통하고 존중하는 평등의 제자직을 수행하는 교회문화를 정착시켜야 한다. 이러한 노력은 폭력에 대한 감수성을 증진시킬 수 있는 여성과 남성 사이의 상호성과 평등성의 문화를 뿌리내리게 하는 성숙한 의식전환을 가능하게 한다. 더불어 성스러운 몸과 체현된 영 Sacred Body and Embodiment Soul 에 대한 이해가 충분히 신학적으로 숙고하여야 한다. 여성과 남성의 몸은 모두 존중되어야 하며 몸은 육체적 발달만큼이나 영적인 면에서 중요한 역할을 하고 있음을 인식하는 것이다. 여성을 몸과 성으로, 남성을 영과 영성으로 여기는 이분법적 사고 대신, 여성과 남성 모두가 전체적으로 몸과 영이며, 성적 존재이자 영적 존재임을 인식해야 한다.

2) 목회자 성폭력에 대한 대처와 대안

① 목회자의 성폭력 극복을 위한 의식개혁

첫째, 목회자는 성적인 존재로서의 정체성의 정립이 가장 중요하며 자신도 유혹에 빠질 수 있는 존재라는 것을 인식하고, 교회의 다양한 관계에 대처해야 한다. 또한 홀로 심방을 하거나 밀폐된 공간에서 상담하는 것은 삼간다. 특별히 신학적으로 몸적 인간, 성적 인간의 이해가 필수적이다. "성sex은 다만 생식의 기능을 담당하는 인간의 특정 신체기관을 지칭하는 말이 아니다. 물론 새로운 생명을 잉태한다는 면에서 성의 생식기능은 중요하되, 성은 생식기 너머 인간 전체와 연결"되어야 한다.[20] 창조주 하나님이 지으신 인간은 모든 욕망과 욕구를 거세당한 정신적 존재가 아니라, 직접 빚으신 몸으로서의 존재이며 몸을 통해[20] 세상을 만나고 감각하는 존재이다. 따라서 몸은 억압되고 통제되어야 할 대상이 아니라 인간 스스로가 인식하고 돌보며 누려야 할 존재 자체인 것이다. 성 또한 '죄가 아니라 하나님이 창조하신 인간의 축복받은 실존이기에, 억압이 아닌 올바른 성관계를 통해 아름답게 구현되어야 한다.'[21] 인간은 몸을 가진 존재로 감각하고 욕망하며 살아간다. 성 sexuality은 영성 spirituality 및 도덕성 morality과 함께 통합된 인간을 형성한다. 이것을 인정하고 자신의 몸적 존재와 욕망을 이해할 수 있어야 한다.

둘째, 목회자는 목회자 이전에 한 가정의 아버지이고 남편이라는 인식을 분명히 하고 배우자와의 친밀한 관계를 유지하며 부부관계를 통해 성적인 욕구를 자유롭게 표현하며 살아가는 것이 중요하다. 이러한 의미에서 건강한 목회자의 가정과 부부관계는 성문제를 예방하는 가장 안전한 장치가 된다. 셋째, 현재 대부분의 5060의 목회자들은 신학교에서 바람직한 성에 대한 신학교육 경험이 전무하거나 매우 결핍된 상황이므로, 자신의 성에 대한 가치관과 여성관에 대한 새로운 성찰이 필요하다. 여성을 남성의 소유물로 생각하거나 욕구의 대상으로 여기지 않는지 성에 대해 지나치게 금기시하거나 관용적이지 않은지 살펴보아야 한다. 넷째, 더 나아가 성적인 문제에 관한 어려움이 생겼을 때 의논하고 처리할 수 있는 지원체계가 있어야 한다.[22]

전통적 신학에 나타난 성적 차이, 곧 여성과 남성의 종속적 관

---

20 김혜령, "한국교회의 성도덕에 대한 비판적 고찰," 『목회자와 성』(기윤실 부설 기독교윤리 연구소, 2012), 12.

21 위의 책, 21

22 위의 책, 14-15.

계는 교회 안에서 더 자주 작동한다. 남성이 여성의 머리이며 여성에 대한 지도력을 행사한다는 것, 게다가 이러한 지도력은 하나님으로부터 온 것이라는 성서적인 권위로까지 인정된다. 이러한 교회의 질서 안에서 남성 목회자의 권위는 강단에서 선포되는 설교에서부터 목양적 관계의 모든 곳에 영향을 미친다. 하나님과 아주 가까우며 하나님의 뜻을 가장 잘 알고 판단하는 것으로 여겨지는 목회자가 성서를 오용하거나 도덕적 규칙이나 원칙마저 자신에게 적용하지 않는 것이 용인된다. 심지어 목회 사역에서의 두드러진 영향력이나 양적 부흥 그리고 인지도를 갖는 목회자의 일상의 사소한 실수는 괜찮다는 자본주의적 논리가 적용된다.

한편, 성직과 경건성에 대한 강조는 목회자의 정체성인 동시에 인격적인 일상에 있어서의 괴리나 압박을 형성한다. 목회자는 주간 내내 정해진 일정 혹은 갑작스러운 일정까지도 소화하며 다양한 처지의 성도들을 만나서 문제를 들어주고 해결해 주는 일들을 한다. 육체적으로 영적으로 지치고 건조해지기 쉽지만 그것을 쉽게 표현할 수 있기는커녕 늘 거룩하고 경건한 모습과 생활방식을 유지해야 한다. 바른 취미생활마저 누리기 어려운 것이 목회자의 현실이다. 이러한 한국교회의 목회 문화도 되돌아보아야 한다.

동시에 목회자들의 여성에 대한 인식의 변화도 필수적이다. 교회 내 바람직한 성도의 덕목은 '순종'과 '섬김'이며 이러한 가치는 남성과 여성의 종속적 관계 안에서 여성 성도에게는 더욱 요구되고 또한 여성 성도를 평가하는 기준으로 작용한다. 남성에 대한 순종과 섬김, 영적 지도자인 남성 목회자에 대한 순종과 섬김이 복합적으로 강화되고, 이러한 심리적 기반에서 목회자가 제시하는 잘못된 성서 해석은 깊게 수용된다. 이러한 상황에서 목회자 무엇을 요구할 때, 그것이 잘못된 것이라는 것을 인식하기는 매우 어려우며, 인식하더라도 그 자리에서 저항하거나 문제를 제기할 수 있는 대처 능력을 갖기 어려운 분위기이다. 성폭행을 당하고서도 '자신이 감내하고 목회자에게는 피해를 주지 않겠다.'[23]는 대응은 이러한 뿌리 깊은 인식을 잘 보여준다. 따라서 교회에서 남성 중심적 성직의 권위를 일방적으로 가르칠 때 교회여성은 자아 존엄성과 교만 그리고 겸손과 자기 비하를 구분하지 못하고 여성은 쉽게 희생자에 자리에 머물게 된다.

　　마지막으로 교회여성들은 자아 존중감을 가지고 평소 자기주장을 분명히 하는 태도를 갖고, 불쾌한 성적 접촉이나 상황에서 분명한 거부의사를 표시한다. 상담이나 심방 시 목회자와 단 둘이 있게 될 경우를 삼간다. 목회자를 우상화하거나 절대시 하지 않는다. 성폭력은 성관계가 아니라 인권을 침해하는 범죄라는 인식을 갖는다. 평소에 성폭력 문제에 대해 도움을 받을 수 있는 상담소의 연락처 등을 개인적으로 교회적으로 정보를 공개하고 공유해야 한다. 최근에 일어나고 있는 교회 내 성폭력 문제와 관련하여 가장 심각한 문제는 교회 혹은 교단에는 교회 성폭력 문제를 해결하고 성폭력 피해자가 안전하게 도움을 받을 수 있는 제도나 가해자에게 책임을 물을 수 있는 법적, 정책적 제도가 매우 미비하다는 점이다. 이제는 더 지체함 없이 교회는 성폭력을 예방하고 성폭력 피해자의 권익을 옹호하는 교회법을 제정하여야 한다. 교회법에 성폭력의 범죄규정과 성폭력 가해자를 처벌하거나

23　최순양, "교회, 성폭력 피해에 왜 취약한가?: 교회 성폭력에 대한 사회 구조적 접근," 『교회 성폭력 현실과 과제 포럼』(서울: 교회개혁실천연대, 2015), 18.

상담 치료할 수 있는 제도적 장치를 마련해야 한다.

② 목회자와 신학생 성교육의 시급한 확대

목회자, 신학생의 성교육, 교회의 성교육과 양성평등 교육 등 다양한 계층과 대상을 위한 기독교 성윤리 교육 프로그램을 개발하고 실행해야 한다. 여기서 중요한 기독교 성윤리의 토대는 영성과 도덕성 그리고 성성 sexuality 은 분리될 수 없는 관계성이라는 대한 인식이다. 특별히 목회자는 성도들을 돌보고 양육해야 하는 사역의 특성상 친밀감이 중요한 감정이 될 수 있는데, 이러한 관계는 언제든지 성적인 특성이 동시에 표현될 수 있음을 인식하고 목회자가 먼저 목회적 영성과 거룩함으로 자신을 돌보아야 한다. 각 교단은 또한 성차별과 성폭력 예방 지침서를 만들고 교회와 신학교에서 성윤리 과목과 성 평등 교육을 실사하며, 교단은 교육을 받지 못했던 목회자들에게 성윤리 정립을 위한 재교육을 실시한다. 구체적으로 각 교단은 성윤리를 위한 목회자 자체 정화기구를 설치 운영하여야 하며 성폭력 피해자 치유와 보호를 위한 시설을 설치, 운영하거나 후원해야 한다. 이러한 제도적 법적 장치가 되어있어야만 교회는 교회에서 행해지는 모든 성폭력의 진상을 규명하고 성폭력을 근절할 수 있기 때문이다.

또한 각 교단은 목회자를 위한 전문 상담소를 설치 운영함으로 폭력을 방지하고 예방하며 치유와 회복을 지향하는 상담과 교육까지 확대되어야 한다. 이러한 노력이 그저 한 명의 가해자를 심판하고 징벌하는 것이 목적이 아니라, 왜 성범죄의 피해자가 압도적으로 여성이 많은지를 신앙적으로 묻고 응답할 수 있어야 건전한 교회 성문화의 확립의 첫걸음이 되는 것이다. 이러한 한국교회 성문제의 현실은 교회의 성문화와 그리스도인들의 성 이해를 심각하게 왜곡시켜온 전통 신학의 육체 경멸의 사상과 성에 대한 부정적 이해, 그리고 한국사회의 가부장적 전통과 깊은 관련이 있다. 늦은 감이 있지만 이제라도 그리스도인들은 교회 내에서 성폭력으로 규정되는 하나의 사건에 대해 성을 바라보는 시각뿐 아니라, 성폭력을 대하는 그리스도인의 태도와 교회의 처리 방식 등을 다시 한 번 반성하며 무엇이 문제이고 어떻게 대응해야 하는지를 심각하게 생각해야 한다.

③ 성폭력 예방을 위한 예장통합 교단의 정책 변화와 교단 헌법 개정

지난 2017년, 제102차 대한예수교장로회 교단 총회 이하 교단 총회에서 통과된 '성적 비행 의무 교육 및 교육과정 개발 연구위원회 조직' 청원 건의 구체적인 실천으로 2018년-2020년 제3차 목회자와 교회 직원들의 성폭력 예방교육을 위한 강사 교육을 실행하고 그에 대한 교재를 발간하였다. 특별히 2019년 교회 "성폭력 예방 및 대응 매뉴얼"을 제작하고 아직도 교회 성폭력 예방에 대한 의식이 부족한 지역 교회와 평신도들을 위해 배포할 수 있는 좋은 지침이 되어왔음도 중요한 변화이다. 중요한 법적인 변화는 성폭력에 관련된 기초적 법령이 노회수의를 거쳐 2019년 12월 19일 헌법 개정되어 현장 적용되었다.[24] 현재는 '총회성폭력특별법' 가칭이 총회 임원회의 허락으로 연구

24　대한예수교장로회총회는 성범죄관련 헌법개정을 공포하였다. 그 과정은 교회성폭력대책위원회에서 총회임원회에 교회성폭력사건 관련 헌법 권징 책벌 세부사항 추가를 청원(2019. 1. 3.)하였으며 총회헌법개정위원회의 보고로, 제104회기 총회(2019. 9. 23.)에서 헌법 개정이 허락되었고, 노회의 수의를 거쳐, 총회헌법개정이 공포(2019. 12. 19.)되었다.

중에 있다. 총회가 공포한 성범죄 관련 헌법 개정내용은 아래와 같다.

헌법 제2편 정치		
제5장 목 사		개정이유
제26조 목사의 자격 2. 이 법에서 무흠이라 함은 권징에 의하여 일반교인은 수찬정지, 직원은 시무정지 이상의 책벌을 받은 사실이 없거나, 국법에 의하여 금고 이상의 처벌(**성범죄 포함**) 받은 사실이 없는 것을 의미한다. (단, 양심범은 제외)		〈추가〉 성폭력 범죄는 벌금 이상의 처벌,
제37조 목사의 복직 1. 자의 사직을 한 목사가 복직을 원하는 경우에는 그 노회 목사 2인의 추천서를 첨부하여 노회에 복직 청원서를 제출하고 노회는 출석회원 3분의 2 이상의 결의로 복직을 허락할 수 있다. 단, **성범죄로 자의 사직이나 면직된 경우는 복직할 수 없다**.		〈추가〉 단, 성폭력 범죄로 자의사직이나 면직된 경우는 복직을 할 수 없다.
헌법 제3편 권징		
제1장 총 칙		개정이유
제3조 권징의 사유가 되는 죄과 7. 파렴치한 행위(**성범죄 포함**)로 국가 재판에 의해 금고(**성범죄의 경우는 벌금**) 이상의 형이 확정된 범죄행위(양심범의 경우는 제외됨)		

더욱이 2020년 2월 노회 임원과 교단의 지도자들을 초청하여 "교회 성폭력 사건 처리지침 워크숍"을 시행하게 되어 이제 교단뿐 아니라 노회 안에 최소한의 자정능력을 갖추고, 성폭력 예방교육뿐 아니라 성폭력에 대한 공정한 절차를 위해 한발 진보한 통합 교단의 노력은 매우 바람직한 변화이다.

강문대 변호사는 "교회 성범죄에 대한 교단 헌법 구조 연구"를 통해 "각 교단의 헌법 권징조례 중 강제로 행하는 성범죄를 처벌 대상으로 규정하고 있는 헌법은 없는 것으로 확인"[25]했다. 범죄 사유를 포괄적이고 추상적으로 규정하는 교단이나 구체적이고 개별적으로 규정하는 교단 모두[25]성범죄를 처벌 대상으로 삼지 않고 있는 것은 아니지만, 그러한 성범죄를 직접적인 처벌 대상으로 규정하고 있지 않는다는 것이다.[26] 과거 성행위에 대한 내용을 처벌 대상으로 규정한 것은 감리교단과 예성교단 뿐이었으며 이는 "부적절한 성관계"를 언급하며 강제로 행하는 성범죄보다는 혼인 외 성관계와 동성애를 그 주된 대상으로 하고 있는 것으로 보았다. 예장통합의 경우 권징조례 제3조 권징의 사유가 되는 죄과에서 교인과 직원, 각 치리회가 재판에 의한 권징 절차를 거쳐 책벌하는 것으로 "9. 타인을 범죄케 한 행위"가 있을 뿐이다.

목회자의 성범죄 문제는 각 교단이나 교회가 성범죄를 폭행 등 신체상에 대한 범죄로 곧 처벌의 대상으로 인식하는 것이 어려운 현실이다. 성범죄에 대해 '남자인 목사'의 순간적인 실수나 경건한 목회자가 영적인 차원에서 범한 신앙의 일탈 정도로 판단하는 경향이 있기 때문이다.[27] 성폭력이 일어났다는 사실에 직면하지 않고 개인의 행실이나 호감, 애정의 문제로 치부하거나 혹은 영적 시험에 넘어졌다며 인간의 연약함을 부각시킴으로 목회자에 잘못된 관용과 동정으로 이어지기도 한다. 한국교회 목회자의 성윤리의 심각성과 교단의 철저한 은폐 축소의 과정을 여지없이 드러낸 'S교회'의 'J목사'의 예는 스타 목사에 대해 교회가 얼마나 관용적이었는지를 말해준다.[28] 대부분의

---

25 강문대, "교회 성범죄에 관한 교단 헌법 구조 연구," 『교회 성폭력 이젠 교회가 응답할 때』(서울: 교회개혁실천연대 주최 포럼, 2016), 3.

26 위의 글, 3.

27 강문대, "교회 성범죄에 대한 교단 헌법 구조 연구," 『교회 성폭력 이젠 교회가 응답할 때』, 9.

28 최순양, "교회, 성폭력 피해에 왜 취약한가?: 교회 성폭력에 대한 사회 구조적 접근," 『교회 성폭력 현실과 과제 포럼』, 14.

교인들은 J목사가 훌륭한 목회자였는데, 어쩌다가 성문제로 넘어졌다고 생각하기도 하고 원활한 성생활을 할 수 없어서 그랬다거나, 넘쳐 나는 성욕을 억제하지 못해서 일어난 어쩔 수 없는 일이었다고 두둔하기도 했다. 이러한 현상은 목사가 이룩한 업적을 그가 행한 파렴치한 성범죄와 분리시켜 생각하거나 오히려 그것 때문에 성범죄는 많은 현상 중 하나일 뿐인 소소한 일이라고 치부[29]하는 경우이다. 엄연히 피해자와 가해자가 존재하는 범죄에 대하여 단순한 개인의 실수로 여기는 것은 올바른 대처와 해결을 지연시키거나 전혀 시도하지 못하게 한다. 그러나 성폭력은 '정조의 문제가 아니라 여성에 대한 인권침해, 폭력행사의 문제로 취급'[30] 되어 명확하게 인식되어야 한다.

범죄에 관한 한 교회는 치외법권治外法權 지대가 아니다. 범죄를 저질렀다면 회개를 했다 하더라도 범죄에 대한 법적 처벌은 받아야 한다.[31] 성폭력을 범죄로 인식하여 적절한 처벌 절차를 진행하기 위해서는 모호하고 애매한 표현이 아닌 구체적이고 실질적인 제도적 절차와 법적 명시가 필요하다. 교회가 어떠한 경우든 가해자의 책임이라는 것을 분명히 해야 하며 가해행위를 축소하거나 합리화하지 않아야 한다. 교회 성폭력은 피해자에게 육체적, 정신적, 영적 삶에 영향을 미치는 심각한 범죄행위임을 인식해야 하며 이런 인식 하에서 개별 목회자를 가해자로 생각할 수 있어야 한다. 성폭력 범죄에 대하여 죄과의 대상을 명시적으로 규정함으로 그것이 범죄임을 분명히 해야 하는 것

---

29 위의 글, 16.
30 박종운, "국내 형사법적 관점에서 본 교회 내 성범죄," 『목회자 성윤리, 어떻게 할 것인가』(서울: 교회개혁실천연대, 기독교윤리실천운동, 바른교회아카데미, 2010), 22.
31 조중신, "교회 성폭력 무엇이 문제인가?: 교회 내 성폭력 실태 및 피해자의 고통," 7.

이다. 종교개혁의 근본정신을 나타내는 신학적 도전은 '만인사제설'과 '직업소명설'이다. 두 사상이 지향하는 바는 삶의 현장과 일상의 거룩함의 회복이다. 교회는 이제 신앙공동체 안에서 건강하고 아름다운 성 문화를 정착하고 성폭력 제로존Zero Zone을 실현함으로 사회의 어두운 성 문화에 선한 영향을 미치고 여남의 평등한 관계의 모범이 되는 공동체가 되기를 바란다.

④ 피해자 중심주의의 지원체계

교회는 피해자의 개인적 특성과 건강, 학력, 신앙 등에 따라 다양하게 나타나는 복합적인 신체적 심리적 문제들에 대해 면밀한 관찰과 지원을 해야 한다. 피해자마다 다른 양상을 보일 수 있다는 것을 인지하며 피해의 특수성과 후유증을 파악하고 피해자로 하여금 영적 위로뿐 아니라 실질적 치료와 제도적 법적 절차 및 처벌이 필요함을 인식시켜야 한다. 현재 대부분의 교단에서 교단 목사나 장로가 아니면 변호인이 될 수 없다고 규정하고 있음을 지적하며 성범죄의 경우 그 변호인의 자격 범위를 확대할 필요성이 있음[32]을 언급한다. 또한 피해자의 대다수가 여성인 점을 고려하여 필요시 전문 여성인력을 확보하여 정보를 제공받고 고소와 함께 진행되는 상담뿐 아니라 실질적인 법적 절차에 대한 어려움을 끝까지 진행할 수 있도록 돕는 것 또한 필요하다.

---

32 강문대, "교단 성범죄에 대한 교단 헌법 구조 연구,"『교회 성폭력 이젠 교회가 응답할 때』, 15.

3. 나가는 말: 가장 안전한 믿음의 공동체로서 교회

몸이 거룩한 성전임을 고백하는 교회 공동체는 성폭력으로부터 보호되고 가장 안전한 공동체가 되어야 하나님이 기뻐하시는 교회가 된다. 성폭력으로부터 가장 안전한 한국교회가 되기 위해 하나님께서 여자와 남자를 '하나님의 형상'에 따라 만드셨다는 말씀을 기초로 인간 존엄을 최우선으로 생각하는 신앙을 재확립해야 한다. 이제는 여성과 남성이 함께 이 땅에 하나님 나라를 실현하기 위해 위계적이고 가부장적인 교회의 질서가 평등과 섬김의 가치 위에 새롭게 재정립하도록 노력해야 한다. 그렇게 여성과 남성이 예수님을 따르고 섬기는 종으로 교회와 세상을 위해 함께 동역할 때 교회는 평등한 공동체로 거듭날 것이다. 교회를 향한 비판과 질타는 여전히 교회에 대한 기대를 저버리지 않았다는 의미이다. 한순간 모든 것을 뒤집듯 개혁할 수는 없겠지만 뿌리 깊이 내재해있는 성차별적 신학적 전제들에 대한 철저한 반성과 실제적 변화를 가능하게 하는 끊임없는 의식개혁과 제도보완이 무엇보다 중요하다. 한국교회의 회복은 올바른 성서해석과 건강한 신학과 함께 목회자들의 윤리실천을 통한 소명의 회복이다.

V부

☆

사회문화의 변동과
정치적 주체로서의
그리스도인

1장

기후변화와 삼위일체 생태신학

세계는 역사상 가장 풍요로운 물질문명 시대에 살고 있지만 가장 불안한 시대를 살아가고 있다. 생태위기는 이렇게 우리들의 삶에 너무나 강력하게 광범위하게 그러면서도 피할 수 없는 도전을 주고 있다. 인류의 풍요는 기후변화와 함께 수많은 생명종의 고통과 죽음을 초래했으며 경제위기와 맞물려 심각해지는 생태파괴는 생명에 대한 존엄성에 대한 상실뿐 아니라 인간생존의 문제, 더 나아가 종말의 위기로까지 확대되어가고 있다. 한편 과학의 발전은 우주에 대한 인간의 이해를 확장시켰고 뇌과학의 도약은 인간이해의 근본에 도전하고 있으며 기술의 발전은 인공지능을 출현케 하여 기술과 인간의 경계를 허무는 듯하지만, 근대 문명이 구상한 이 거대한 인간중심과 물질중심의 성장 프로젝트는 총체적인 위기에 직면해 있다. 인간의 힘은 지구에 영향을 미칠 정도로 커졌지만, 지구위기를 통제할 만큼 충분히 거대하지 않다. 아니 비대해진 힘에 비해 그것을 제어할 의지나 실천이 턱없이 빈곤하다는 것이 더 적절한 해석일 수도 있겠다. 환경운동 1세대 안병옥 국가기후환경회의 운영위원장의 말이다.

> "지금까지처럼 지구를 약탈하는 방식으로는 성장은커녕 곧 생존조차
> 장담할 수 없을 것이라며 기후위기를 경고하는 목소리가 처음 등장한
> 것이 1970년대 중반. 이후 40년이 훌쩍 지났지만 여전히 우리는 아직
> 괜찮을 것이라는 막연한 환상과 인간이 자연환경을 언제까지고 통제
> 할 수 있을 것이라는 착각 속에서 어제와 별반 다르지 않은 오늘을 살
> 고 있다. 우리에게 남은 시간은 얼마나 될까?"[1]

특히 기후위기는 신학적으로 자연과 인간의 그릇된 관계에 기인한다. 인간사회의 기본적 가치관이 새롭게 정립되지 않고 자연과 교류하는 새로운 생활방식과 대안적인 경제체제를 마련하지 않는다면 현재적 위기의 요소들로부터 지구 생태계의 붕괴가 쉽게 추론된다.[2] 오염과 기후 변화, 물 빈곤, 생물 다양성 상실, 인간 삶의 질 저하와 사회의 붕괴, 지구의 불평등 우리 시대 가장 중요한 문제는 아마도 전 지구적 생태계[3] 위기일 것이다. 생태계 위기의 원인들은 수많은 요소들이 그물처럼 얽혀 있어서 그 원인을 어떻게 파악하는가에 따라 해결책은 달라진다. 그동안 신학자들은 기독교의 인간중심적 자연관이 생태계 위기의 원인이라는 비판들에 대하여 책임적으로 응답해왔다. 사실 생태위기라는 문제는 워낙 복합적이기 때문에 해결책이나 대안 역

---

1 한살림, "살림의 길에서 만난 이사람," https://blog.naver.com/hansalim (2020.07.21 접속).
2 Jürgen Moltmann, *Ethik der hoffnung*, 곽혜원 옮김, 『희망의 윤리』(서울: 대한기독교서회, 2012), 244.
3 생태계란 생물 군집과 생물에 영향을 미치는 공기, 토양, 햇빛과 같은 물리적 환경요소들의 종합체를 일컫는 용어이다.

시 하나의 체계로 말할 수 없지만 생태계 위기의 해결을 위해 가장 필요한 것은 그 무엇보다도 인간과 지구의 관계를 신학적으로 재정립하는 것이다. 따라서 하나님의 피조세계의 신음과 그 긴급성에 적극적으로 응답하고 생태위기가 고조된 현대세계와 보다 책임적으로 대화하기 위하여 새로운 신학적 언어와 사유가 요구된다. 이러한 생태적 문제의 긴급성과 대화할 수 있는 새로운 신학의 필요성은 오늘의 생태위기를 적극적으로 해결하지 못하는 전통신학에 대한 비판과 해체를 전제한다. 이 장은 광범위한 생태파괴에 대한 신학적 반성과 성찰을 통하여 그리스도인들이 지구생명공동체를 회복하는 공적 담론에 기여하고 하나님의 영이 내재하시는 피조세계에 대한 책임적 주체로 서고 모든 생물을 이웃으로 확장하는 신학적 토대를 구성하기 위함이다.

지난 반세기 동안 생태신학은 현대신학에 깊은 영향을 미치며 인식의 공유를 확보해왔다. 반면 지난 50년 동안 생태 신학이 다양하게 논의되었지만 경제이익을 최우선하는 기술과학의 인간중심문명은 도무지 생태위기에 대응하는 근원적 변화를 찾아보기가 힘들 정도로 미미했다. 최근 많은 생태신학자들이 대안적 공동체운동으로써 그 구체성을 확보하거나 새로운 이론을 기대하며 긴급성을 호소하는 통계들과 기후변화로 인한 지구의 고통에 관심을 가진다. 몰트만은 희망의 윤리를 전개하면서 신학과 실천 사이의 관계는 일방적이지 않으며 신학이 실천보다 앞서지 않으며 실천이 신학보다 앞서지 않는다고 논했다. 따라서 둘의 관계는 궁극적 희망 속에서 상호 간에 영향력을 주고받으며 올바르게 교정해주는 변증법적인 관계로서 설명한다.[4] 즉 위기 속에 내재되어 있는 기회로써[5] 그의 희망의 윤리는 고난당하는 모든 만물이 신뢰받고 사랑받으며 희망하는 것에 응답해야 하는 것이다.

필자는 기후위기의 긴급성을 교회에 호소하고 특별히 그리스도인들의 생태적 회심과 회심을 통한 일상에서 행동의 변화를 어떻게 구현할 것인가를 고민하면서 두 가지 신학적 주제에 집중하고자 한다. 첫째는 한국개신교회의 인간중심적이고 내세 지향적이며 개인회심만을 강조하는 구원관과 타락한 세상이라는 교리가 피조세계에 대한 인간의 책임을 적극적으로 숙고하지 못하는 신학적 전제임을 비판할 것이다. 특별히 현대 삼위일체신학의 발전과 함께 인간중심적 개인 구원론을 극복하고 만물을 포괄하는 우주적 확대를 지향하고 전 지구적 관점에서 생태적 공동체적 가치를 실천하며 행동하는 그리스도인들을 생태회복의 주체로 세워가는 신학적 패러다임으로 전환을 시도할 것이다. 둘째는 성육신적 하나님의 이해를 기반으로 인간의 책임성과 주체성을 다시 복원하고자 구체적으로 성육신 Incarnation 과 신화 Deifying 에 대한 신학적 평가를 통해 신화화 Deification 와 인간변화의 관계를 적극적으로 연결함으로써 그리스도인의 선한 삶에 대한 실천적 이론의 토대를 마련하고자 한다.

1. 구원론과 사회적 삼위일체론을 통해 본 구원의 새로운 이해

삼위일체론은 기독교를 특징짓는 핵심교리일 뿐 아니라 삼위일체 하나님의 대한 신앙은 기독교의 가장 독특한 신앙형태이다. 하나님의 삼위일체론은 고대의 다양한 도전이었던 다신론, 범신론, 단일신론으로부터 구분되는 핵심교리이다. 초기 고대의 삼위일체론은 존재론적인 관점에서 추상적이고 사변적 하나님에 대한 이해를 전개시킨 반면 구원론적 관점이나 구원의 경험에 대한 신학적 진술의 결핍은 삼위일체론이 오랫동안 신학의 역사에서 주변화 되는 원인이 되었다. 즉 삼위일체론은 어떻게 한 분 하나님이 성부, 성자 성령의 세 인격으로 존재하는지 사변적이고 추상적인 문제로 다루어진다. [45]

그러나 20세기 이후 현대신학에서 가장 주목할 만한 현상 중에 하나는 삼위일체론의 부흥이다. 특히 이러한 관심의 급증은 성경적 그리고 기독교적 신대한 근본적인 재이해와 변화를 추구함으로써 신학의 이론뿐 아니라 실천적 영역에 이르기까지 신학의 전반적인 이해를 새롭게 제기 하고 있다. 이러한 흐름이 새롭게 바뀌게 된 것은 1970년대 이후 위르겐 몰트만을 비롯한 많은 학자들이 삼위일체에 대한 깊은 관심을 갖고 연구하면서 삼위일체론은 하나님에 대한 사변적, 추상적, 형이상학적인 비실제적 교리가 아니라 기독교신앙을 설명하는 데 매우 실제적이고 실천적 교리임을 주장하기에 이른다. 특히 지지울라스는 고대의 삼위일체론과 교부들의 교회적 경험은 하나님과 세계 사이의 존재론적인 일원론을 해체하고 동시에 영지주의적 이원론을 거부하는 결정적인 역할을 했다고 평가한다. 최근 삼위일체론의 특징은 고대 그리스 철학의 정태적, 일원론적, 실체론적인 존재론을 비판하면서 성경적 존재론의 특수성을 관계론적 존재론으로 설명한다.[6] 이러한 관계론적 존재론은 삼위일체론의 핵심이다.

특히 지지울라스는 카파도키아 교부들을 중심으로 일어난 동방

---

4   Jürgen Moltmann, 『희망의 윤리』, 13.
5   위의 책, 32.
6   웨슬리신학연구소, 『관계 속에 계신 삼위일체 하나님』(서울: 아바서원, 2015), 323.

교부의 이해를 적극적으로 수용하고 발전시켰다. 그것은 삼위일체란 관계 속에 있는 존재방식으로서의 하나님 이해를 떠나서는 하나님의 실체뿐 아니라 하나님의 그 어떤 존재론적인 내용이나 더 참된 존재도 없다는 것이다.[7] 이러한 관계적 삼위일체는 하나님 이해의 새로운 관점뿐 아니라 인간의 이상적인 삶의 관계와 바람직한 사회와 역사, 그리고 공동체를 형성하는 중요한 신학적 근거로 확대시킨다. 빈곤과 부, 능력과 장애, 남성과 여성은 더 이상 한 사람의 가치를 확정짓지 않는다. 따라서 이러한 관점에서 모든 사람은 예수 그리스도의 가족 안에서 형제자매임으로 인간으로서의 존엄성과 하나님 형상성 Gotte-ben-bildlichkeit 안에서 동일하게 존중받게 된다.

더 나아가 관계적 삼위일체는 하나님을 하나의 궁극적 실체가 아니라 그가 창조하신 세계와 관계하시는 분으로 이해한다. 따라서 관계적 삼위일체론의 중요한 특징은 삼위일체의 교리의 구원사와의 연관성을 강조하는 것이다. 삼위일체의 본래의 위치는 하나님의 구원사역에 대한 신학적 성찰이 되어야 하며 논의의 시작도 하나님의 구원사역으로부터 출발하여야 함을 주장하면서 이러한 관점이야 말로 삼위일체의 사변성을 극복하는 길이라고 말한다.[8] 이와 같은 현대 신학자들의 삼위일체는 지금까지 서방신학의 전통 속에서 그리스도인의 삶과 세상과 관계가 없는 철학적 사변의 결과가 아니며 오히려 하나님의 구원사역에 대한 초대 교부들의 신앙과 성서 그리고 교회의 삶에 계시된 하나님의 실재에 대해 더욱 깊은 신앙고백을 가능하게 하

7   위의 책, 324.
8   위의 책, 15.

였다.

이는 위에서 언급한 것과 같이 하나님을 신적인 실체나 본질로 이해한 서방교회의 전통에 대한 비판적 성찰을 보다 성서적으로 이해하고 동방정교의 신학 전통을 적극적으로 해석하는 것이다. 이러한 삼위일체적 관점은 하나님과 세계의 상호침투적 관계를 새롭게 조명하고 하나님에 대한 인식전환을 통하여 현대 세계에서 일어나는 문제들에 적극적으로 응답하고 있다. 더 나아가 하나님의 세 위격을 관계, 연합, 일치 등 페리코레시스 개념으로 이해하며 인간의 삶과 사회의 새로운 변화와 대안을 이끌어내는 신학적 과제를 수행하고 있다. 이러한 관계적 삼위일체론은 하나님을 교리적 차원에서 삶과 사회 그리고 전 우주적 차원과 관계맺음의 이해로 확장하며, 소외와 분열을 넘어 상호존중의 사회 그리고 지배와 복종을 넘어 해방과 평화의 공동체로, 차별과 배제를 넘어 진정한 사귐과 공동체적 세계를 형성할 수 있는 원리와 모델을 제시하고 있다. 즉 현대 삼위일체 신학의 흐름은 관계적 삼위일체적 관점을 사회와 교회, 공동체의 중요한 원리로 사회적 삼위일체론으로 발전시키며 더 나아가 삼위일체적 논의를 생태학적으로 확대하는 방향성을 보여준다. 특별히 기독교 생태윤리적 관점에서 가장 문제가 되는 교리적 영향은 인간 중심, 개인중심, 그리고 탈세계적 관점으로 창조세계에 대한 인간의 무책임을 정당화시켜 온 구원관이다.

최근 집중적으로 논의 되고 있는 관계적 삼위일체 신학에서의 구원 이해는 몰트만과 보프를 통하여 우주적 차원으로 확장된 관점을 발전시켰다. 몰트만은 구원의 네 가지 사회적 차원을 제시하며 구원과 사회정의와의 관계를 밝혔다. 이러한 차원에서의 구원은 생명이 새롭게 됨으로 신성의 충만함 속에 있는 참된 인간성의 발전으로 이해하게 됩는다.[9] 이렇게 구원은 개인적인 차원으로 이해되는 것을 넘어서서 영혼과 육체, 개인과 사회, 인간과 신음하는 피조물의 관계를 모두 포함하는 것이다. 한편 보프는 복잡한 신학 이론적 사유에 기초한 삼위일체 신학은 구원의 신비mysterium salutis를 설명하기 보다는 논리의 신비mysterium logicum로 이해되어 왔다고 말한다. 따라서 삼위일체 신학은 삶의 의미를 찾기 보다는 개념이나 형식의 명료함을 강조했다고 비판하였다.[10] 즉 보프는 삼위일체적인 하나님의 개념의 새로운 정립으로 하나님의 신비를 이해할 수 있음을 강조하며 모든 인간은 초월, 내재, 투명[11]이라는 삼중적인 차원으로 움직여간다고 주장한다.

따라서 연합과 참여의 관계에 기초하여 세워진 인간 공동체만이 영원한 삼위일체의 살아 있는 상징이며 개인은 언제나 관계의 연결망 안에 있어야 하고, 사회는 연합과 참여의 상호 결합이어야 한다. 이것이 바로 삼위일체가 우리의 진정한 사회의 프로그램이라고 하는 의미이다. 보프는 삼위일체 신앙에 기초한 참된 공동체로서 해방된 교회는 온전한 헌신으로 정의와 자유가 개인의 삶과 사회의 모든 영역에 편만한 하나님 나라를 가져오는 성령의 역동성 안에서, 선의 근원

---

9 Jürgen Moltmann, 『희망의 윤리』, 86-87. 첫째, 구원은 인간으로 말미암은 인간의 착취에 대항하는 경제적 정의를 위한 투쟁 속에서 역사한다. 둘째, 구원은 동료 인간들로 말미암은 정치적 억압에 대항하여 인간 존엄성에 대한 투쟁 속에서 역사한다. 셋째, 구원은 인간의 소외에 대항하여 연대성(유대)을 위한 투쟁 속에서 역사한다. 넷째, 구원은 개인의 삶 속에서 절망에 대항하는 희망을 위한 투쟁 속에서 역사한다는 것이다.

10 Leonardo Boff, *Trinity and Society*, 이세형 옮김, 『삼위일체와 사회』(서울: 새물결플러스, 2012), 6장. 변화된 문화 상황에서의 삼위일체론을 참조.

11 초월은 인간 자신의 기원과 궁극적 의미에 이르는 것이고, 내재를 통해 인간은 인간 자신, 체계화 되어야 하는 세계, 수직적이며 수평적으로 세워진 사회를 만난다. 인간은 차이를 인정하면서도 서로가 투명하게 되기까지 초월과 내재, 인간의 세계와 하나님의 세계를 일치시킨다. Leonardo Boff, 『삼위일체와 사회』, 47.

이 되시는 아버지가 보낸 아들을 중심으로 모인, 형제들과 자매들의 공동체임을 말한다.[12] 즉 교회는 단순한 사람들의 모임이 아니라 성령 안에서 육신을 입으신 예수 그리스도를 통해 하나님과의 연합을 이룬 공동체이다. 이러한 삼위일체적 공동체의 이상은 위계질서보다는 연합을, 힘을 추구하기보다는 연대를 권위에 무릎을 꿇게 하기 보다는 사랑으로 포용하는 교회의 이상을 제시하는 것이다.[13] 몰트만 역시 사회적 삼위일체 신학을 통하여 사도행전 4장에 기술된 초대 기독교 공동체를 원형으로 치열한 투쟁과 경쟁 대신에 존중과 우정과 사랑을 나누는 하나님의 형상으로 서의 인간의 존엄성을 강조한다.[14] 이렇게 더욱 온전한 구원의 의미는 삼위일체적 관계성 안에 그 구체성과 온전성을 확보하게 된다.

2. 사회적 삼위일체신학의 구원이해와 생태신학적 의의

이렇게 삼위일체는 모든 존재 속에 침투하며 모든 존재는 삼위일체의 삶과 관계 속에서 그 존재가 가능함으로 사회적 삼위일체에 대한 논의로 확대된다. 더 나아가 창조와 삼위일체와 관계를 설명하기 위해 보프는 "내재적 삼위일체와 경세적 삼위일체 사이에, 또한 성령의 사랑 안에 아들을 통한 아버지의 생각 속에 영원히 존재하는 창조

12　　Leonardo Boff, 『삼위일체와 사회』, 46.
13　　위의 책, 6장. 변화된 문화 상황에서의 삼위일체론 참조.
14　　Jürgen Moltmann, 『희망의 윤리』, 7.

와 시간에서 창조의 실현이 나누어지거나 혼동이 없이 밀접하게 관계되어" 있음을 강조하면서 창조 안에 있는 삼위일체와 삼위일체 안에 있는 창조의 역동성을 설명한다. 따라서 모든 만물은 성부 하나님에 의해, 성자 하나님을 통해, 성령 하나님 안에 존재함으로써 하나님은 그리스도의 영을 통해 모든 피조물과 그들의 창조 공동체 안에 현존하신다. 그러므로 모든 살아 있는 것은 '생명의 원천'Quelle des Lebens 이신 하나님의 영에 의해 존재를 굳건히 하시고 생명을 창조하시는 하나님의 영은 모든 피조물 위에 부어졌으며 창조 공동체를 형성하신다.[15] 고대와 근대 교회의 삼위일체 신학에서 창조는 성부가 성자를 통해 성령 안에서 세상을 창조하신 삼위일체적인 과정인 것이다.

창조는 내적인 삼위일체적 삶의 영역을 넘어 하나님의 세 위격의 창조적 활동으로 시간의 과정을 거쳐 지속되고 마침내 완전의 영역인 영원한 세계에 이르도록 계속된다.[16] 즉, 창조 안의 삼위일체는 삼위일체 안에 창조의 기반으로서 아버지의 섭리, 아들이 가져온 해방과 성령의 내주는 우주의 변형에 따라 이루어지는 이 시대는 생태적 삼위일체 신학의 새로운 도래가 필요하다. 힐데가르트 폰 빙엔Hildegard von Bingen의 중세 신비주의도 생명을 창조하시는 하나님의 영이 모든 만물 안에 내주하심으로 하나님은 세계의 혼이기도 하며, 혼과 같이 모든 육체와 모든 물질적 만물 위에 널리 확산되어 계시는 창조의 영

---

15 하나님의 영은 "모든 곳에 임재하시면서 하늘과 땅에 있는 모든 것을 보존하시고 양육하시며 살리신다."(J. Calvin, 『기독교 강요』 I, 13, 14) 이미 구약 외경의 지혜문헌은 하나님의 영이 모든 만물 안에서 인식되고 경외된다고 가르쳤다. "온 땅이 영으로 충만하다."(지혜서 1:7) "주여, 주님은 생명을 사랑하는 분이시며, 주님의 불멸의 영은 만물 안에 내주하십니다."(12:1) Jürgen Moltmann, *Ethik der hoffnung*, 곽혜원 역, 『희망의 윤리』(서울: 대한기독교서회, 2012), 249. 재인용.

16 Leonardo Boff, 『삼위일체와 사회』 14장. 영원히 영원히: 창조 안에 있는 삼위일체와 삼위일체 안에 있는 창조 참조.

적인 관점을 대변하였다.

　　몰트만의 생태적 관점 역시 예수께서 하나님의 구원자이시라면 사도 바울^{고전 8:6}과 에베소 서신과 골로새 서신에서 나타난 것처럼 우주적 그리스도에 대한 신앙은 하늘과 땅 위에 있는 모든 만물의 화해^{골 1:20}를 발견하고 모든 피조물을 그리스도께서 그의 죽음을 통해 대가를 치르신 귀중한 존재로 받아들여야 함을 강조하였다.[17] 이러한 몰트만의 생태신학적 도전은 근대의 신학이 구원을 인간구원과 영혼구원으로 지나치게 이원론적으로 축소시킴으로 이 세계의 다른 모든 피조물을 구원이 없는 상태로 배제했으며 이러한 신학적 전통은 우주적 그리스도론이 실존적으로 해석될 수 없는 하나의 신화로 여겨질 수밖에 없음을 날카롭게 비판하였다.[18] 그러나 이러한 생태적 파괴 앞에서도 몰트만은 '구원의 예언' 없이 '재앙의 예언'은 존재하지 않으며 그리스도인들에게 희망 없는 두려움은 존재하지 않음을 확신한다.[19] 기독교의 에토스는 역사의 가능성 안에서 하나님의 보편적이고 우주적인 도래^{오심}을 앞당겨서 선취함으로[20] 희망적이다. 이렇게 우주적 그리스도에 대한 신앙은 하늘과 땅 위에 있는 모든 만물의 화해를 발견하고, 모든 피조물을 그리스도께서 그의 죽음을 통해 대가를 치르신 귀중한 존재로 받아들인다. 그러나 위의 두 학자의 삼위일체적 생태신학의 논의는 사회를 넘어 지구적으로 우주적으로 관계망을 확대하는 대단히 기초 신학적 제안으로 그 방향성을 제시했다. 따라서 더 적극적

---

[17]　Jürgen Moltmann, 『희망의 윤리』, 252.
[18]　위의 책, 253.
[19]　위의 책, 33.
[20]　위의 책, 34.

으로 생태위기에 응답하는 새로운 삼위일체적 생태신학을 발전시킨 가톨릭의 신학자 데니스 에드워즈의 삼위일체적 생태신학과 왜 그가 아타나시우스의 신화의 개념과 성육신의 개념을 재해석하는지 살펴 볼 것이다.

3. 아타나시우스의 성육신 이해와 삼위일체적 생태신학

1) 신화Deifying에 대한 생태 신학적 평가

생태 신학적 관점에서 삼위일체적 신학을 적극적으로 해석해 온 대표적인 가톨릭 신학자, 데니스 에드워즈는 현대인들이 그리스도 를 통한 구원신학에 어려움을 느끼고 있으며 이러한 배경에는 전통적 구원론에 대한 제한적 이해가 부분적으로 책임이 있다고 주장한다. 즉 서방 교회에서 오랫동안 설교하고 가르쳐왔던 구원신학이 생태적 위 기를 극복하는데 더 이상 온전한 복음으로 기능하고 있지 않다는 것 이다. 가톨릭의 캔터베리의 성 안셀무스나 개신교의 개혁전통의 대신 구속론substitutionary atonement 등 이러한 이론들은 기독교 세계에서는 의미 있으나 현대의 세계 속에서 쉽게 오해되거나 왜곡되면서 오히려 하나 님의 관점을 손상했다는 것이다. 몰트만 역시 새로운 구원에 대한 이 해의 필요성을 언급하며 그리스도론의 우주적 차원을 재발견하는 것 으로서 후기 산업사회에서 살아가는 현대인들에게는 산업사회 이전 의 표상들과 달라져야 함을 주장하였다. 이러한 새로운 인식에 이르는 길이 때로는 친숙하지 않으나 '두려움의 발견적 방법론Heuristic'으로 오히려 현대사회의 특수한 책임을 일깨울 수 있다고 주장하였다.[21] 때로는 전통에서 벗어나는 두려움이 존재하나 새로운 책임에 응답하기 위하여 우리는 구원에 대한 새로운 이해를 가능하게 하는 신학적 언어의 새로운 발견이 필요하다.

에드워즈는 오늘날의 구원론적 이론들을 넘어설 필요가 있음을 제안하면서 예수 안에서 하나님은 우리에게 어떠한 분이신지를 알려주는 구속, 희생, 구원, 화해, 신성, 새 창조, 자유, 변혁, 새로운 삶 등 신약의 단어들을 서로 배제하지 않고 온전한 관계 속에서 해석하고자 했다. 또한, 신약 성경에서 발견되는 그리스도의 구원 이미지와 구원에 대한 대단히 중요한 신학적 이론 사이에서 형성되는 성경적인 이미지와 단어들에 함의되어 있는 풍부한 신학적 의미들을 새롭게 발견한다. 특히 삼위일체적 생태신학을 구성하기 위하여 아타나시우스의 창조에 대한 삼위일체의 신학과 신화화 그리고 성육신의 개념을 새로운 생태 신학적 토대를 위해 중요한 근거로 삼는다. 특히 아타나시우스의 신학은 역사 안에서 행동하시는 하나님, 창조의 하나님과 그리고 창조의 신화화를 가능하게 하는 성육신을 강조하는데 성육신은 창조와 새로운 창조 안에서 그리고 동시에 성령 안에서 세계를 통하여 행동하시는 신학적 원천이기 때문이다.

아타나시우스는 그의 성육신론에서 로고스 하나님께서 성육하신 이유와 목적은 하나님의 형상으로 창조된 인간이 타락함으로 그들을 구원하기 위함이며 또한 구원받은 인간을 신화神化하기 위하여 성

---

21 위의 책, 33.

육신하셨다는 것을 주장하였다. 아타나시우스가 주장하는 신화神化는 동일본질이 같은 하나님처럼 되는 것을 말하는 것이 아니라 말씀에 참여함으로 하나님의 형상을 회복시킨다는 구원의 의미로써 '타락한 인간이 하나님의 신성神性을 되찾는 것이며 완전하신 하나님을 향해 지속적으로 닮아가는 과정'을 의미한다. 이렇게 아타나시우스의 관심은 모든 창조물과 우리를 위한 하나님의 행동의 성경적 내러티브에 관심한다. 이 이야기의 중심은 예수의 죽음과 죽음을 극복한 부활과 피조물의 존재로 변화된 말씀의 성육신이다. 특히 아타나시우스가 다양한 이단적 논쟁들을 종식하기 위해 예수는 영원한 진실이며 하나님의 지혜와 영원한 말씀으로 또한 피조물들을 연합하였던 성령은 피조물이 아니며 하나님의 성령으로 창조되지 않는 선물이라는 확신을 근거로 하고 있다. 그에 따르면 십자가에 달린 예수는 실재이며 영원한 말씀이며 모든 것들을 창조한 하나님의 지혜임을 말한다.[22] 이러한 삼위일체적 신학 위에서 아타나시우스는 특별히 예수의 십자가의 관점으로부터 창조를 말한다. 즉 십자가에 달린 예수는 실패한 것이 아니라 세계의 구원자이며 창조의 구원자이심을 강조한다.

　　현대 생태 신학적인 관점에서 아타나시우스의 창조신학의 네 가지 관점을 주목한다. (1) 하나님은 말씀과 성령을 통하여 모든 것들을 계속적으로 창조하신다. (2) 모든 피조물의 풍성함은 삼위일체의 삶의 영원한 생산성으로부터 야기된다. (3) 피조된 세계는 신성한 사람들 간의 상호 기쁨의 관계 안에서 존재한다. (4) 창조의 관계에서 각

---

22 Denis Edwards, *Partaking of God: Trinity, Evolution, and Ecology* (Collegeville: Liturgical Press, 2014), 19.

각의 사람은 피조물에게 친밀한 존재이다.[23] 이러한 관점은 생태학적 윤리로 그 실천적 의미가 있으며 창조에 대한 신화화는 인간의 활동을 위한 적극적 결과를 가능하게 한다. 아타나시우스의 계속적 창조의 관계 안에서 중요한 몇 가지 의미를 살펴보면 (1) 각 피조물은 성령을 통하여 하나님의 말씀에 참여한다. (2) 만물의 근원인 하나님은 말씀과 성령을 통하여 온 창조세계뿐만 아니라 각각의 피조물에 현존하신다. (3) 각 피조물은 삼위일체의 생명의 풍성함과 발생의 한 표현이며, 거기에서 영원한 근원과 기원이신 생성하는 사랑은 말씀을 낳고 성령을 내쉰다. 흘러넘치는 샘은 피조물들이 성령 안에서 마시는 생수의 강을 영원토록 불러일으키며 이 피조세계는 삼위일체 하나님의 생명의 상호 관계의 기쁨 안에서 존재한다.[24] 이러한 계속적 창조의 과정을 통하여 신화화는 그 은총의 과정을 형성해 나아간다. 따라서 이러한 피조물에게 나타나는 삼위일체 하나님의 친밀성 대한 아타나시우스의 강한 주장은 모든 피조물에 내재하는 말씀과 성령의 가득 찬 신성을 증명하기 위한 것이다.

현대사회가 새롭게 겪고 있는 생태위기에 대한 적극적 신학적 응답과 책임 있는 기독교 윤리적 담론의 재구성을 위해여 아타나시우스에 의해 설명되었던 '신화'의 개념은 특별한 의미가 있다. 아타나시우스의 저작 『On the Incarnation』에서 인간의 변화를 묘사하기 위해

---

23 아타나시우스의 기초적인 텍스트는 창조 안에서 말씀의 역할을 노래한 요한 찬송의 시작에서 찾게 된다. 만물이 그로 말미암아 지은 바 되었으니 지은 것이 하나도 그가 없이는 된 것이 없느니라(요한복음 1:3) 그리고 그는 창조적인 말씀의 선언, 말씀이 육신이 되어(요한복음 1:14)와 고린도서에서도 그리스도에게 발견된 거대한 창조 찬송을 자주 언급한다. 그는 보이지 아니하는 하나님의 형상이시요 모든 피조물보다 먼저 나신이시니 만물이 그에게서 창조되되 하늘과 땅에서 보이는 것들과 보이지 않는 것들과 혹은 왕권들이나 주권들이나 통치자들이나 권세들이나 만물이 다 그로 말미암고 그를 위하여 창조되었고(골로새서 1:15-20).

24 Denis Edwards, *Partaking of God: Trinity, Evolution, and Ecology*, 20-24.

'신화'라는 단어를 처음 사용했다. 신화란 말씀의 육화와 성령의 은총을 통해 우리가 예수 안에서 변화되고, 나아가 아버지와 관계 속에서 그에게 동화되는 것이다. 우리는 은혜로 말미암아 삼위일체 하나님께 참여한다.[25] 이러한 신화신학은 인간의 신화에 대한 새로운 이해와 창조의 신적 행위 그리고 자연의 회복을 위한 신학의 적용으로 확대된다.

아타나시우스에게 인간은 참되고 영원하신 말씀에 따라 하나님의 형상에 따라 창조되었고 자유롭고 영원한 삶을 갖춘 특별한 은총의 존재이다. 그러나 이 은혜를 거절한 죄악 된 인간은 영원한 삶의 선물을 빼앗기고 죽음에 직면하게 되었으나 말씀의 육화^{성육신} 속에서 하나님의 참된 이미지는 인간 안에서 하나님의 형상으로 회복되고 죽음을 극복한다. 신화의 개념에서 중요한 것은 육화를 이해함에 있어서 지상에서의 예수의 삶의 시작을 주목하기보다는 말씀이 육신이 되신 삶과 죽음, 그리고 부활의 전 과정을 강조한다.[26] 따라서 그는 육화를 죄의 지배로 남겨진 세상과 인간의 죽음 그리고 하나님에 대한 참된 지식의 결핍을 향한 사랑과 자비로우신 하나님의 응답으로 보았다. 즉 육화에 대한 이해는 예수의 삶과 죽음에 나타난 연민에 찬 겸손과 급진적인 케노시스 증거로써 그러한 과정은 신성의 결핍을 의미하지 않으며 오히려 자기 겸손의 사랑으로 나타나는 신성의 계시와 하나님의

---

[25] 아타나시우스의 신화는 베드로의 두 번째 편지에서 우리가 "신성한 성품에 참여하는 자(벧후 1:4)"가 되어야 한다는 가르침을 표현한다. 물론 우리는 절대 신성을 소유할 수 없으나 은혜로 말미암아 신성과 합계할 수 있다. 우리는 성령의 은혜를 통해 그리스도 안에 참여한다. 그리고 우리 인간의 성취를 삼위일체 하나님의 삶 속에서 발견한다. Denis Edwards, *Partaking of God: Trinity, Evolution, and Ecology*, 40.

[26] Denis Edwards, *Partaking of God: Trinity, Evolution, and Ecology*, 51.

초월적 속성임을 말한다. 신화의 신학적 의의는 예수 안에 나타나는 하나님의 겸손으로 초월적 하나님에 대한 적절한 이해를 강화하고 있다고 주장한다. 그러므로 창조된 예수의 육체적 인간성은 말씀과의 연합을 통해 신화된다.[27] 말씀은 그의 육화를 통해 축소되지 않으며 동시에 신격화 되지 않고, 나아가 그는 모든 것을 인간에게 주신다. 예수 안에서 하나님의 말씀은 말씀 고유의 유한한 인간의 육체를 취하시며 육체의 피조물들은 그와 함께 신화화에 참여하게 된다.[28] 아타나시우스에게 이것은 그리스도의 몸과 인간의 몸의 신화를 통한 육체 안에서의 연합을 의미한다.

　　신화신학에 대한 현대신학의 질문은 과연 무엇이 참된 인간인가에 대한 것이다. 아타나시우스는 완전한 인간 즉 우리의 깊은 참된 인간성은 하나님 안에 참여하는 것이라고 대답한다. 인간성의 신화는 인간 속성이 다른 어떠한 것으로 변화하는 것이 아니라 믿음의 방법을 통해 하나님의 의도로 온전한 인간인 되는 것이다. 아타나시우스에게 신화는 창조된 세계 속에서 급진적인 존재론적 변화를 말한다.[29] 이러한 신화화는 그리스도 예수의 인성 안에 나타나는 하나님의 신성이 바로 우리 인간들의 참된 인간성의 원형이며 근거가 된다는 것이다. 따라서 모든 생명 안에서 하나님의 영이 예수 그리스도의 이름으로 생명의 원천이 된다. 이러한 신화신학의 구원론은 따라서 종말론적 구원론과 성육신적 구원론의 균형과 모든 피조물을 향한 종말론적 신앙과 성례전적인 신앙을 동시에 추구해야 하는 것이다.[30] 이러한 신화의

27　위의 책, 42.
28　위의 책, 42-43.
29　위의 책, 44.

개념은 죄론의[30]지나친 강조가 오히려 현존하는 악을 너무 쉽게 용인하고 역사와 사회 그리고 피조물과의 관계 속에서 인간변화의 가능성을 지나치게 비관해 온 개혁신학의 구원론을 보완하고 인간의 주체성을 확보해 나아가는 중요한 신학적 의미를 부여한다.

　　또한 육화를 통해 나타나는 신화신학의 급진적인 도전은 희생당하신 그리스도의 부활이다. 이는 인간과 나머지 피조물들의 재창조 근원이며, 오순절 성령의 분출이다. 성령 안에서 우리는 희생과 부활의 그리스도의 영광스러운 새로움에 참여할 수 있다. 즉, 아타나시우스에게 매우 중요한 새로움은 하나님 스스로 피조물에게 말씀의 육화를 통해 주신 하나님의 내면적인 속성에 관한 것이었다. 그 첫째는 신화가 우리에게 신성의 삶에 참여를 통해 안전성을 준다는 것이다. 그리스도 안에서 우리에게 주어지는 것은 단순히 창조의 관계로 특징지어진 불안전성으로의 회귀가 아니며 그리스도의 구속사역을 통해서 우리는 하나님 안에서 안전하게 남겨진다. 새로운 내면성의 두 번째 요소는 그리스도 안에서 주어진 은혜가 피조물인 우리에게 새롭게 내재된다는 점이다. 아타나시우스는 종종 신성의 본질은 '외면성'이나 피조세계 너머라고 주장했다. 이는 우리가 절대 신성의 본질을 소유할 수 없다는 것을 의미한다. 그러나 하나님이 피조물을 구하기 위해 찾으실 때 그것은 외부로부터가 아니다. 구원자는 육체적인 현존과 죽음 그 자체로부터의 변화를 위해 몸 안으로 들어오신다. 이것이 의미하는 것은 우리의 하나님과의 연합이 오늘날 우리의 피조물과 우리의 인간

30　황덕형, "영성신학의 새로운 지평; 아타나시우스의 영성과 성결교회의 영성," 『신학과 교단』 44 (2014), 77.

성 속에서 매우 중요한 내부적인 요인이 된다는 것이다. 왜냐하면, 우리는 하나님의 말씀을 통해 신화되었고, 그 하나님은 우리를 위해 육체가 되셨기 때문이다. 이러한 전유를 통해 우리는 더 죄와 죽음에 둘러싸이지 않게 되고 부활의 삶 속에서 새로운 변화를 맞게 되었다. 이 새로운 내면성의 중심에는 성령이 있다.[31] 신화는 하나님의 영원한 새로운 영의 변혁적인 선물로서 육화의 과정 가운데 그의 인간성 안의 예수는 성령의 수용자가 되고 예수는 성령을 통해 신화된다. 예수와 성령을 향한 그의 개방성을 통해 인간 역시 성령을 온전히 받아들이는 것이 가능해진다. 예수는 이렇게 창조자로써 한낱 인간의 몸을 입으시고 그 몸을 다시 회복시킴으로 우리 모두를 천국의 땅으로 인도하시기 위해 모든 것을 시작하셨다.

2) 깊은 육화 Deep Incarnation 와 삼위일체적 생태신학

아타나시우스의 성육신은 인간이 구원 받기위해서는 아래로부터가 아닌 위로부터의 기독론으로 로고스 하나님께서 예수 그리스도로 성육신하여 오셨음을 말하고 있다. 로고스 하나님께서 예수 그리스도로 성육신하여 오신 것은 인간의 구원을 위함이며 구원받은 인간을 신화神化하기 위함이었다고 말한다. 성육신하여 오신 예수 그리스도는 하나님과 동일 본질의 하나님이다. 오신 예수 그리스도는 성부 하나님과 동일본질의 참 하나님이시며 참 사람이었음을 주장한다. 그리고 아타나시우스가 말하는 신화神化는 구원의 의미로써 '타락한 인간이 하

---

31   Denis Edwards, *Partaking of God: Trinity, Evolution, and Ecology*, 45-46.

나님의 신성神性을 되찾는 것이며 완전하신 하나님을 향해 지속적으로 닮아가는 과정'으로 신화의 개념을 정립하였다.[32]

이 땅의 모든 것은 말씀the Word으로 창조되었고 또한 만물은 하나님의 말씀과 그리스도 예수의 육체 안에서 해방되며 충족되는 것이다. 인간성을 가진 예수를 창조한 말씀의 육화는 전적으로 독특한 사건인 것과 동시에 모든 인간들을 위한 사건이기도 하거니와 모든 물질적이고 생물적인 세계를 위하여 관계된 것이기도 하다. 특히 아타나시우스의 '깊은 육화'deep incarnation라는 용어는 진화적인 세계의 맥락에서 육화를 이해하는 특별한 개념이다. 이러한 관점에서 첫째, 깊은 육화가 자연세계를 향한 하나님의 영원한 헌신이며, 둘째 하나님의 특수성에 대한 약속으로서 이해된다.[33] 아타나시우스는 그의 전 작업을 통하여 하나님의 지혜의 현존과 행동이 이 자연세계 속의 아름다움과 선함과 질서 속에 드러나 있음을 보았다. 자연은 하나님의 신적인 지혜를 풍성하게 말하고 인간은 죄로 말미암아 이것을 듣는 데 손상을 받았다. 그러나 하나님의 풍성한 은혜로 하나님의 지혜가 급진적 방식으로 육체 가운데 오셨는데 이는 나사렛 예수의 삶과 죽음과 부활에 오심이다. 하나님의 지혜가 내적으로 임재하여 피조된 인간성에 용서와 치유와 해방 그리고 죽음을 극복하고 그 안에 갇힌 피조된 존재성을 변형하는 것이었다.

아타나시우스의 신화사상에서 삼위일체적 생태신학의 새로운 구성을 위해서 여러 가지 중요한 것들을 발견할 수 있다. 이때 인간 공

---

32   위의 책, 39.
33   위의 책, 44-45.

동체에 대한 이해는 지구전체의 생명공동체의 안녕에 대한 책임감의 증가로 연결되는 것이며 이는 생명을 주시는 성령에 의하여 촉진되는 것일 뿐만 아니라 거룩한 삼위일체 하나님의 지혜에 참여하는 것이 된다. 아타나시우스는 바울이 그랬던 것처럼 슬프게도 인간은 하나님이 창조세계에 새겨 놓은 지혜를 인식하지 못하여 하나님을 경배하지 못하고 잘못된 신들을 경배하였다는 것을 지적하였다.롬 1:19-21 이러한 실패를 하나님은 내버려 두지 않으시고 지혜를 육체 가운데 보내신 것이다. 예수 그리스도 안에서 지혜인 그분은 육체를 취하여 인간 존재의 신화deification를 구하여 내시고 하나님 안에 있는 나머지 자연의 완성을 구하여 내셨다. 이러한 육화 이후에 지혜는 계속 반복하여 모든 피조물에 새겨지고 반영되는 것이라고 본다.

예수 안의 하나님의 육화는 급진적 혹은 깊은 육화로 이해할 수 있다고 하였다. 이는 자연계 안으로, 생물적 존재의 세포조직 안으로 육화가 들어온 것을 뜻한다. 아타나시우스는 예수님의 십자가는 하나님의 혁명적인 발현으로 피조세계에 동일화하는 것이며, 모든 피조물들의 죽음과 고통 가운데 구속적 현존의 소우주라고 보았다. 이렇게 아타나시우스의 육화의 신학은 단지 예수 그리스도의 인간성을 넘어 보다 넓은 인간 공동체뿐만 아니라 진화 안에서와 신음 안에 있는 모든 자연세계에 관계한다. 그렇다고 그리스도 안에 일어난 육화가 다른 피조 세계의 육화와 동일하다는 것은 아니다.[34] 오히려 피조 세계가 그 끊임없는 진화과정에서 그리스도의 육화와 더불어 변형된다는 의미이다.

---

34 위의 책, 64-65.

깊은 육화의 개념은 아타나시우스가 말한 바와 같이 생명을 변화시키는 육화를 의미하는 통찰력뿐 아니라 진화적인 생물학으로부터 오는 새로운 통찰력을 준다. 이는 물론 예수 그리스도의 인간성이 37억 년 전의 미생물의 기원에 의존하는 다른 모든 인간의 진화적인 생명과 같은 것임을 의미하기도 한다. 이것이 의미하는 바는 다른 모든 유기체와 상호의존할 뿐 아니라 지구상의 생명을 유지하는 모든 체계와 상호의존한다는 것이다. 생물학적인 관점에서 어떤 인간도 홀로 존재하는 것은 상상할 수 없다. 모든 생명체는 다른 생명체와 그리고 환경과 관련 맺어져 있다. 진화의 역사에서 생태적인 상호의존성은 모든 생명체의 진화에 관여하였다.[35] 이런 관점에서 하나님이 예수 안에서 우리와 함께 계심은 모든 살아 있는 것들과 함께하시는 신화신학으로서의 의미가 있다. 육화의 깊이는 하나님 자신이 육체와 물질과 영원히 함께하신다는 놀라운 함의를 가지는 것으로 이해된다. 결론적으로 육화의 신학을 통하여 우리는 하나님은 물질과 육체를 영속화하시는 분으로 이는 말씀이 육이 되신 육화의 의미에서 예수 안에서와 십자가의 사역으로 정점을 이루는 것이다. 이렇게 예수의 십자가는 영속하는 육과 물질의 약속이자 영원히 모든 피조물과 우주의 상징이다.

이러한 신화신학의 이해를 기초로 부활하신 그리스도는 여전히 지구의 부분이시며 지구의 자연과 운명과 연결되어 있다. 우리는 여전히 이 세상의 고통과 죄 아래 있지만 이미 예수님은 이 세상의 죽음과 비영구성을 정복하셨으며 우리는 이 믿음을 붙들고 있다. 이런 의미에서 하나님과 세계 사이에는 어떤 간격도 극복되는 것이며 우리는 하

---

35 위의 책 64.

나님을 사랑하기 위하여 더는 세상으로부터 도망칠 이유가 없다. 왜냐하면, 예수 그리스도의 부활을 통하여 하나님은 이 세상을 영원히 용납하셨기 때문이다. 하나님은 누구신가 물음에 하나님에 대한 관념은 육체를 만드신 그 말씀the Word 안에서와 부어주신 성령the Spirit 안에서 하나님 자신을 주신 분으로 파악된다. 라너는 하나님과 세계의 확고한 차이를 주장하면서도 하나님 자신을 주심은 이 세상은 하나님이 그 자신을 주심으로 그의 '중심'core 이 되었으며 그의 '운명'fate 이 되었다고 설명한다.[36] 십자가에 못 박히신 예수의 부활과 승천은 하나님의 말씀이 이 행성 위의 진화적인 역사에 영원한 부분이며 피조물인 우주의 영원한 부분이 되는 것이다. 라너는 아퀴나스의 전통을 다시금 깊게 생각하기 시작했으며 동방교회의 전통으로 방향을 틀어야 할 필요성을 느꼈다. 이러한 방향전환은 칼빈과 그의 스승인 칼 바르트의 영향을 받은 개신교 신학자 토마스 토렌스Thomas Torrence 에게도 나타난다. 그 역시 동방교부의 신학을 주목하였고 그의 삼위일체 신학은 아타나시우스의 위에서 명백하게 세워졌다.[37] 따라서 육화의 의미는 성육신하신 구속자의 십자가와 부활을 통하여 창조의 존재적인 깊이에 침투하는 것이며 성경이 말한 새 하늘과 새 땅 안에 하나님의 거룩한 사랑의 승리를 가져오는 하나님의 은혜에 새로운 기초를 두는 것이다.

---

36 위의 책, 76-77.
37 위의 책, 62-63.

4. 삼위일체 생태신학과 그리스도인의 실천과 윤리적 의의

20세기 기독교 신학에 있어 위대한 진보 중의 하나는 삼위일체 하나님의 은혜는 우주적이기 때문에 하나님 구원의 은혜는 기독교인들에게만 제한되지 않는다고는 공공선에 대한 가르침이다. 예수 그리스도 안에 주어진 구원의 사랑과 은총과 육신이 되신 말씀은 기독교인들에게만 제한되지 않고 모두에게 주어진다. 따라서 삼위일체적 생태 신학적 관점에서 구원은 성령을 통한 그리스도의 참여로, 삼위일체 생명에의 참여를 신성화하는 것으로 정의할 수 있다. 필자는 한국교회에 생태위기의 긴급성을 호소하고 특별히 신학이론적 담론을 넘어 그리스도인들의 생태적 회심을 통한 주제적 변화를 구현하기 위해 개혁교회의 개인구원론을 성찰하였다. 특별히 코로나 팬더믹은 사실 한국교회에 이전과 이후로 나눌 만큼 엄청난 충격을 주었고 코로나 바이러스는 개신교가 근대에 창출하였던 개인구원의 신학적 패러다임이 총체적으로 붕괴되는 시대를 맞이하게 했다. 한 사람이 방역을 철저히 했다고 해서 위기가 극복되는 것이 아니라, 모두가 함께 이 바이러스의 위험으로부터 안전해지기 전까지 위기는 종식되는 것이 아니기 때문이다. 그 어느 때보다도 포스트코로나 시대에 삼위일체적 생태신학의 새로운 구성과 구원에 대한 새로운 이해를 추구하며 아타나시우스의 신화와 성육신의 개념은 중대한 의미를 부여한다. 특별히 삼위일체 신학적 관점에서 이러한 지구 공동체가 직면한 생태적 도전에 참여하도록 부름 받았음을 깊이 인식하고 기독교윤리적 관점에서 행동하는 그리스도인들이 되기 위해 성육신의 신학적 의미를 중심에 둔 '생태적 회심'이 중요함을 다시 깨닫는다.

　　필자에게 기독교적 회심은 교리적 고백이 아니며 이웃사랑으로의 회심을 의미한다. 그 이웃의 개념은 인간을 넘어 모든 생명과 전 우주적으로 확장되어야 하며 그것은 원수 사랑으로까지 나아가는 타자와의 새로운 관계방식을 만들어가는 것이다. 이러한 생태적 회심은 성령 안에서 말씀을 통하여 하나님께서 영원히 품은 창조세계 즉 우리 지구의 생명공동체를 향한 사랑의 회심을 의미한다. 이러한 생태적 회심은 이 지구와 지구 위에 사는 피조물에 대한 사랑을 포함해야 한다. 무어보다도 가난하고 궁핍한 자들을 돌보고 더욱 모든 피조물들에 대하여 사랑의 관리인이 되는 것, 이것이 성육신의 자리인 것이다.[38] 이때 모든 만물은 우리에게서 신적인 존엄성을 얻게 됨으로써 우리는 그들을 동료 피조물과 인간과 함께 하나님에 의해 창조된 피조물로서 "어떠한 피조물도 그 안에 하나님을 담지하지 않을 만큼 하나님에게서 멀리 떨어져 있지 않다"라는 의미는 인간과 함께 더불어 살아가는 동식물로서 존귀하게 여기게 된다는 것이다.[39] 이렇게 생태적 회심은 자아 중심을 넘어 새로운 타자의 윤리를 가능하게 하는 자아와 타자의 급진적 관계의 변화를 추구한다.

　　삼위일체적 생태신학적 관점에서 육화는 시간적으로 일회의 사건이 아니며 우주의 창조주가 단번에 영구히 임한 것임을 주장한다. 분리될 수 없는 결합 안에서 새 창조와 구속의 소망은 단지 인간존재

38　위의 책, 153-154.

39　Jürgen Moltmann, 『희망의 윤리』, 251. 혹자는 이 세계 안에서의 하나님의 '성례전적인(신성한) 현존'에 대해 말하면서 이 세계를 하나님의 현존의 성례전으로 설명하였다. 다른 이들은 만물 안에서 하나님의 흔적을 발견하기 위해, 하나님의 '비유로서의 세계'에 대해 말하기도 하였다.

에게만이 아니라 전체로서의 우주에 미치는 것이다. 더 나아가 말씀이 육신이 되고 성령의 선물이 주어지는 것은 하나님이 자신을 우리에게 주시는 것이다. 이를 통하여 하나님은 다름을 감싸는 상호친교의 사랑이시며, 무한히 관계적이라는 것을 드러내시는 것이다. 성령 안에서의 육화와 부활을 통하여 성취된 육화는 성삼위의 거룩한 삶 안에서 성취되고 더 나아가 승화되는 이러한 신성화를 전체 자연세계에 가져다주는 파괴할 수 없는 하나님의 헌신을 구성하는 것이다. 따라서 인간은 새로운 윤리적 주체로 이러한 자연과 모든 피조물에 대한 경외의 자세로 자연과의 관계 속에서만 신성화에 참여하여 새 하늘과 새 땅을 이루어가는 것이다. 즉 그 어떠한 영역도 하나님의 계속적 창조의 행위에서 분리되어 있지 않기 때문에 이 자연세계는 놀랍도록 다양한 종들이 진화하여 온 긴 역사를 가지고 있으며 이 자연은 우리에게 주어진 하나님의 선물로써 인간의 마음대로 폐기하거나 낭비할 수 없는 대상이다.

따라서 한국교회에 만연한 구원론과는 다르게 신화란 구원받음으로 끝나는 것이 아니라 시작으로써 구원받은 인간이 완전한 구원을 위하여 지속적으로 하나님을 닮아가는 과정이다. 그러나 아타나시우스가 말하는 인간이 하나님처럼 된다는 말은 하나님과 같이 동일 본질의 신성을 말하는 것은 아니고 하나님이신 말씀이 인간 안에 내주함으로서 '참여'를 통한 영원하신 하나님을 닮아가도록 하는 신성 divinity을 말하고 있다. 이와같이 아타나시우스가 주장하는 신화神化사상은 신약성경에서 말하는 구원받은 하나님의 백성들이 구원받은 후 예수그리스도를 닮아가도록 하는 사상과 같은 것임을 알 수 있다.[40] 이러한 아타나시우스의 성육신적 신학은 모든 피조물에 대한 경외감을 하

나님에 대한 경외감으로 승화시켜 나아 갈 수 있는 윤리적 기초를 마련해 준다.[40]

생태적 영성은 타자들을 희생양 혹은 원수로 만들거나 다른 피조물들과 그들의 서식지들을 무자비하게 착취하는 경향에 도전하며 피조물들과의 연대감을 위해 행동하도록 북돋는다. 삼위일체적 생태신학은 낭만적인 자연관이라기 보다 다른 종들의 타자성을 인정하고 우리 행성에서 우리가 여전히 경험할 수 있는 황무지로부터 다양한 과학의 발전에 이르기까지 자연세계 안에서 통제할 수 없는 것과 알려지지 않는 것 앞에서 경외심을 잃지 않는 자연관이다. 삼위일체적 생태신학의 생태적 회심의 영성은 다양한 종들을 만들어 온 진화의 과정을 인정할 수 있는 강인한 영성이 될 필요가 있다. 그리고 이러한 기독교적 생태적 회심을 가능하게 하는 그 중심에 바로 육화가 있다.

인간과 피조물과의 연대의 윤리는 인간 중심적이지 않은 인간학을 가능하게 하며 현대 세계의 인간중심주의는 실패로 돌아간 우주론과 포기되어 버린 생명신학을 다시 재구성하는 기초가 된다. 아타나시우스는 로고스 하나님께서 성육신하여 오신 것은 연약한 인간이 하나님을 바라보지 못하고 감각적인 세계를 바라봄으로 타락한 인간을 구원하기 위해서라고 말한다. 즉 하나님의 형상으로 창조된 로고스 하나님만이 하나님의 형상을 회복시킬 수가 있으므로 로고스 하나님께서 인간의 몸으로 성육신하여 오신 것이다. 특히 다른 모든 피조물에게서는 '하나님의 흔적' vestigia Dei 이 보여지는 데 반해 인간은 이 땅에서의 '하나님의 형상' imago Dei 혹은 대리자로 창조되었기 때문에 단지 인

---

40   황덕형, "영성신학의 새로운 지평; 아타나시우스의 영성과 성결교회의 영성," 46.

간은 자연의 일부분이 아니라 하나님으로부터 발원했으며 하나님 앞에서 세계를 책임을 져야 하는 존재인 것이다. 여기에서 다른 모든 생물로부터 구별되는 존엄한 인간은 부인될 수 없는 주체로서의 본성을 그 특징으로 가진다. 성서의 전통에 의하면 이러한 인간의 특별한 존재규정은 오직 창조 공동체 안에서만 유효하며 인간은 단지 자연의 일부로서의 인격인 것이다.[41] 우리가 자연을 하나님의 피조물로 이해한다면 모든 만물은 초월적 내면을 지니게 되며 하나님께서 어떻게 그들을 지키시는지를 인식하게 된다. 이러한 의미에서 만물에 대한 우리의 경험은 하나님에 대한 경험이 될 수 있으며 신화Deifying 개념과 성육신 Incarnation 의 의미를 깊이 성찰하여 삼위일체적 생태신학을 구성함으로 신음하는 자연과 피조세계의 신성을 회복하고 그리스도인의 더욱 주체적인 행위를 끌어내는 기독교 실천 윤리적 관점을 제공한다.

---

41   Jürgen Moltmann, 『희망의 윤리』, 247.

2장

한국교회 문화변화와
미투 운동의 윤리적 의의와 도전

2017년 10월 15일, 배우 알리사 밀라노 Alyssa Milano 는 세계적인 영화 제작자 하비 와인스타인 Harvey Weinstein 의 성추문 사건이 터지자 SNS에서 해시태그#로 "나도 피해자다" me too 라는 의미의 '#MeToo 운동'을 시작하였다.[1] 성범죄를 당한 사람들이 똑같이 글을 쓰면, 주변에 얼마나 피해자가 많은지 경각심을 불러일으킬 수 있다고 생각해 시도한 일이었다. 그 결과 24시간 만에 8만여 명이 자신의 성범죄 피해경험을 폭로했다. 그 후 미국의 다양한 분야에서 폭로가 이어졌으며 이 과정에서 전 세계적으로 여성들과 남성들의 뜨거운 연대와 지지가 이어졌다. 할리우드 여배우들의 용기에서 시작된 운동은 구체적으로 직장 내 성폭력을 예방하고 지원하는 단체인 '타임즈 업' Time's up, www.time

---

[1] 혹자는 우리나라에서 일어난 미투 운동이 할리우드에서 시작되었다고 여기지만, 그보다 훨씬 이전에 우리나라는 1992년 8월 14일 고(故) 김학순 할머니가 일본군 '위안부' 피해사실을 최초로 폭로한 '미투'의 역사를 가지고 있다. 최근 들어서는 2015년 젊은 여성들을 중심으로 페미니즘에 관심이 늘어나던 중에 2016년 '강남역 살인사건'이 분기점이 되었다. 이후 영화, 문단, 미술, 웹툰 등 문화예술계에 성폭력 고발운동이 확산되던 차였다.

supnow.com의 설립에 이르렀다.[2]

　'미투'란 이름으로 진행된 성폭력의 실상은 한국사회의 근간을 흔드는 사회적 문제가 되었지만, 해결되어야 할 문제들만을 산적한 채 여전히 진행 중이다. 사실 한국 사회의 미투 운동은 일본군에 의한 위안부 피해로부터 새롭게 밝혀진 5·18 계엄군 성폭력 사건에 대한 진상조사까지 긴 역사가 있고, 이러한 문제의 공통점은 가해자 처벌의 어려움과 그로 인해 피해자들이 침묵을 강요당했던 부당함이라는 점이다. 한국의 미투 운동은, 2018년 1월 29일 서지현 검사의 고백[3]으로 새로운 전환점을 맞았다. 한국의 미투 운동 역시 피해여성이 스스로 성폭력 경험과 그 심각성을 폭로했다는 점에서 중요하다. 그러나 사회이슈로서 성폭력 피해자가 이제야 피해 사실을 말하기 시작하게 된 것은 아니다. 피해자들은 자신의 경험을 계속해서 말하고 있었지만, 그들이 아무리 말해도 세상은 듣지 않았으며 그들은 지지받지 못하고 심지어 사회에서 매장당하기까지 했다. 다시 말해 성폭력 피해자들은 할 말이 없어서 말을 하지 않은 것이 아니다. 그들은 오랜 세월

2　미투 운동은 2006년 여성인권 운동가 타라나 버크(Tarana Burke)에 의해 시작되었다. 버크는 '미투'에 "여성을 도울 힘"이 있다고 생각했다. 2017년 10월 19일자 〈워싱턴포스트〉 기사에 따르면, 그는 여성과 소녀, 특히 유색인종 여성과 소녀를 돕기 위해 '마이스페이스'(MySpace)라는 페이지를 만들어 많은 사람에게 큰 반향을 일으키기도 했다. 할리우드에서는 2005년 유명 코미디언 빌 코스비(Bill Cosby)의 성폭력을 폭로하는 여성들의 증언이 이어졌고, 배우 엠마 왓슨(Emma Watson)으로 대표되는 'HeForShe' 캠페인 등이 있었다. 또한 #WhatWereYouWearing(너는 무엇을 입고 있었니), #YouOkSis(자매여, 당신에겐 문제가 없다), #SurvivorPrivilege(살아남은 자들의 특권) 등 피해자의 '행실'을 탓하는 성폭력에 대한 편견, 길거리 괴롭힘, 성폭력 2차 피해 등에 맞서는 해시태그 운동이 지속되고 있었다. 이 상황에서 배우 알리사 밀라노가 영화 제작자 하비 와인스타인의 성폭력을 문제제기 하면서 10년 전 버크가 사용했던 '미투'에 영감을 받아 미투 운동(#MeToo)이 시작되었다. 이렇게 미투 운동은 영화계에서 시작하여 체조, 영화, 정치영역으로 번졌을 뿐 아니라 전 세계로 확산되었다. 『한겨레 21』, 김보화, "[2018 미투, 세상을 바꾸다] 이제 가해자에게 질문하자," http://h21.hani.co.kr/arti/cover/cover_general/44873.html (2020.07.21 접속).

3　서지현 검사는 2018년 1월 29일, "2010년 10월 30일, 한 장례식장에서 당시 법무부 간부 안태근 검사로부터 강제 추행을 당했다"라는 제목으로 검찰 내부통신망 이프로스(e-Pros)를 통해 상사 검사로부터 성추행당한 사실을 8년 만에 용기 내 폭로했다.

동안 사회 속에서 자신의 목소리가 얼마나 무기력한지 경험해왔다. 피해사실을 말했다 하더라도 사람들에게 지지와 위로를 받기는 고사하고, 가족을 포함해서 오히려 "왜 거부하지 않았느냐?"와 같은 질문들과 불편한 시선 등 2차 가해를 받는 경우가 허다하다. 그러므로 어떤 누구도 그녀들의 침묵을 비난할 수 없다. 말하는 것과 듣는 것은 상호소통 과정이다. 들을 준비가 안 된 사회가 '왜 그동안 말하지 않았느냐?'고 다그치는 것은 피해자에게 책임을 전가하는 무책임한 행동일 뿐이다.

미투는 용기다. 온 국민을 대상으로 '문화 혁명'에 가까운 서지현 검사의 고발을 지켜보면서, 많은 피해자가 자신을 드러내고 세상에 말할 수 있는 용기를 얻게 되었다. 그들은 자신의 아픔과 수치심을 뒤로하고 다음 세대의 변화를 기대하며 딸에게 부끄럽지 않은 엄마가 되기 위해 용기를 내어 저항으로서의 '말하기'를 시작했다. 한 여성학자는 한국사회의 가부장성을 인지한다면 미투의 용기는 경이로움을 넘어서 두렵기까지 한 것이라고 말한다.[4] 여성들은 이전 시대처럼 침묵하지 않는다. 피해자가 부끄러워하지 않는 세상을 희망하는 미투 사태의 본질은 성폭력을 비도덕적인 '개인의 비행' 혹은 '일탈'로 보기보다는 오랜 침묵과 은폐, 그리고 성차별적 폭력문화의 일상화의 결과물로 보아야 한다는 것이다. 이러한 사회인식의 변화는 다양한 영역에서 다른 이슈를 가지고 젊은 여성들의 집단적 목소리를 활발하게 내며

---

4 「오마이뉴스」, 유지영·김윤정, "권김현영 '미투 피해자들의 폭로, 경이롭지만 두렵다'," http://star.ohmynews.com/NWS_Web/OhmyStar/at_pg_w.aspx?CNTN_CD=A0002423214&CMPT_CD=P0010&utm_source=naver&utm_medium=newsearch&utm_campaign=naver_news (2020. 07. 21 접속).

공적인 이슈로 주목받게 하였다. 미투 운동은 여전히 진행 중이며, 더욱 복잡한 양상을 띠고 있다.[5] 이제 사회와 교회에서 책임지고 응답할 차례이다.

이 장은 기독교 윤리적 관점에서 여전히 진행 중인 미투 운동에 대한 분석과 성찰을 통하여 이 운동의 의미를 생각해 보고자 한다. 미투 운동은 성폭력 피해가 개인을 넘어 공론의 장에서 성에 대한 새로운 인식과 담론을 정착시키는 중요한 변화를 이끌고 있다. 이러한 성폭력 문제에 대해 비껴갈 수 없는 한국교회도 이제 침묵할 수 없다. 한국교회는 이러한 사회변화의 한 가운데서 침묵과 무지를 드러내는 방관자가 될 것인지, 아니면 지지와 변화를 추구하는 연대 자가 될 것인지 선택해야 한다. 특별히 본 장은 정치신학적 관점에서 미투 운동을 여성 주체성이 형성되는 정치화의 과정과 사회변혁 운동으로 자리매김할 것이다. 마지막으로 사회문화의 변화에도 불구하고 광범위한 성폭력 피해자의 호소가 공정하게 해결되지 않는 현재의 원인을 규명하면서 미투 운동의 기독교 윤리적 의미와 그리스도인에게 남겨진 과제를 제시해 보고자 한다.

---

5   2015년 이후 새로운 세대의 페미니즘 운동이 활발해지면서 SNS상에서 해시태그(#)를 달고 자신의 경험을 말하는 새로운 폭로 방식이 등장했다. 문학계, 음악계, 영화계, 연예계, 게임계, 스포츠계, 종교계 등에서 시작된 수많은 해시태그 운동으로 피해자들의 말하기가 이어졌다. '데이트폭력' 폭로와 함께 영화감독이나 남자배우, 유명 연예인, 대기업 상사 등 권력에 의한 성폭력이 계속 폭로됨으로써 많은 변화가 일어났다. 그중에서도 대표적으로 '찍는 페미', '페미라이터', '믿는 페미', '전국디바협회', '소라넷 폐지 운동'등이 인터넷상에서 자생적으로 일어났다. 이러한 결과로 출판계, 문학계, 영화계에서 자체적인 사건 처리 매뉴얼을 만들거나 작가 서약서를 받는 곳도 생겨났다.

1. 미투 운동과 여성의 정치화

미투 운동은 시대착오적이고 위선적인 그러나 우리의 정신과 몸을 피폐하게 만들었던 이 땅의 성문화를 변화시키는 거대한 전환의 기폭제가 되었다. 이러한 사회적 변화 속에서 성폭력의 수많은 피해자의 폭로과정은 여성을 피해자의 자리에 고정하는 왜곡된 구조에 저항하며 사회변혁의 과정에 참여하는 주체성의 형성과정으로 분석할 수 있다. 그러나 이러한 변혁의 힘으로부터 여전히 매우 느린 반응을 보이는 한국교회의 성인식을 반성하면서, 미투 운동으로 인한 사회의 법적인 재정립과 제도적 보완이 교회의 성폭력 예방과 정의로운 해결과정에 의미 있는 도전이 되기를 바란다.

1) 미투 운동에서 '말하기'의 함의와 주체성

미투 운동의 의미는 한국 사회에 마치 공기처럼 우리를 둘러싸고 있는 일상의 폭력 경험들을 성찰하게 하고 그러한 의식과 구조를 바닥에서부터 개혁하려는 노력이다. 특별히 구조적 성폭력과 일상의 성폭력이 정확하게 일치하는 공적 공간과 사적 공간을 동시에 지배하는 폭력적인 문화야말로 여성의 사회와 일상을 지배하고 있었던 어두운 그림자이다. 이러한 현실에서 폭로는 피해자들의 최후의 수단이었다. 한국의 미투 운동은 피해자가 '폭로'라는 수단에 의존하지 않고서는 사회 시스템에서 자신의 피해를 제기할 수 있는 문화적·제도적·인식적 기반이 전혀 없었음을 드러낸다. 성폭력 피해의 깊이를 조금이라도 인식하는 사람이라면, 폭로 이후의 더욱 지독한 고통이 기다리고 있는 피해자에게 실명과 얼굴을 공개하는 폭로를 누가 권할 수 있을 까?

　　미투 운동을 성폭력 피해자들의 말하기, 폭로, 스피크 아웃Speak Out운동이라 정의 내린다면, 사실 한국 여성운동의 역사는 수 많은 피 해자의 '말하기'로 이루어져 왔다고 볼 수 있다. 대표적으로 1986년 부천경찰서 성고문 사건[6], 1991년 일본군 '위안부' 피해를 본 고故 김 학순 할머니의 기자회견, 1993년 서울대 교수의 성희롱, 2000년대 초 한국 시민단체에서 벌어진 여러 성폭력 사건, 2009년 고故 장자연 씨의 성접대 등 한국 사회의 굵직한 사건들은 모두 피해자들의 주체 적 말하기를 통해서 일어났다.[7] 한국사회의 성폭력 관련법이 제정·개 정되어온 역사는 그나마 이러한 피해자들의 말하기가 있었기에 가능 했다. 이처럼 성폭력 피해자의 고백적 폭로가 없었던 것은 아니지만, 미투가 가지는 특별한 의미는 피해 당사자가 직접 미디어에서 자기 자신을 드러내어[8] 자신의 이야기를 했다는 점이다. 이러한 폭로 행위 는 이전과는 비교할 수 없을 정도의 큰 힘을 발휘했다. 즉, 피해 당사 자가 주체로서 자신의 이야기를 직접 말하는 이 행위가 정치적으로 가장 큰 힘의 원천이 된 것이다.

　　미투 운동의 확산은 성범죄 사건이 피해자의 잘못으로 인해 일 어난 것이 아니며 명백하게 가해자의 잘못이라는 것을 인식하는 사회

6　군사독재정권에 대한 민주화운동 세력의 저항이 심화하던 시기인 1986년 노동현장에 위장 취업 한 여대생이 부천경찰서에 연행되어 성적 고문을 당한 사건.

7　「한겨레 21」, 김보화, "[2018 미투, 세상을 바꾸다]이제 가해자에게 질문하자".

8　안전상의 이유로 소속만 밝히는 경우도 있지만, 대부분의 경우 실명과 얼굴을 드러내고 있다.

적 분위기를 형성시키면서 피해자에게 말하게 하였다. 이처럼 "나도 말한다." 여성들의 주체적 '말하기'는[9] 피해자에게 중요한 치유의 방법임에도 불구하고, 대부분은 자신의 경험을 이야기하지 못했다. 성폭력 경험은 가부장적인 문화와 남성중심 사회 안에서 여성에게는 '수치심'과 '주홍글씨'와 같은 문화로 읽히기 때문이다. 그러므로 피해자가 '나[피해자]에게 원인이 있다'라고 내재화한 인식과 관점은 해체되어야 한다. 한국성폭력상담소는 성폭력 피해자에 대한 대중의 왜곡된 시선과 피해자가 말하기를 주저하게 만드는 사회적 인식에 저항하면서 2003년부터 "성폭력 생존자 말하기 대회"[10]를 개최해왔다. 그 과정에서 우리 사회는 '잘 말하는 법'이 아니라 '잘 듣는 법'을 배울 필요성을 인식하게 되었다. 지금껏 우리 주변의 수많은 성폭력 피해자의 목소리를 지나쳐 왔다는 것은, 우리가 스스로 '잘 듣지 못했음'을 드러낸 일이다. 우리가 이러한 과거의 잘못을 뉘우치며 뿌리 깊은 성차별의 문화를 넘어 안전하고 유의미한 가치공동체를 형성할 수 있게 된다면, 성폭력 피해자들은 다시는 폭로로 인해 자신에게 불이익이 생길 것이라는 두려움을 갖지 않게 되고 그들의 목소리는 퍼질 수 있게 될 것이다.

또한, 성폭력 피해자는 '평소 행실'에 대한 비난은 물론, 개인의 성[性] 이력이 어떠한지 등의 질문을 이겨내며 성폭력에 대한 사회통념

---

9 미투 운동을 종종 "나도 당했다"라고 번역하여 말하는 경우가 있는데, 필자는 미투가 "나도 말한다" 운동으로 이해되어야 한다고 생각한다. "당했다"라는 말은 피해여성의 수동성과 함께 부정적 함의가 내포되어 있지만, "나도 말한다"는 피해를 극복하고자 하는 여성의 주체성과 능동성, 연대를 긍정적 차원에서 드러내기 때문이다.

10 '피해자' 대신 사용한 '생존자'라는 용어는 폭력적 상황에서 단순히 '피해를 겪었다'라는 의미를 넘어서서 "살아남았다"라는 의미를 담고 있다.

과 맞서야 했다. 이처럼 우리 사회에서는 성폭력 사건에 대해서 성차별적 구조나 문화, 그리고 뿌리 깊은 인식들을 지적하고 개선하려는 노력 대신에 개인의 행실 및 성격을 문제 삼아 비난하고 몰아세움으로써 본질적 문제는 덮고 넘어가는 패턴에 익숙하다. 더욱이 한국교회의 성폭력 피해 여성들은 이러한 비주체적 성문화와 오랜 역사를 통해 전통신학이 정당화시켜온 '육욕적 상징'으로서의 여성 이미지를 통해 성폭력에 대한 2차, 3차 피해를 받아왔다. 이 방식은 교회에서 가장 흔하게 일어나는 현상으로 피해 여성이 더욱 '말하기'를 어렵게 하는 인식구조이다. 성폭력 피해자로 호명되는 시작에서 2차 피해에 가까운 부당함과 불편함이 기다리고 있다는 말이다. 기독교의 신학전통은 오랫동안 여성을 죄의 원인 제공자로서의 수치와 죄의식의 강고한 결합 속에 열등함에 가두어 두었고, 이에 따라 여성의 주체성은 형성되기 어려웠다. 온전한 주체가 되지 못하는 한국교회 문화 속에서 교회 여성은 여전히 무거운 '침묵'으로 '말하기'를 대신하고 있으며, 주체 형성의 결핍으로 교회의 성 인식은 사회보다 더욱 어두운 현실이다.

미투 운동의 발생 원인을 분석하는 가운데, 정재원 국민대 교수는 남성중심 조직의 성매매 문화를 통해 "여성의 성은 쉽게 살 수 있는 것"이라는 뿌리 깊은 인식이 생기면서 여성을 동등한 구성원으로 존중할 줄 모르는 '불완전한 남성 시민'이 만들어진다고 말한다.[11] 남성권력도 여성에 대한 성폭력을 가능하게 하는 문제이지만 사회문화

---

11 「경향신문」, 김지혜 · 남지원, "[미투의 혁명, 혁명의 미투](4) 성추행 고발서 남과 여 일상화된 모순 흔드는 바람으로," hhttp://news. khan. co. kr/kh_news/khan_art_view. html?artid=201804252203005&code=210100 (2020. 07. 21 접속).

를 통해 심각하게 '왜곡된 남성의 성의식'은 여성의 주체성뿐 아니라 남성의 주체성도 불완전하게 하는 왜곡의 과정이라 것을 인식해야 한다. 즉 남성이 가부장적인 성차별 구조에서 여성과 위계적 관계로 존재하며, 거기에 조직 내에서 권력 관계가 결부되면 문제는 더욱 심각해진다. 문단과 연극계의 미투 운동 피해자들은 가해자들이 '여성의 이해관계를 쥐고 있는 남성 권력자'임을 명시했다. 이러한 위계적 권력 관계 속에서 말하기는 더욱 어려워진다. 그러나 서지현 검사의 폭로 이후 미투는 성폭력의 수치와 책임이 피해자가 아닌 가해자에게 지워지는 계기가 되었다. 이러한 여성들의 주체화 과정은 남성 역시 책임적 주체가 되는 과정이기도 하다.

　　여성의 주체성을 새롭게 발견하는 '말하기'를 통하여 전개되는 미투 운동이 '마녀사냥'에서 멈추지 않기를 바란다면, 동시에 가해자로 지목된 사람을 악마화하고 비난하는 데 그치지 않기를 원한다면 그리스도인들은 미투 운동이 진행되고 있는 현재에도 이 사회는 왜 성폭력 범죄가 끊임없이 일어나는지, 왜 이렇게 광범위한지, 그 구조와 나는 어떻게 연결되는지, 그리고 근본적인 해결책은 무엇인지를 기독교 윤리적 관점에서 적극적으로 응답해야 한다. 성폭력 피해 여성의 고통과 상처가 피해자로서의 인식을 넘어 한국 사회 속에서 여성을 주체로 세우는 정치적 공간이 될 때 우리 사회는 변화될 수 있다.

2) 미투 운동과 성정의 Gender Justice 실현을 위한 법적·제도적 개선

　　정치적 민주주의, 언론의 자유와 집회결사의 자유가 보장된다고 해서 모든 이들이 제 몫의 권리를 동등하게 누리는 것은 아니다. 그런 의미에서 미투 운동은 여성들에게 '민주화 혁명'을 넘어선 또 다른 '일상의 혁명'이 필요하다는 것을 일깨웠다. 나는 이렇게 폭발적으로 터져 나온 미투 운동을 촛불혁명의 과정을 통하여 형성되어 온 젊은 여성들의 정치적 주체화의 과정에서 평가한다. 미투 운동은 한국 역사상 처음으로 여성들이 성폭력과 그 밑에 깔린 성차별이라는 중요한 문제를 연결하여 여성을 정치적 공론의 장에서 저항한 정치적 주체로 세운 사건이다.[12] 공적으로 말하는 주체로서 여성들이 한국사회의 민주주의가 완성되어 가는 과정에서 정치적으로 집단적으로 목소리를 낸 것이다.

더욱이 성[性, sexuality]과 여성에 대한 구성원의 생각과 가치관 변화 등 문화전반의 의식변화뿐 아니라 법 정의를 실행할 수 있어야 미투 운동을 통한 진정한 사회개혁이 이루어질 수 있다. 문화변화는 항상 제도와 법의 올바른 정립 속에 그 질적인 변화가 가능해 왔다. 한국 사회에 정치적 민주주의는 어느 정도 자리 잡았고 인권과 평등이라는 가치도 제법 뿌리를 내렸다. 하지만 성 평등 문제는 언제나 부차적이었으며 민주주의, 인권과 평등을 중시해야 한다고 말하는 사람들조차 성 평등 혹은 여성과 관련된 문제는 '나중에 해결하면 되는 일'쯤으로 치부해왔다. "저출산이나 여성 노동력 미활용, 성별 임금격차 같은 구체적인 현상으로 이미 성차별 구조의 문제가 드러나고 있는데도 이에 대한 사회의 인식수준은 여전히 매우 낮다."[13] 현대 사회의 성정의 실현은 한 공동체의 성숙을 나타내는 잣대다.

---

12 위의 글.
13 위의 글.

법의 한계와 함께 늘 언급되는 문제는 성에 대한 폭력을 둘러싼 '남성 연대'이다. 특별히 한국사회에서 남성 간의 연대 male bonding가 절댓값으로 존재한다. 필연적으로 위계가 발생하며 권력을 가진 남성들은 여성을 동등한 존재라고 생각하지 않는다.[14] 따라서 미투 운동은 자신이 남성이라는 이유 하나 때문에 남성중심주의사회에서 누리게 되는 특권과 의식적/무의식적으로 갖게 될 수 있는 가해자성에 대해 고민하는 데까지 나아가야만 변혁으로 이어진다.[15] 우리는 지금 유난히 낮은 젠더 감수성과 성평등 인식을 '남성성'으로 감추며 살아왔던 한 시대를 짚고 있다. 생존을 위해 남성 문화를 적극 받아들이고, 받아들이지 않더라도 묵인하고 동조하는 자세를 의식적/무의식적으로 훈련받는다. 이러한 한국사회의 성문화에 대해 박일준은 생물학적 남성들 중 가부장적 체제의 '가부장' patriach이 되는 것이 불가능한 상황에 놓인 사람들이 대부분이라고 주장 한다.[16] 남성성 역시 거대자본주의의 상품이라는 것이다. 어쩌면 지구촌 소비자본주의 시대에 가부장은 실제로 존재하는 것이 아니라, 시스템이 설정한 가상의 존재인지도 모른다. 그럼에도 불구하고 가부장적 시스템은 남성들에게 가부장이 되기 위해 무한히 경쟁하고 생존하라는 명령을 내린다.[17]

우리는 이러한 비판적 사고에 귀를 기울이고 여성과 남성의 대

---

14   「한겨레 21」, 김완, "[2018 미투, 세상을 바꾸다] '가공된 인격이 괴물 낳아'," http://h21.hani.co.kr /arti/cover/cover_general/45046.html (2020.07.21 접속).
15   한국 남성들이 누리고 있는 밤의 문화와 가정은 이중적 윤리적 관점에서 전형적인 창녀와 성녀 나누기로 상징된다. 내 어머니, 내 누이, 내 애인과 창녀는 다른 여자다. 이 둘은 분명하게 구별되는 존재로 여겨진다.
16   한국문화신학회 엮음, 「소수자의 신학」(서울: 동연, 2017), 117.
17   박일준, "나 역시 남자가 아니다: 포스트휴먼 시대의 성(性)과 젠더에 대한 성찰," 「한국연구재단 후원 한-미 인문학 특별협력 국제 학술대회자료집」(2017.10), 52-57.

결로 왜곡되는 현실을 극복하고 함께 연대를 향해 나아가야 하지만, 거대 자본의 체제와 작동방식을 인식하는 것이 뿌리 깊은 성차별의 위계적 현실을 축소시키는 관점으로 해석되어서는 안 된다. 지금까지 최소한의 제도가 없었던 것이 아니다. 그럼에도 불구하고 법과 제도가 법에 준하는 평등을 보장하지도 않았고 광범위한 성폭력을 중지시키지도 못했다. 몰랐던 것도 아니다. 생소한 현실도 아니다. 만연한 성폭력의 현실을 방치했고 방관하여왔고 그저 무감각했고 참아내야 했다. 무엇이 문제인가? 여성에게 불리하고 가해자를 처벌하기 어려운 법과 제도부터 검토해야 한다. 이는 검찰 내 성폭력 예방뿐 아니라 사회에서 발생하는 성폭력에 대한 왜곡 없는 판단과 처벌을 위해 필수 불가결한 일이다.

변화는 진행 중이다. 역사상 처음으로 미투운동으로 범정부 차원의 성희롱·성폭력 근절추진 협의회가 만들어졌고 정부가 공공·민간부문 성폭력 예방 대책을 잇달아 내놨다. 실효성이 얼마나 있을지 아직은 알 수 없지만, 정부가 나설 주된 사회이슈로 부상한 것만은 틀림없다. 전문가들은 한국의 성범죄 신고율을 대략 10% 수준으로 추정한다. 피해자 10명 중 9명은 신고하지 않거나 못한다는 뜻이다. 여성정책연구원 장미혜 선임연구위원은 "성폭력을 뿌리 뽑으려면 '가해자는 처벌 받는다'는 사회의 합의가 깔려 있어야 한다"고 말했다. 신고율을 높이고 가해자 처벌이 이루어지려면, 성범죄의 원인을 피해자의 '행실 탓'으로 돌리지 못하도록 하는 제도적 대안을 마련해야 한다. 미국과 영국 등은 이미 수십 년 전부터 '방패법'을 두고, 피해자에게 과거에 성과 관련된 어떤 이력이 있었는지에 대해 재판 과정에서 묻지 못하도록 보호한다. 이번 기회에 무고죄와 '사실적시 명예훼손죄'

의 적용 범위를 손질해야 한다는 지적이 많다. 이러한 법적, 제도적 보안은 성폭력 예방뿐 아니라 정의로운 성폭력 해결 과정에 대단히 중요한 변화를 제공할 것이다. 이러한 모든 변화의 중심에 '말하는' 여성들의 주체적 행위가 전제된다. 미투 운동은 여전히 진행 중이고 미완성의 운동이지만 한국사회 모든 영역에서 여성이 폭로라는 말하기를 통하여 침묵해왔던 성폭력에 대해 적극적으로 공론의 장을 형성하고 주체적으로 정치화되는 과정이다. 즉 미투 운동은 침묵과 수치와 은폐 속에 개별화되었던 성폭력 문제를 공론화하면서 여성의 행위적 주체 형성의 과정을 통하여 사회변혁운동 속에 새롭게 자리매김하는 사건이 되었다는 점을 적극적으로 평가해야 한다.

2. 미투 운동과 여성 주체성 Subjectivity

1) 여성 신학적 관점에서 새롭게 구성하는 여성 주체성의 발전 과정

1960년대 이후 초기 여성신학은 여성의 불평등과 억압을 극복하고 인간이라는 의미를 획득함으로 평등을 추구하였다. 서구여성신학 형성의 과정에서 어머니와 같은 역할을 했던 로즈마리 류터 Rosemary R. Ruether 는 여성신학의 목적을 "모든 여성의 온전한 인간성 full humanity 을 지향하는 것"이라고 말했다. 근대 여성신학자들이 추구했던 성불평등과 성적 억압으로부터의 해방은 근대인간주의의 발전과 맞닿아 있다.

근대 인간이해는 여성신학적 담론에도 영향을 미치며 여성신학의 시대적 한계의 근본적 원인이 되었다. 이 시기의 여성신학 second wave: 1960-80년대 은 가부장적 질서에 저항하기 위하여 여성 Women 이라는 보편 개념에 정초하고 모든 여성들을 위한 신학을 추구하였다. 이러한 과정에서 여성신학은 여성들 간의 경험의 차이 그리고 문화적 다양성으로 인한 다른 목소리들을 간과하면서 근대의 보편적 인간 이해에 기초한 여성 일반의 평등을 이루어내는 것을 그 정치적 목표로 삼았다. 그러나 여성신학은 80년대에 대표적으로 류터의 관계적 자아 relational self 와 캐서린 켈러 Catherine Keller 의 연결된 자아 connective self 등의 개념으로 이미 보편적 자아의 신학적 터전을 허물고 있었다. 여성신학은 90년대 이후 포스트모더니즘 그리고 후기구조주의 이론들과 대화하면서, 여성의 해방과 사회변화를 위한 행위주체 agent[18]로서의 가능성에 대한 연구를 본격화하면서 비서구 여성들이 겪은 또 다른 억압에 주목하였다.

　그 후 여성신학 third wave 은 여성들 간의 차이에 집중하면서 성차별과 여성들 간의 차이를 분리하여 흑인여성신학, 남미여성신학, 그리고 아시아여성신학 등 다양한 여성신학적 건설을 시도하였다. 같은 여성이지만 페미니스트 feminist, 우머니스트 womanist, 그리고 무헤리스타 mujerista 신학적 관점에서 계급과 인종, 나이, 그리고 문화와 종교에 따른 여성신학적 담론들의 차이를 성찰하기 시작했다. 그러한 특수한 주체의 위치성 positioning 은 서로 다른 주체의 형성과정을 겪으면서 사실 근

18　행위주체(agent)라는 개념은 주체(subject)가 이전의 전통 철학이나 신학담론에서 지극히 추상화된 개념으로 쓰여왔던 위험성을 피하게 하고, 보다 윤리적 행위와 책임성을 드러내게 하는 용어라는 점에서 차이가 있다. 강남순, 『페미니스트 신학: 여성·영성·생명』(서울: 한국신학연구소, 2002).

대의 여성신학이 서구 백인여성중심의 담론임을 인식하게 된다. 이후 포스트모던시대의 신학과의 대화를 통하여 여성신학은 여성들 간의 차이와 다름을 긍정하는 주체성 담론의 새로운 지평을 열었다. 이렇게 성적 차이와 더불어 여성들 간의 차이들을 새롭게 바라보면서 주체성 형성의 자리인 사회문화적, 정치적 맥락들을 진지하게 고려하였다.

물론 이러한 과정에서 여성신학은 위기와 균열 그리고 정치적 전선의 분열을 보이기도 했으나, 90년대 이후 여성신학은 주체성의 형성과정이 동일하지 않고 다양한 정치경제 문화적 요인들과 복잡하게 얽혀 있는 되기의 과정becoming women 으로 이해하고 이러한 복잡한 지형을 창조적으로 발전시켜 왔다. 사실 이렇게 여성신학은 근대성의 위기와 함께 발생하고 포스트모더니즘과의 상호영향 속에서 주체의 이질성과 다중성과 복잡성을 수용하며 발전해 왔다. 특별히 관계적 차이를 강조하는 켈러는 최근 저서[19]들을 통하여 인간의 자아는 항상 자기를 형성해 가는 과정 중에 있기 때문에 젠더, 성, 계급, 인종 간의 단순한 경계가 있을 수 없고 이 모든 것이 장구한 역사 속에서 억압과 투쟁의 과정 속에 얽혀있음을 주장하였다. 여성신학이 강조한 이 관계성은 무엇보다도 차이를 전제한 관계성이다. 즉 여성주체성은 차이를 기반으로 하는 형성의 과정이며, 동일성을 향하는 끊임없는 동화의 반복이 아니라 차이의 변화를 가져오는 과정임을 강조한다. 이러한 주체성에 대한 이해는 서구 근대성이 제시한 표준적, 본질적 혹은 독립적인 개별주체가 분리된 대상들의 환경을 관장한다는 근대적 사상과 정면

---

19 Catherine Keller, *Intercarnations: Exercises in Theological Possibility* (New York: Fordham University Press, 2017).

으로 충돌한다.[20]

특별히 포스트휴먼 여성주체성의 논의의 최전선에 있는 로지 브라이도티 Rosi Braidotti는 이러한 존재론적 차이에 대한 깊은 이론적 성찰을 통하여 여성의 주체성은 다층적이고 횡단적이며 비위계적으로 변화되어감을 보이고, 이러한 주체성을 일찍이 '유목적 주체' nomadic subject로 탁월하게 명명한다. 그 주체는 삶의 수많은 조건들과 복잡하게 얽혀서 되어가는 존재이다. 이런 복잡성을 잘 표현해주는 주체성의 새로운 개념은 정체성이론을 거쳐서 수많은 다양한 요인들과 만나면서 차이의 주체성들의 개념으로 발전해 나아간다. 그러나 이러한 차이의 주체성은 파괴적이거나 부정적이거나 이항 대립적이지 않으면서 자신의 정치 문화적 조건을 수많은 타자들과의 관계성을 통하여 창조적으로 형성해 나아가는 관계의 존재론을 기반으로 한다. 따라서 미투운동이 사회변혁 운동으로 발전하기 위하여 한국여성들의 행위적 주체성은 정치적 문화적 성적인 다면적 상황을 고려하면서 수많은 소수자들 뿐 아니라 남성들과도 연대하는 관계적 존재론에 기초해야 한다. 이러한 정치적 주체성의 형성의 과정에 대한 이해는 불필요한 여남 대립구조를 해소시키고 창조적으로 변혁의 임무를 수행할 수 있도록 한다.

이러한 여성 주체성은 존재론적 차이에 대한 숙고, 그 수많은 차이들의 관계성, 그리고 그 관계들을 둘러싸고 있는 정치적 상호작용의 과정 속에서 형성된다. 미투 운동은 그저 침묵 속에 영원히 갇힐 수

---

20 Catherine Keller, *Entangled Hope: Transfeminist Theological Im/possibility*, 안종희 옮김, "얽힌 희망: 트랜스페미니스트 신학의 불/가능성," 『한국연구재단 후원 한-미 인문학 특별협력 국제 학술대회자료집』(2017.10), 27.

있었던 여성들의 목소리가 정치적 전선을 형성하고 윤리적 실천을 수행하기 위해 여성들 스스로 자신에 대하여 말함으로 형성되는 자기긍정의 주체성이 얼마나 중요한지를 보여주었다.[21] 따라서 이러한 여성 주체성은 개념과 사유 안에 머무르지 않고 궁극적으로 새로운 여성주체성의 형상화의 작업과 사유의 이미지의 변형을 창출할 수 있는 정치적 조건을 만들어 내도록 돕는다. 이러한 여성의 체현된 인식론은 잘못된 보편주의와 남성적 합리주의에 함몰되지 않고 차이를 긍정적으로 보는 차이의 주체가 되어가는 방식으로, 차이의 긍정성을 전제로 한다. 특별히 브라이도티는 이러한 차이 주체를 being이 아니라 becoming 즉 생성으로, 신체적이고 정서적affective 존재자로, 이 주체는 육체적, 물질적, 사회적, 상징적으로 복잡하게 얽혀지는entanglement 터전으로 정리한다. 따라서 이 육체에 뿌리내리는 정서적 공감은 감정적 이해가 아니라 집단적 정치를 가능하게 하는 정치적 주체성을 형성하게 한다는 것이다.

이러한 여성 주체성은 사변적 혹은 개념적 주체성이 아니라 실생활의 여성들의 실재를 담론적 주체로 올려놓기 위해 성차화된 존재로서 여성들의 존재론적 욕망에 대한 적극적 긍정이며 여성 스스로를 행위의 주체로 위치시키는 윤리적 의지이자 정치적 결단이 된다는 측면에서 주체성을 강조한다. 즉 내면화되어 있었던 억압된 자아를 인식하고 가부장적 이데올로기를 비판하기 위하여 주체의 정립이 필연적으로 요구되는 것이다.[22] 여성신학적 관점은 이렇게 형성된 현실의 주

21 Rosi Braidotti, *Posthuman*, 이경란 옮김, 『포스트휴먼』(서울: 아카넷, 2015), 132.
22 진미리, "엘리자베스 쉬슬러 피오렌자의 해방을 위한 '비판적' 여성주체의 인식론적 배경," 『신학연구』 50 (2007.06), 184.

체성은 결정론적인 것도 운명적인 것도 아니며 역사적으로 변용 가능한 형성대상으로 본다. 이러한 과정에서 여성들의 일상의 경험 그리고 살아있는 육체의 특수성을 정치적 집단적 의지의 토대로 격상시킨다. 따라서 여성 신학적 관점은 성차로 인해 발생하는 존재론적 여성 주체성 담론을 정치적 출발점으로 생각한다.

　　이러한 여성 주체성은 성차의 존재론적 차이를 긍정하는 인식론을 기초로 '유목적 되기'를 기획하고 정치적 변화를 정치적으로 이끌어내며 사회변혁을 이루어내는 윤리적 방향을 가진다. 여성신학적 관점에서 관계적 차이의 주체성을 강조하는 이유는 새로운 개체성의 발견에도 불구하고 집단성과 개인성이 정치적 연대를 통해서 이루는 공동체 개념의 중요성을 간과하지 않기 때문이며, 주체 형성의 과정을 상처받고 박탈당하는 과정에서 겪기 마련인 수동성과 체념을 넘어 연대하며 정치화하는 과정으로 보기 때문이다. 미투 운동의 과정에서 함께 하는 다양한 여성들에게 정치적 주체성은 여성적 부정성을 극복하는 윤리적 태도로서 연대하고 책임적으로 행동하는 주체로 공동체를 지속 가능하게 하는 힘과 궁극적으로 연결된다.

2) 미투운동을 통한 정치적 주체 형성과 신학적 의미

　　한국의 미투 운동을 일으킨 여성의 주체성의 형성은 2007년으로 거슬러 올라간다. 당시 광우병 촛불시위에서 여학생들이 변화의 주체로 나타나가 시작했다. 특히 그전의 촛불시위와 지난해 2017 촛불혁명과 비교하면 20/30대 여성들의 참여가 괄목할만하게 증가했다. 강남역에서 확인된 무차별적 폭력은 촛불혁명을 통해 여성들을 진정한 정치적 주체로 발전시켰다. 불법촬영물카 등의 범죄에 대한 수사가 남성중심적으로 이루어지는 것에 대해 반발하며 모인 혜화역 시위에는, 네 번째 집회2018년 8월 4일에서 주최 측 추산 7만 명이 모여서 공정한 수사를 촉구했다. 촛불혁명에 적극 참여한 여성들이 '촛불이 해소하지 못한' 성차별을 고발하고 나섰다. 민주주의가 성숙하는 과정에서 이에 동참한 여성들이 차별을 발견했고, 촛불혁명으로 역사를 바꾼 시민들은 이제 '일상 속 적폐'를 직시하기 시작했다. 이렇게 여성들의 정치적 주체로서의 경험이 쌓이기 시작했다. 한국 사회의 여러 현상은 이러한 연관된 맥락에서 봐야 한다. 남성이든 여성이든 성폭력에 반대하고 범죄자를 처벌해야 한다고 주장하는 데 큰 차이가 없지만, 미투 운동의 파급력이 어느 때보다 컸던 이유에는 이러한 맥락이 배경에 있다.

권력을 쥔 남성들을 향해 '말'하기 시작한 여성들의 용기가 새로운 정치적 주체로서의 행동과 몸짓으로 이어졌고, 자신의 운명이라고 생각했던 성性에 대한 공고한 벽을 허물기 시작했다. 국가와 정권에 대한 정치적 불만들은 촛불을 들어 정권을 바꾸었고, 모든 분야에서 '적폐청산'을 시작하면서 정치적 민주주의를 이뤄낸 후 일상의 모순에 눈을 돌리기 시작하였다. 결국, 미투 운동은 정치적 주체로서 2030 경험의 축적을 통한 집단적 의식 고양의 결과이다. 몇몇 여성학자들은 이러한 현상을 아고니즘[23]의 정치를 경험하는 역사적 순간으

---

23 민주주의의 위기에 대한 우려의 목소리가 커지고 있다. 민주적 소통과 대화는 위축되어 가는 반면, 적대와 불신의 문화는 확대되고 있다. 위기에 처한 민주주의를 어디서부터 다시 시작해야 하는가? 이러한 물음에 맞서 민주주의 정치 이론의 대안들 가운데 하나로 주목받아 온 "아고니즘", 즉 '경합적 민주주의'를 소개한다. 벨기에의 정치철학자 샹탈 무페(Chantal Mouffe)가 주장하는 정치이론으로서, 민주주의 정치의 핵심으로 '다원주의'와 그룹간의 차이들을 중요하게 고려한다. 모든 사람이 각자의 입장을 적극적으로 주장해서 갈등이 겉으로 드러나야 소리치고 싸우고 대화하고 논박하며 사회적 합의점을 찾을 수 있다고 주장한다. 유용민, 『경합적 민주주의』(서울: 커뮤니케이션북스, 2015).

로 분석하기도 한다. 한국의 미투 운동은 정치적 행위주체인 여성들이 사회적 공론의 과정을 통하여 다양한 요인들과 상호작용하는 역동적이며 때로는 이질적이고 분열되는 주체임을 인식하는 계기가 되었다. 많은 여성들이 함께 했으나 일관된 이데올로기도 공통의 신념적 토대도 없이 다양한 생각과 의견을 개진하면서 흩어졌다 모였다를 반복하고 있다. 촛불혁명을 통하여 사회변화 전면에 등장하기 시작한 정치적 주체화는 하나의 대안적 정치세력으로서 생활세계 속에서 민주정치의 비전을 실현하는 의미 있는 움직임으로 볼 수 있다.[24]

최근 여성주의 실천이론은 이미 존재하는 추상적 '여성'에 기반하는 것이 아니라 구성원들에 의해 그 주장이 받아들여짐으로써 구성되는 '여성'으로 실천적 전환을 주장한다. 여성주체는 "억압의 굴레로부터의 해방이라는 실천적 행위로 자신을 재산출"하는 것이다.[25] 이러한 정치적 실천이 확보되는 공간은 '아고니즘 정치'를 통해 구현될 수 있다고 본다. 이렇게 여성의 정체성은 고정되는 것이 아니며 구성원들과의 상호작용을 통해 끊임없이 재구성된다. 그렇기에 아고니즘 정치를 통하여 무엇보다 구성원 간의 관계의 망을 유지하는 것이 중요하다. 즉 정치적 공론의 장에서 여성들이 진정 원하는 바가 무엇인지에 초점을 맞추며 자유로운 대화와 토론, 설득을 통해 대안적 공동체를 유지하고 강화해 나가야 한다. 서로의 욕구가 논의될 수 있는 열린 커뮤니티의 구축이라는 실천을 통해 차이를 가능성으로 전환하는 것이다.

24 　김영옥, "여성주의 관점에서 본 촛불집회와 여성의 정치적 주체성," 『아시아여성연구』 48-2 (2009. 11), 7-34.
25 　진미리, "엘리자베스 쉬슬러 피오렌자의 해방을 위한 '비판적' 여성주체의 인식론적 배경," 177.

여성들의 행위적 주체성은 통계에서도 나타난다.[26] 변혜정 한국 여성인권진흥원장은 "미투 운동에 힘을 받은 여성들이 성폭력을 더 이상 용납하지 않겠다는 집단적 움직임을 보이고 있는 것"이라고 평가했다. 민주주의가 진전을 이루면서 부당한 권력관계에서 나타나는 문제들이 줄고 있다고 여겼으나 성차별이라는 불균형한 권력관계가 남아있다는 사실이 폭로된 것이기도 하다. 여성들이 행위주체성과 존재론적 관계성을 통해 집단적 힘을 발휘할 수 있음을 경험해가는 것이다. 이러한 과정은 여성신학적 관점에서도 교회여성들의 긍정의 주체성 형성의 과정으로 평가할 수 있는 지점이다.

사실 세계를 흔든 미투 운동의 원조는 일본군 성노예제로 고통당하셨던 김학순 할머니의 커밍아웃이다. 가해자의 지속적인 부인에 분통을 터뜨리며 세상에 나왔다고 했던 할머니의 증언은 반세기 가까이 봉인되었던 끔찍한 성노예제의 실상을 폭로하며 전 세계 시민들을 무지의 늪에서 일깨웠다. 가부장제와 식민주의 지배체제 아래에서 여성들에게 가해진 중층적 부정의와 싸우며 피해자에서 생존자로, 다시 활동가로 변화하던 할머니들의 모습 덕분에 한국의 시민의식도 함께 성숙해졌다. 이러한 과정은 할머니들 스스로가 단순한 피해자로서의 의식을 극복하고 정치적 주체로 형성되어가는 과정이 되는 것이다.

한국의 미투 운동을 바르게 분석하기 위하여 1980년대 민주화운동 시기에 본격화된 진보여성운동 단체들의 형성과 반성폭력운동,

---

26 2018년 1분기 한국여성인권진흥원 여성 긴급전화 1366에 접수된 성폭력 상담건수는 지난해 같은 기간 대비 51%나 늘었다. 해바라기센터와 여성가족부 성희롱·성폭력 특별신고센터, 고용노동부, 교육부 등에서 운영하는 신고센터 접수건을 포함하면 2018년 들어 석 달 동안 1만2천 건이 넘는 신고와 상담을 통한 '미투'가 이뤄졌다. 『경향신문』, 김지혜·남지원, "[미투의 혁명, 혁명의 미투] (4) 성추행 고발서 남과 여 일상화된 모순 흔드는 바람으로".

여성인권운동, 최근 '강남역 10번 출구' 앞에서 진행된 '성폭력 필리버스터', '#○○계_내_성폭력' 해시태그 운동에 이르기까지 한국여성운동의 오랜 역사를 먼저 봐야 한다. 어느날 갑자기 돌출된 운동이 아니라, '관습'과 '문화'란 이름으로 정당화되어 왔던 차별구조와 남성중심적 언행과 폭력에 지속적으로 의문을 던지며 저항하고 시대를 거슬렀던 여성들의 역사 속에서, 이번 '미투 운동'은 맥락화 과정에서 새롭게 나타나는 주체성 형성의 과정으로서 의미 있게 평가되어야 한다. 역사적으로도 여성들의 주체적 행동과 여성들의 목소리가 들려지고 정치화되었을 때 제도와 법은 개정되고 개선되어왔다.

여성신학적 관점에서 담론적 주체성을 넘어 행위적 주체성 형성을 통해 일구어낸 미투 운동의 역사적 의의는 오랜 고질적, 성차별적, 억압적 권력관계 안에서 여성 스스로가 주체적으로 자신의 삶을 선택하고 구성해 나아간다는 점에 있다. 더욱이 정치적으로 주체화된 여성들이 형성되면서 성폭력이 일어나고 은폐되는 가장 근본적인 문제인 '권력'에 대하여 인식하기 시작하였다. 나아가 피해자들은 자신들의 경험에 대한 근본적인 치유를 위해 사회적인 변화를 이끌어내는 행위주체가 되고 있다. 오랜 침묵을 깨고 억압된 자아를 넘어 행동하는 주체로, 자신의 잘못이 아니라는 피해자 스스로의 주체적 자각에만 머물지 않고 행동으로 말하기 시작했다. "내 잘못이 아니었다." 서지현 검사의 말이다. 이러한 주체적 각성은 다른 이들의 상처도 다시 돌아보게 한다. 사회를 바꾸는 힘은 갑작스럽고 우연한 힘에서만이 아니라 개인의 주체적 행위와 집단적 목소리에서 나오는 정치적 신뢰·지지·연대 속에서 만들어진다.

한국사회의 모든 사람은 차별과 편견, 부당한 특권과 억압이 뿌리 깊게 자리 잡은 사회에서 자랐고 오랜 시간 사회화됐다. 우리가 인지하고 있는 성별은 이미 존재하는 권력관계의 효과이며 새로운 권력관계를 생성하는 원인이다. 남성^성만 인간의 기준이 되는 사회에서, 여성^성은 열등한 것, 부차적인 것, 성적인 것, 심지어 '낮은 사회적 지위' 자체를 의미한다.[27] 물론 그 남성과 여성은 성별 질서뿐 아니라 계급, 인종, 성적 정체성, 장애 여부 등 다양한 차이들로 구성되어있다. 그러므로 성폭력은 기본적으로 성별 권력 관계에서 파생하지만 다른 차별 구조와 만나 더 심화되거나 약화되기도 하며, '성폭력은 구조적 성차별의 문제'라는 인식으로부터 출발해야 조직 및 집단 간 차이와 특수성을 더 선명하게 볼 수 있다.

　　여성신학적 관점에서 여성의 정치적 자아는 근대의 보편적이고 중립적이며 젠더에서 자유로운 존재가 아니다. 사유란 사변적 행위가 아니라 변혁을 지향하는 육체적 활동이며, 이 육체는 진리에 도달하고자 하는 형이상학적 추구가 아닌 욕망의 표현이 되는 것이다.[28] 이 육체에 뿌리내리는 정서적 공감은 감정적 이해가 아니라 집단적 정치를 가능하게 하는 집단적 정체성의 일시적 형성을 만들어낸다. 이 행위적 주체는 성차의 긍정성뿐 아니라 다양한 문화적 계급적 인종적 차이가 차별로 전화되지 않도록 동화의 과정과 보편화의 과정 속에서 간과하는 다양한 작은 그룹들의 소리들에 귀를 기울이고 더 예민하게 지배와 억압의 구조를 들여다보도록 자신의 존재론적 인식을 확장시킨다. 미투 운동을 통하여 형성된 한국여성들의 행위 주체로서의 각성은 사

27　중학교 남학생이 여성 교사를, 남성 환자가 여성 의사를 성희롱 할 수 있는 이유가 되기도 한다.

28　Rosi Braidotti, *Nomadic subject: embodiment and sexual difference in contemporary feminist theory*, 박미선 옮김, 『유목적 주체』(서울: 여이연, 2004), 179.

회 전반의 다양한 억압과 성적 차별에 더욱 예민하게 반응하고 더욱 구체적으로 생활현장에서의 억압에 대항하도록 만들었다.

우리는 의식적으로나 무의식적으로 차별적이거나 폭력적인 사고 또는 언행에 동참하고 있다. 이러한 현실을 변화시키기 위하여 일상성의 정치에 참여해야 한다. 매일의 행동을 분별하기 위해 배우고 자신을 돌아보며 훈련해야 한다. 그러므로 미투 운동에 직간접적으로 참여하게 된 모든 시민들은 이제 권력과 위계로 움직이는 사회가 아니라 모든 사람이 동등한 주체로 살아갈 수 있는 평등한 사회를 만들기 위해서 자신의 할 일이 무엇인지 고민해야 한다. 특히 자신이 남성, 비장애인, 중장년, 고학력, 고소득 등의 특권그룹에 속해 있는 정체성이 있다면 그 정체성의 자리에서 더 많이 고민해야 한다. 사회적 편견과 그릇된 위계, 그리고 권력에 대해 성찰적인 사유가 가능해지도록, 지속적인 교육과 훈련을 받을 수 있는 교육적 환경들이 다양하게 제도화되어야 한다.[29]

지금의 미투 운동과 이전의 여성들의 폭로와 고발 사이에 다른 중요한 정치적 의미가 있다. 그것은 불평등을 해결하려는 노력이 인권이나 법을 중심으로 한 형식적 제도적 변혁을 넘어서, 행위주체에 의한 실질적 실천을 통해 거대한 사회구조를 변화시키고 있다는 것이다. 한 사람의 침묵을 깬 작은 행동이 들불처럼 번져나갔다. 한 사람의 용기 있는 행동이 미투를 통해 수많은 피해자들에게 목소리를 내게 하였다. 침묵하지 않은 폭로의 행위적 주체들이 야만의 세월을 끝내고

---

29 『허핑턴포스트코리아』, 한국다양성연구소, "#MeToo 운동이 가지는 파급력의 원인과 나아가야 할 방향 - 2," https://www.huffingtonpost.kr/entry/story_kr_5aa62710e4b07047bec7eb2d (2020. 07. 21 접속).

우리 모두가 여전히 존엄한 생명임을 말하고 있다. 이렇게 정치적 행위주체성은 또 다른 행위들과의 연대 속에서 점차 확산되고 강력한 힘을 발휘하게 될 것이다.

3. 결론: 미투 운동에 대한 기독교 윤리적 성찰과 한국교회의 과제

미투의 한복판에서 이미 도덕적 문제를 지속적으로 일으켜 온 교회가 뿌리 깊은 성폭력 현장 중 하나라는 사실에 대한 우려의 소리가 높다. 한국교회 현장이 오히려 '신앙이라는 명목' 하에 다양한 성폭력들이 발생하는 공간으로 변질되는 것은 기독교 윤리적 관점에서 뿐 아니라 신학의 근본을 반성해야 할 만큼 뿌리가 깊고 간과할 수 없는 심각한 문제이다. 그만큼 교회의 성의식에 대한 변화의 목소리와 자성의 소리도 들려온다. 이제 한국교회 여성들과 남성들은 우리 안에 존재하는 뿌리 깊은 성차별 의식을 비판적으로 검토하고, 교회여성은 스스로를 일방적인 피해자이자 또는 수동적인 성도로서의 의식을 넘어 긍정의 주체성을 지니고 행동하는 한 사람의 그리스도인으로서 말할 수 있어야 한다. 남성 목회자에 대한 무비판적인 신격화와 여성의 영적 지도력의 부정은 남성 중심적인 신학전통에 근거해 여성을 주체로 인정하지 않는 것이다. 전통적 신학이 말해 온 남성적 하나님 이해로부터 형성된 여성의 전통적인 자아이해로부터 벗어나, 남성뿐 아니라 다양한 여성에 대한 존재론적 차이, 그 존재론적 관계성, 그리고 온전한 인간됨을 위하여 기독교 여성의 주체성을 다양한 정치적 맥락 속에서 창조적으로 만들어가야 한다. 미투 운동은 성불평등을 해결하고 폭력에 저항하기 위하여 법을 중심으로 한 형식적 제도적 변혁을 넘어서 행위주체에 의한 구체적 실천이며 거대한 권력에 대한 저항이라는 사실을 기억할 필요가 있다.

한국교회는 수직적 위계구조와 가부장적 문화가 맞물려 낳은 교회문화 속에서 무감각해진 성도덕과 다양한 성폭력 사건을 극복하기 위해 무엇보다 교회여성들의 적극적 주체성을 형성시키는 다양한 노력들을 시도해야 한다. 그 시작은 차별이 아니라 모든 인간의 급진적 평등을 기초로 하고 있는 복음의 본질을 다시 회복하고 그 토대위에 교회 안에서 폭력과 차별을 폭로하고 말할 수 있는 안전한 공간과 폭력을 방지하는 교회문화를 만드는 것이다. 이와 함께, 교회 여성의 자기이해를 규정하는 차별적 신학적, 성서적 토대를 해체하기 위하여 여성들 스스로 교회의 차별적 의식과 문화를 말하는 주체적 행위가 필요하다. 교회 여성들의 행위를 가능하게 하는 이러한 주체성 정립은 여성들의 간의 차이의 긍정성을 기반으로 하는 것임을 깊이 인식하고, 하나님 나라의 비전을 공유한 집단적 주체성을 형성하기 위하여 다양한 여성들 간의 연대와 교회의 연합을 통한 변혁의 길을 모색해야 한다.

3장

기억의 윤리:
재난과 그리스도인의 사회적 책임

1. 들어가는 말: '기억'은 그 자체가 저항이다

'기억'은 그 자체가 저항이다. 너무 깊은 슬픔과 너무 처절한 고통 앞에서 그것을 당한 자들에 대한 공감[1]보다 남겨진 자들의 윤리적 선택으로서의 기억이 때로는 더 큰 저항이 된다. 인간의 고통에 대한 공감보다 고통당한 자들의 희생에 대한 기억이 남겨진 자들에게 더 중요한 윤리적 책임이 된다는 말이다. 차디찬 바다에 자식이 죽어가는 것을 그 긴 시간 동안 두 눈뜨고 지켜보면서도 아무것도 할 수 없었던 부모의 심정을 어떻게 같은 깊이로 느낄 수 있을까? 수전 손택은 연민

---

[1] 공감(共感)은 사전적 의미에서 남의 감정, 의견, 주장 따위에 대하여 자기도 그렇다고 느낌. 또는 그렇게 느끼는 기분을 말한다.

의 감정을 비판하면서 "그것이 너무 쉽게 인간의 무능력함을 증명할 뿐 아니라 자신의 잘못 때문이 아니라는 무고함까지 증명해주는 알리바이를 제공한다"고 지적한다.[2] 전쟁의 수많은 참상을 이미지로 고발해온 그녀는 상기하기 remembering 는 일종의 윤리적 행위이며 그 안에 고유한 윤리적 가치를 가지고 있다고 말한다.[3] 인간의 고통의 심연 앞에서 감정적 공감이나 연민의 태도보다 오히려 의식적 기억이 더 중요한 윤리적 결단이 된다는 의미이다. 그리고 전쟁과 테러, 학살과 기아 그리고 수없이 반복되는 폭력의 세계 속에서 그칠 날이 없는 타자의 고통에 대해 그것을 겪어보지 않은 자들이 이해하기에는 한계가 있다는 말이다.

인간은 타자의 고통에 연민할 수 있는 유일한 존재라고 하는데, 이러한 이타주의적 연민의 무능함을 세월호 사건이 잊혀가면서 뼈저리게 느낀다. '세월호 참사' 후에 나타난 현상은 온 국민적 공감과 연민은 곧 세상을 변화시킬 것처럼 분노와 안타까움으로 국민의 공감대를 형성했다. 그러나 우리는 너무 쉽게 잊어가고, 깊은 슬픔은 망각과 무정함 속으로 사라져 버렸다. 아리스토텔레스는 그의 수사학에서 '연민'을 우리 자신이나 우리가 사랑하는 사람들에게 언제라도 비슷한 불행이 닥쳐올 수 있다는 현실을 통해 느끼는 일정의 아픔이라고 논했다. 그가 말한 대로 부당한 불행을 겪고 있는 사람들에 대해서 품게 되는 감정이 연민이라면 연민은 도덕적 판단을 일으킬지도 모른다.[4]

---

2 Susan Sontag, *Regarding the Pain of others*, 이재원 옮김, 『타인의 고통』(서울: 이후, 2008), 115-122.

3 위의 책, 168.

4 위의 책, 115.

반대로 많은 사람들은 '세월호 참사'가 나와 가족과 친구와 친지의 일이 아니기 때문에 너무나 빠르게 눈을 감아버렸고, 심지어 "이제 그만하자!"고 말하는 사람들의 목소리가 더 커졌다. 이번 장은 생명신학적 관점에서 세월호와 같은 재난에 대한 신학적 성찰을 통해 생명의 존엄성을 고양시키는 한국교회의 사명과 과제를 제시하고자 한다. 특별히 생명이신 예수 그리스도를 따라 고난에 동참하고 고통 받은 자들과 함께함으로 연민의 한계와 공감의 무력감을 극복하기 위한 기억의 윤리적 의미를 검토하고자 한다.

2. 그리스도의 고난과 기억의 윤리

세월호[5] 희생자 가족들은 세월호가 잊히는 것이 가장 두렵다고 했다. 억울한 죽음이라 여기기에, 밝혀져야 하고 제 자리를 찾아야 하는 일들이 있다고 생각하기 때문이다. 이처럼 역사의 수많은 고통의 현장에 대해 망각하지 않고 기억해야만 진실을 마주할 기회를 가질 수 있고, 같은 고통을 반복하지 않을 수 있으며, 또한 가능한 변화를 끌어내고 더 나은 세상에 대한 희망을 만들어나갈 수 있다. 역사의 반대말은 신화가 아니라 망각이다. 기억하지 않는 역사는 반복되기 때문

---

5   2014년 4월 16일 인천에서 제주로 향하던 여객선 세월호가 진도 인근 해상에서 침몰하면서 승객 304명(전체 탑승자 476명)이 사망·실종된 대형 참사다. 인문학자들 중에는 세월호 참사를 '4·16으로 명명하고 4·19, 5·16 등 한국현대사에서 날짜로 정치적으로 특별한 의미를 부여하는 이들도 있다.

이다. 기억이야말로 그 고통의 현장을 목격한 우리의 슬픔과 분노를 치유하는 중요한 방법이다.

그런데 기억에는 국가 혹은 권력과 같은 힘이 작용하기도 한다. 그들이 자신들의 관점에서 편의적인 기억을 만들어 내어 역사를 대신하려 하기도 하는데, 이는 위험한 일이다. 국가와 권력에 의한 편의적 기억은 검증된 역사와 일치할 수 없기에 진실을 왜곡시킬 가능성이 있다. 수많은 세계적 박물관을 소유하고 있는 미국에는 흑인 노예사 박물관이 없다는 사실이 이를 증명한다. 흑인 노예와 관련된 기억은 사회적 안정과 통합을 위협할 수 있으므로 그 기억을 자극하거나 현재화시켜서는 안된다고 판단했을 것이다.[6] 이러한 맥락에서 '기억'과 '역사'는 다른 의미를 갖는다. 그래서 우리는 역사적 비극 앞에서 때로는 국가가 은폐하려는 '위험한 기억'을 되살리고 망각의 일상성을 넘어서려는 노력을 해야 한다. '기억'은 고통당한 자들을 치유할 수 있는 수단을 넘어서 그들의 경험을 되살리고 역사를 보존하는 윤리적 행위가 된다.

그러므로 바른 역사를 만들어 나아가기 위해서 가장 중요한 일은 '바르게 기억하기'이다. 이것은 역사의 남은 자들에게 주어진 임무이기도 하다.[7] 특히 학살과 전쟁 그리고 고통의 현장에 대한 집단적 기억 Collective Memory은 우리의 현재의 정체성을 형성하는 능동적 과거이다.

---

6   Susan Sontag, 『타인의 고통』, 133.
7   알브바슈는 기억을 '자서전적 기억', '역사적 기억', '역사', '집단기억' 으로 세분화하기도 하였다. 자서전적 기억(autobiographical Memory)은 우리 자신이 경험한 사건의 기억인 반면, 역사적 기억(historical Memory)은 사료로만 접근할 수 있는 기억이다. 역사(history)는 우리와 유기적 관계가 없는 과거의 기억, 곧 우리 삶에서 더는 중요하지 않은 과거를 말한다. 반면에 집단기억(collective Memory)은 우리의 정체성을 형성하는 능동적 과거를 일컫는다. 신용철, "문화적 기억과 자기이해 그리고 기억 책임," 『해석학연구』 35 (2014), 216.

따라서 우리의 기억행위 remembering 는 끊임없는 '재-구성-하기' re-member-ing 의 과정이 된다. 이런 관점에서 몇몇 종교사회학자들은[8] 진정한 공동체란 '기억의 공동체'라고 말하고, 기억이 가지는 구성적 서사의 역할을 강조한다. 즉 개인의 정체성과 집단의 정체성은 서로 다른 현상이 아니며 상호 밀접한 관계를 가진다.[9] 현재의 의미는 과거의 수많은 기억되어진 서사들이 겹겹이 쌓여서 구성되기 때문이다. 그러므로 세월호 사건에 대해서 망각하지 않고 공동체적으로 바르게 기억하는 일은 매우 중요하다. 그 기억들이 현재에서 재구성될 때, '지금 여기에서' 우리가 무엇을 해야 하는지 어떻게 살아야 하는지 끊임없이 묻고 응답할 수 있다.

기억이 우리의 정체성을 형성하는 과정이며 윤리적인 행위가 될 때, '예수에 대한 기억'은 은폐 당할 수 있는 '위험한 기억'이나 우리의 정체성의 본질이다. 정치 신학자 메츠는 기독교는 구체적 역사 안에서 하나님의 현존을 증거하기 위하여 십자가에 달리신 예수 그리스도에 대한 기억이 잊혀지지 않고 계속해서 살아있도록 회상하는 것, 특별히 고난에 대한 기억을 회상하는 것은 자유를 향한 위험한 기억 a dangerous memory 이라고 말한다. 특별히 그에게 기억의 중요성은 단순히 수동적 의식작용을 넘어서 실천적이고 비판적이며 때로는 위험할 수 있는 해방의 힘으로 기능을 수행하는 것으로 이해하고 있다.[10] 이러한 위험한 기억들 속에서 과거의 경험들은 삶의 중심적 목표로 돌파

---

8 R. N. Bellah, et al., *Habits of the Heart: Commitment and Individualism in American Life* (New York: Haper and Row, 1985), 153.

9 신용철, "문화적 기억과 자기이해 그리고 기억 책임," 218.

10 John-Baptist Metz and Jürgen Moltmann, *Faith and Future: Essays on Theology, Solidarity, and Modernity* (New York: Orbis Book, 1995), 7.

하여 들어오고 현재를 구성하는 새롭고 위험한 통찰을 가능하게 한다.

　　이러한 의미에 고통에 대한 위험한 기억은 정치적 삶 속에서 도덕적 상상력을 가능하게 한다. 그것은 타자의 고통에 대한 비전을 제시함으로 약하고 대표성을 가지지 못하는 사람들 편에서 개방적이고 비타산적인 당파성을 성숙하게 발전시키는 것을 말한다.[11] 메츠의 정치신학의 핵심적 특징은 참여와 실천으로서의 신학과 역사에 뿌리내린 역사 속에서 배태된 신학을 의미한다. 그에게 예수의 고난에 대한 회상의 중요성은 단순히 예수의 십자가에 대한 기억에 참여하는 것으로 끝나는 것 아니라 현존하는 세계 역사의 고통에 참여해야 함을 강조한다.[12] 또한 죌레는 십자가가 이 세계의 고통을 상기시키고, 고통받는 자들이 연대하는 수렴점이 됨을 강조하였다.[13] 현대사회에서 참을 수 없고 때로는 불쾌하게 생각하는 고통에 대한 부정적 관점이 증가함에도 불구하고 예수 고난에 대한 기억은 그 자체가 타자의 고통에 함께 참여하여 예언자적 증인을 존중하도록 그리스도인들을 인도한다.[14] 즉 예수의 십자가는 전통적인 구속이나, 중세 스토아적 무격정의 이상이 아니라, 세계의 고통에 공감하며 삶을 포기하지 않는 긍정의 힘이며 고난당하는 사람과 연대하는 용기이다.[15] 이러한 관점은 정치적 삶과 도덕적 책임의 관계성을 연결하는 중요한 신학적 기초를 제공한다.

11　위의 책, 14.

12　위의 책, 13.

13　최유진, "십자가를 질 수 있나?: 케트린 테너의 성육신 모델로 본 구속교리 연구," 『장신논단』 46-2 (2014), 242.

14　John-Baptist Metz and Jürgen Moltmann, *Faith and Future: Essays on Theology, Solidarity, and Modernity*, 11.

15　최유진, "십자가를 질 수 있나?: 케트린 테너의 성육신 모델로 본 구속교리 연구," 225.

카타콤의 암울함과 짙은 암흑에서 그리스도의 살아계심을 기억하는 일, 로마제국의 시퍼런 칼날 앞에서 하나님의 통치를 고백하는 일, 물신이 지배하는 세상에서 생명이신 주님을 기억하는 일은 고통과 때론 죽음과 바꾸어야 하는 행위이며 급진적인 저항이다. 그러므로 만물의 생명이신 그리스도의 몸 된 교회야말로 이 '위험한 기억'을 잊지 않고 살아가며, 자신의 정체성을 구성해나가는 기억의 공동체이어야 한다. 이러한 공동체의 '기억하는 행위'는 그 기억 속에 담긴 억울한 죽음을 통해 현실에서 억울하게 희생당한 자들과의 연대한다. 그리고 그 기억 속에 담긴 그리스도의 부활을 통하여 현재에 그리스도의 살아계심을 고백하게 하며, 잘못된 국가와 불의한 정치 구조에 저항하고 비판하는 정치적 삶을 지향하도록 만든다.

예수 그리스도에 대한 기억에서 중심부를 차지하고 있는 '고난의 기억'은 세계와 분리되지 않고, 세계고난의 기억의 지평에서 융합되고 현재화되며 공동체의 정치적·윤리적 방향성을 결정하고 제시한다. 예수 그리스도의 '고난의 기억'에 내재되어 있고 지금의 세계 속에 표출된 예수의 윤리는, 고난 가운데 있는 타자를 정죄하지 않고, 우선적으로 타자의 고통에 연대하는 윤리이다. 예수 그리스도는 인간을 위해 비참한 실존 안으로 직접 성육신을 감행하신 분이다. 그런데 하나님의 신적 권능을 지니신 그리스도가 어떻게 인간과 같은 고통을 경험할 수 있는지 질문할 수 있다. 발타자르는 예수 그리스도가 인간의 고통과 동일하게 구체적으로 그 고통을 겪고 함께하였다는 것을 'passio'와 'compassio'의 통해 설명하였다. 'possio'는 감각적 아픔을, 'compassio'는 영적 본성 안에서의 아픔을 의미한다.[16] 예수 그리스도의 십자가의 고난은 'compassio'로서, 인간의 온전한 구원을 위

하여 예수께서 인간과 같은 존재가 되어 죄와 고통 그리고 죽음의 연대를 이루신 일이다.[16]

예수 그리스도의 공감적이고 연대적인 사랑으로 인해, 인간은 자신의 존재가 용납되고 공감받는 경험을 하게 된다. 그리고 그 경험을 소유한 자들만이 다시 타자를 용납하고, 공감하며, 연대할 수 있는 능력을 소유하게 된다. 그들에게 공감적 사랑이란 어떤 상황과 고통에 대한 단순한 감정이입을 의미하지 않는다. 그들은 초월적인 존재에의해 자신들이 공감받는 것을 실존적으로 경험하였기 때문에, 그들은 공감적 사랑은 고통을 당하는 이들의 삶에 직접적으로 참여한다는 의지이며 자유를 근거로 한 결단이자 실행을 뜻한다.[17] 이때의 타자에 대한 공감은 함께 아파한다는 점에서 감정이입과 비슷하지만 상대방의 고통에 실존적으로 참여하며 그 고통을 덜어주기 위해 수고를 아끼지 않는다는 점에서 차이점을 지닌다.

십자가를 기억하며, 역사의 억울한 죽음과 그 죽음에 수반되는 수많은 고난과 고통을 잊지 않고 기억하고 그들이 다시 살아 돌아오는 부활의 소망을 갖는 행위는 분명히 위험한 '기억의 성례전'이다. 예수 그리스도의 생명의 공동체인 교회는 '기억의 성례전'을 행하며 예수를 따르며 시대의 고통에 구체적으로 동참해야 한다. 그리스도인도 예수 따름의 윤리적 결단을 통하여 감정적 공감과 연민을 넘어 고통에 적극적으로 참여해야 한다. 때로는 '낯설고 먼 이웃의 고통에 대한 연대'와 고통에 동참과 그 고통을 경감시키고자 하는 참여적 실천은

---

16 Han Urs von Balthasar, *Mysterium Paschale: the mystery of Easter*, trans. Aidan Nicholas (San Francisco: Ignatius press, 2008), 104.

17 김기석, 『가시는 길을 따라나서다』(서울: 한국기독교연구소, 2009), 82.

위대한 생명의 존엄성에 대한 가치를 고양시키는 실천조건이 될 수 있다.[18]

　　이를 위해, 그리스도인들은 고귀한 생명들이 파괴되고 처절하게 죽어가는 죽임의 현장을 잊지 않아야 한다. 그리고 생명과 닿을 수 있는 길을 제시해야 한다. 즉 이러한 죽임의 문화 속에서 교회는 공동체의 회복을 위해 그 기억된 역사를 재기술하여 정의를 세우고 진정한 생명의 길을 제시해야 한다. "나는 오늘 하늘과 땅을 증인으로 세우고, 생명과 사망, 복과 저주를 너희 앞에 내놓았다. 너희와 너희의 자손이 살려거든, 생명을 택하여라."신명기 30:19, 표준 생명공동체로서의 교회는 이제 사회를 살리기 위해 망각과 은폐의 숱한 유혹을 벗어나 그 죽임의 현장을 기억하고 생명의 길 보여주어야 한다. 따라서 정치 신학적 관점에서 가해자를 편들 수 있는 죄의 보편주의만 강조하기보다 희생자를 편들 수 있는 세계 고통의 보편주의도 주장되어야 하며 가해자 중심의 정의와 희생자 중심의 용서를 통해 진정한 의미에서 회복적 정의를 실현해야 한다.

　　반대로, 기억해야 할 역사가 축소되거나 은폐되거나, 때로는 과거 속에 묻혀있는 그 역사가 다시 복원됨 없이 국민 대통합의 논리로 망각되어서는 안 된다. 우리는 국가나 권세자들이 자신들을 위해 조작하여 만들어낸 편의적 역사 속에, 고통의 기억을 망각하며 일상을 평안히 살아가는 일이 이제 이제는 생명의 길이 아님을 세월호 이후 지속하는 참사들을 목도하면서 깨닫는다. 우리의 망각과 무감각을 깨뜨

18　이석규, "문화적 기억과 그것의 정치-신학적 영향사에 관한 연구," 『조직신학논총』 26 (2010), 123.

리며 희생자와 그 희생자들의 고통을 기억하는 행위는 희생을 덮으려 거나 조작하려는 자들에 대한 저항이다. 그리스도인들이 그 고통에 참 여함으로 희생자들의 이야기를 다시 우리의 기억 속에 새롭게 구성하 는 것이야말로 진정한 생명공동체를 건설하고 생명문화를 만들어가 는 행동이다.

그리고 계속해서 위험한 기억을 잊지 않고 재현하기 위해 망각 에 맞서는 용기와 망각을 승화시키는 다양한 실천들을 이어나가야 한 다. 더 나아가 위험한 기억을 미학적과 문화적 형식으로서 비극의 예 술로 고양 시킬 때 기억은 잠시의 슬픔의 감정으로 사라지거나 잊히 지 않는다. 이러한 기억과 고통에 대한 참여와 연대의 과정은 집단의 기억을 다시 재구성하여 우리의 도덕적 무감각과 화석화된 신앙 양심 을 용해하는 사회적 회심의 과정을 제공한다. 도덕성은 단순히 기억을 기억하도록 부추기는 데서 머무는 것이 아니라 그 기억이 공동체의 이상적 가치를 향하도록 만든다. 예를 들면 일본인들이 강탈한 그 시 대의 우리 삶을 기억하고 그것을 평가하고 판단하는 과정은 단순한 상기하는 일을 넘어서 그에 수반되는 도덕성은 정치 공동체에 속한 구성원 개개인의 인격과 품격 속에서 표현된다.[19] 또한 아우슈비츠의 고통을 다양한 예식과 상징으로 끊임없이 재현하고 수많은 장르의 예 술을 통하여 다시 기억하고 이렇게 현존의 역사에서 그 과거를 재구 성하는 과정은 그 억울한 죽음이 무가치하지 않고 역설적으로 현재의 생명의 존엄성 떠받치고 있음을 보여주는 기억공동체의 지속적인 윤 리적 행동이 된다. 세월호에 대한 기억은 세월호에 국한되어 있지 않

---

19 신응철, "문화적 기억과 자기이해 그리고 기억 책임," 223.

다. 그 기억은 우리 사회의 총체적 생명현실을 근원에서부터 새롭게 생각하도록 도전한다. 애도하는 일, 기억하는 저항, 함께 연대하는 일 등을 통하여 진실을 규명하려는 사회정치적인 행동이 지향하는 바는 다름 아닌 생명이 존중받는 나라이다.

3. 4·16을 통해 바라본 한국 사회의 반생명문화

한국사회의 반생명의 문화는 그 뿌리가 깊다. 새로운 천년을 맞이하며 한국은 여전히 분단국가이고 불안한 국제 정세 가운데 있지만, 경제적으로나 문화적으로 심각한 문제가 있다고 보이진 않았다. IMF 시절의 어려움을 극복하고, 2002년 월드컵 개최, UN 사무총장 배출, K-pop의 BTS 열풍, 기생충, 코로나 K 방역 등 한국 사회는 충분히 희망을 발견할 수 있다고 생각했기 때문이다.[20] 그러나 우리 사회가 '총체적 위기'라고 느끼는 사람들이 적지 않다. 한국 사회의 위기를 증폭시키는 갈등은 각 영역의 구성원들로 하여금 깊은 상호 불신을 겪게 하며, 더 이상 소통되지 않는 사회를 일상에서 경험하면서 국가와 정치를 희망으로 보고자 하는 선량한 시민들을 분열시킨다. 이렇게 반생명 문화는 공동체를 와해하고 연대를 가로막아 고립과 배제와 소외로 고통을 양산하게 한다.

우리나라는 근대적 산업화를 1960년대 이후 50여 년 동안 경

---

20 오혜진, "순응과 탈주 사이의 청년, 좌절의 에피그램," 『우리文學研究』 38 (2013), 457.

제개발과 수출입에 매진하여 눈부신 속도로 돌진적 근대화를 이뤄냈다.[21] 이러한 돌진적 근대화과정을 거치면서 생명의 가치를 경시하고 오로지 '돈'의 가치에 혈안이 되어 왔다. 어떻게 보면 한국의 화려한 성장과 발전은 온갖 인간의 욕망과 부정의가 하늘 높은 줄 모르고 쌓아 온 바벨탑같이 언제 무너져 내릴지를 모르는 불안의 기초 위에 이루어졌다. 상대적 박탈감, 불평등, 비정규직문제, 불안한 노후, 취업전쟁 등 사회가 우울하다. 이렇게 세월호는 한국사회구조와 가치관의 어둡고 깊은 심연에 뿌리내린 악이 총체적으로 드러나는 사건이어서 신학자들과 인문학자들이 부지런히 세월호의 근본문제와 원인 그리고 안전한 나라를 위한 대책 등을 고심하고 있다. 한국사회에 내재하는 다양한 갈등과 분열 그리고 끊임없는 정쟁의 소용돌이를 헤치고 그나마 지키려했던 마지막 보편의 가치인 인간의 생명에 대한 존엄성이 처참하게 짓밟히는 현장을 온 국민이 목도했기 때문이다.

세월호 참사를 통해 한 생명에 대한 소중함을 잃어버린 우리 모두의 민낯을 확인하였다. 모든 공무원들이 생명가치에 앞서 이윤을 생각했고, 그것이 규제완화로 이어졌으며, 세월호 출항부터 침몰에 이르기까지 공무원들의 생명에 대한 경외감은 존재하지 않았다.[22] 가장 기본적이고 가장 보편적이며 가장 고귀한 가치가 돈과 불의한 구조와

---

21 울리히 벡의 '위험사회론'에 따르면 압축적인 근대화 덕분에 우리 사회는 다른 나라들의 몇 배 되는 위험을 감수하고 있을 것으로 손쉽게 추론해 볼 수 있다.

22 「미디어오늘」, 조현호 기자, "박근혜 대국민 담화, 생명의 소중함 잃어," http://www.mediatoday. co.kr/news/articleView.html?idxno=116696 (2020.07.21 접속). 정부에서 책임지고 마지막 한 명까지 우리의 품으로 돌아올 수 있도록 구조에 총력을 기울여주시기를 바랍니다. 우리는 정부가 우리의 목소리를 진심으로 경청하기를 원합니다. …… [해경이] 그 책임에 맞는 역할을 할 수 있도록 대통령께서 힘을 실어주고 권한을 부여하며 …… 국민 한 사람 한 사람을 보호할 수 있도록 했어야 합니다. …… 저희는 인간의 존엄성이 존중되고, 모든 사람의 안전이 보장되는 나라, 국가에 대한 믿음과 사회에 대한 신뢰가 회복된 나라에서 살고 싶습니다.

무책임한 국가에 의해 쓰러져갔다. 세월호 사건은 이렇게 가장 소중한 생명의 가치가 허물어져가는 현장을 온 국민이 그저 지켜볼 수밖에 없었기 때문에, 다른 여타의 인재나 사고와 다르게 해석해야 하는 중요한 이유를 가지게 되었다. 한국사회는 종종 도덕적 공백상태를 넘어 인간의 영혼과 생명의 가치까지도 돈으로 환원되는 인간존엄이 상실된 상황에 직면한다. 이 모든 위기는 생명가치의 붕괴와 직결된다.[23] 이제 세월호는 한국교회로 하여금 생명을 중심에 놓고 새롭게 인간, 세계 그리고 하나님을 바라볼 것을 요구하고 있다. 오늘 여기에서 그리스도 예수를 기억하는 한국교회는 생명가치가 최우선되는 사회를 만들어 가는 일이 기억공동체로서 가장 근본적인 실천임을 깊이 인식해야 한다. 한국교회는 생명위기의 시대에 사회에 생명의 길과 생명공동체의 비전을 제시해야 한다. 생명의 길은 그리스도가 걸어가신 길이며, 우리가 따라야 할 그리스도인의 길이다. 그리스도인들은 어떠한 위기 속에서도 하나님께서 창조하고 돌보시는 이 세상의 모든 생명들이 하나님의 섭리와 은총 속에서 함께 충만한 생명을 누리는 세상을 꿈꾸며, 죽임의 세력을 물리치고 하나님의 생명통치가 승리하는 세상에 대한 희망을 놓지 않아야 한다. 하나님의 영원한 생명이 모든 유한한 생명체와 관계를 맺으시며 이를 살리는 생명의 원천이 되시기 때문이다.[24]

---

23 21세기가 희망의 시대가 될 것으로 예견됐던 것과는 달리, 전쟁과 폭력, 경제적 불의와 양극화, 기후변화와 생태계 파괴, 핵무기와 테러 그리고 가난과 기아, 종교간 갈등과 충돌, 세대 간의 단절, 공동체의 붕괴와 도덕적 가치관의 상실 그리고 최근 급증하는 심리적, 정신적 문제에 이르기까지 인류는 일찍이 경험해보지 못한 심각한 생명위기의 시대에 마주하고 있다

24 Jürgen Moltmann, *Ethik der Hoffnung*, 곽혜원 옮김, 『희망의 윤리』(서울: 대한기독교서회, 2012), 120.

4. 4·16 기억 공동체로서의 한국교회

오늘날 우리는 환경오염, 테러, 자본의 횡포, 사회 불의 등이 만연한 총체적 생명위기의 시대를 살고 있다. 특별히 총체적 생명위기의 사건으로서의 세월호 사건을 겪으며 한국교회는 어떤 공동체를 원하고 그 공동체를 위해 무엇을 할 것인가? 그리스도인들은 어떤 세상을 만들고 그 세상을 위해 어떤 역할을 할 것인가? 어떻게 죽임이 만연한 한국사회 속에서 교회는 영원한 생명을 제시할 수 있는가? 예수 그리스도의 복음이 뿌리내리고 꽃을 피운 생명문화를 형성해야 하는데, 이러한 생명복음과 생명문화형성은 불의한 죽임의 세력과 생명을 대적하는 폭력과 체념, 그리고 무감각과 망각에 대한 강한 부정이 되는 길에서 실현되는 것이다.

2014년 4월 16일. 여객선 세월호가 침몰했고 많은 사람들이 목숨을 잃었다.[25] 그리고 역사를 바꾸는 것은 희생자들이 아니라 오히려 남아 있는 자들의 책임이라는 사실을 통감해야 한다. 왜냐하면 우리가 의인이어서 살아남은 것이 아니라, 차가운 바다에 수장당한 어린 영혼들, 즉 타자의 고통에 빚짐으로써 이렇게 살고 있기 때문이다. 양심적인 시민들과 종교인들이 이러 저러한 자리에서 기억의 현장들을 지켜왔으나 죽음의 강고한 구조를 근본에서 개혁하지 못하는 개별 수

---

25 「시사저널」, 김지영 기자, "세월호 참사 5위... 재난이 남긴 충격," http://www.sisajournal.com/news/articleView.html?idxno=140021 (2020.07.21 접속). 72명 구조, 295명 사망, 9명 실종(2014년 8월 7일 기준). 많은 죽음이 잇따랐다. 생존자의 자살(단원 고등학교 교감), 유족의 자살 시도, 잠수사 2명의 사망, 경찰의 자살, 소방대원 5명의 사망 사고가 이어졌다. 시사저널의 설문조사에 따르면 세월호 침몰은 IMF 외환위기를 제치고 1945년 광복 이후 한국에 가장 큰 영향을 미친 사건 5위에 오르기까지 했다.

준의 양심적 고백에 머물러 왔다. 세월호는 이 '죽임의 사회'가 어떤 구조와 층위, 또 어떤 관례와 거래 속에서 유지되어 왔는지를 자세히 폭로해주면서 마치 필연적으로 일어날 수밖에 없는 사건인 것처럼 발생하였다.[26] 이제 이 죽임의 문화가 지배하는 세상에서 그리스도의 따르는 한국교회는 생명을 선택해야 한다.

> 꽃다운 젊음이 가라앉는 걸
> 눈뜨고 지켜보는 나라
> 한국호의 참담한 민낯이 보였다
> 누가, 왜, 어떻게 이런 통곡의 바다를 초래했는지 우린 반드시
> 물어야 한다.[27]

박명림 교수는 "대한민국은 진도의 절규를 처절하게 직시하지 않는다면 '사람 사는 사회', '좋은 나라'를 위해 한걸음도 나아가지 못할 것이다."라고 말했다. 그는 절대적 비극에는 절대적 반성이 필요하고 절망적 상황에는 전면적 개혁만이 살길이라고 주장한다. "이 죽음들을 참되게 위로하고 바르게 기리는 길은 한국 사회를 생명이 우선되는 사회로 환골탈퇴하는 길이다."고 강조했다. 세월호가 적신호를 보내기 전에 사회 곳곳에서는 이미 죽임의 문화가 지배하고 있었다.

---

26 세월호 참사를 가져온 한국사회의 총체적 부실, 무능함 그리고 온갖 탈법과 불법의 온상인 집권층의 은폐와 조작, 해경과 국정원의 행태 등 한국사회의 마주하고 싶지 않은 즉 구조 과정에서 드러난 현 정권과 집권당의 끝을 알 수 없는 정치적 무책임과 무능력, 보수 야당의 무위도식으로 그들에 대한 막연한 기대조차 허물어지면서 이 사건의 '필연성'을 확인하게 되었다.

27 「한겨레」, 박명림, "통곡의 바다, 절망의 대한민국," http://www.hani.co.kr/arti/society/society_general/634313.html (2020.07.21 접속).

세월호는 좀 더 많은 수의 죽음을, 더욱이 학생들의 죽음을, 너무나 실시간으로 생생하게 보여주는 방식이었기 때문에 더 큰 충격을 주었으나 실상 그러한 죽임의 현장은 지속적으로 이어져 왔다.[28] 세월호의 기억은 우리들로 하여금 생명의 가치로 우리의 삶의 자리의 밑바닥을 철저하게 다시 돌아보게 한다.

그러나 진실에 응답하고 타인의 고통에 예의를 갖추고 애도하는 것이 인간의 가장 기본적인 자세임에도 불구하고 일부 한국교계 지도자들은 세월호 주제를 언급하는 것을 불편하게 생각하였고 목회적으로 깊이 숙고하지 못했다. 더 나아가 부활의 소망과 일상의 삶의 중요성을 근거로 그리스도인들에게 이제는 잊을 것을 요청하였다.[29] 이러한 한국교회의 태도는 무관심과 무감각과 궤를 함께 하면서 고통의 현장과 소리를 잊고자 했다. 독일의 정치학자인 도로테 죌레Dorthee Söelle는 고통에 무감각하고 무관심한 사람은 인간이 이 세상에서 소유하고 있는 가장 강력한 무기를 포기하는 것이라 했다. 그 중에서도 가장 나쁜 형태의 무관심은 정치적 무관심이라고 말한다.[30] 그녀에 따르면 정치적 그리고 사회적 무관심은 고난 받을 능력이 없는 형태로서 고난의 회피를 목표로 자신의 고난을 깨닫는 능력과 다른 사람의 고난을 지각하는 능력이 결여된 것을 의미한다.[31] 한국사회가 겪고 있는

---

28 지난 이명박 정권에서는 2008년 여름 평택의 쌍용자동차 노동자들이 25명 2009년 1월에는 서울 용산의 철거민들이 6명(철거민 5명과경찰 1명) 목숨을 잃었다. 하루 40명 넘게 자신을 죽여 버리는 끔찍한 자살 공화국, 매년 2천명 넘게 산업재해로 죽어나가는 노동자들의 지옥, '세월호 참사' 같은 대형 사건사고가 빈발하는 후진적인 재난(災難) 공화국. 매년 세월호의 숫자만큼 청소년들이 자살로 생을 마감하는 나라가 한국사회이다.

29 그러나 한국교회는 세월호 참사에 관한 이러한 열망에 대하여 '국가를 분열 시킨다', '갈등을 조장한다', 더 나아가 '정치적으로 이용한다' 또는 '공동체의 연합을 방해 한다' 등의 말로 반응하였는데, 더 이상 생명의 종교이기를 포기하는 듯하다.

30 Dorthee Söelle, *Leiden*, 채수일 · 최미영 옮김, 『고난』(충남: 한국신학연구소, 1993), 52.

참사를 한국교회가 충분히 애도하지 못하고, 그 고난의 현실을 다양한 논리로 외면할 수 있었던 것은 고난을 인지할 능력이 심각하게 결여되었기 때문이다. 더 나아가 한국교회는 정치적 무관심으로 고통에 대한 공감능력의 상실과, 생명 경외의 결핍과 타자에 대한 인식이 부재한 종교로 생명연대를 지향하고자 하는 많은 선한 사람들에게 비추어지고 있다.[31]

　　따라서 시대의 고통과 죽임의 세력 앞에 침묵하거나 마치 아무것도 일어나지 않았던 것처럼 침착하게 일상을 살아가는 것은 고난의 참여자로 생명을 살려내신 예수 그리스도를 따라야 하는 그리스도인의 정체성을 포기한 것이고, 고통에 예언자적으로 응답하고자 하는 생명공동체로서의 교회의 존재의 의미도 부정하는 것이다. 왜냐하면 고난받는 자와 함께하시는 하나님의 가장 큰 명령인 이웃사랑의 불능자로 만들고, 시대의 고통에 가장 예민하게 응답하는 예언자의 사명을 상실하게 하기 때문이다. 침착한 일상의 삶은 무관심으로 가능해진 것이다. 무감각한 삶은 인간이 체념의 형태를 가진 냉담함에 이를 때 나타나는 삶의 형태이다. 그러나 이러한 고요한 일상은 고난과 고통 중에 있는 사람들에게 불가능한 삶이다. 고난에의 참여는 우리를 그리스도의 형상으로 변화시키며, 고난의 종 예수 그리스도를 따름은 우리를 더욱 생기있게, 살아있게 만들며 고난도 견디고 희망을 파괴하는 혹독한 고통까지도 그 자체로서 변화시키며 더욱 사랑할 수 있도록 우리를 변화시킨다.[32] 하나님의 사랑은 이웃사랑을 행함 없이 그리고 타자

31　위의 책, 42-43.
32　위의 책, 137-138.

에 대한 선한 삶을 전제하지 않고 표현할 수 없으며, 그 어떤 구원도 영생도 불가능함을 예수는 분명하게 말한다.

예수는 고난 받는 자들과 자신을 급진적으로 동일화시키며 고난 받는 자들을 위해 스스로 고난 받으시고 십자가의 길을 가셨다. 인간이 괴로워하고 고통 받는 곳에서 언제나 그도 고난을 받는다.[33] 세상이 아파하는데 교회가 건강할 수 없으며 세상이 암울한데 교회가 행복할 수 없는 일이며, 세상에 고통이 만연한데 그 고통에 응답하지 못하는 한국교회가 기쁜 소식, 하늘의 위로인 복음을 전달하려고 한다면 그것은 가장 어리석은 선교가 될 것이다. 실제로 세월호 유가족 중 76명의 부모가 기독교인데 그 중 80%는 다니던 교회를 떠난 것으로 알려졌고, "유가족 부모들은 교회가 지금까지 보여준 이런 식의 의식에 머물러 있다면 교회로 다시 돌아가지 않을 것 같다."고 말한다.[34]

세월호는 한국사회를 세월호 사건 전후로 나눌 만큼 우리사회에 큰 충격을 주었다. 그것은 세월호 사건이 한국사회의 숨기고 싶은 곳, 혹은 곪은 곳을 여과 없이 드러내 버렸기 때문이다.[35] 그러나 세월호 참사 이후 여실히 드러난 한국 정치의 무능력과 양심의 부재는 진실과 사실을 밝히려 하기보다 은폐하거나 조장하기에 급급했다. 사회와 각계의 간절한 바람은 그리고 마지막까지 믿고 싶었던 실낱같은

---

33 위의 책, 144.

34 「기독공보」, "세월호 유가족이 교회 떠나는 이유 아세요," http://m.pckworld.com/article.php?aid =6760024628 (2020.07.21 접속). 세월호 유가족 중 76명의 부모가 기독교인이다. 이중 80%는 다니던 교회를 떠난 것으로 알려졌다. 세월호 유가족 대책위를 맡았던 유경근 위원장은 세월호 1주기 개신교추모예배에서 "부디 우리 한국교회가 사회에 하나님의 의를 심을 수 있도록 세월호 참사 진실을 밝히는 것에 함께 해주시고, 재발방지 대책 마련을 위해 힘써주셨으면 한다"며 "교회가 지금까지 보여준 이런 식의 의식에 머물러 있다면 유가족 부모들은 교회로 다시 돌아가지 않을 것 같다"고 말했다.

35 혹자는 한국전쟁 이후 전 국민적으로 가장 깊은 트라우마(Trauma)를 겪게 한 사건으로 분석하고 있다.

정치에 대한 희망은 단 한 가지 사건의 실체를 가감 없이 밝혀달라는 것이었다. 단지 진실이 규명되기를 원했다.[36] 그러나 어느 하나 속 시원히 진실을 규명하여 유족들의 마음을 위로하지고 국민 앞에 해명하지도 못했다. '용서하고자' 진상규명을 요청하는 부모들과 시민들은 많은데, 정작 용서받아야 할 가해자는 보이지 않고 심지어 누구인지 불명확한 상태이다. 유가족들은 너무나 평범한 시민에서 다른 재난사고와 다르게 진상규명을 위한 특별법 제정 운동을 통해 보다 적극적인 정치적 주체로 변해갔다. 유가족들과 수많은 시민들이 단순한 애도와 경제적 배상에 대한 요구를 넘어 정치적으로 분노하고 행동하는 유례없는 정치적 연대가 일어났다.[37] 사실을 은폐하면 불안하지만 진실을 감추면 국민은 분노하는 것이다.

그들이 팽목항에서 마주한 것은 국가와 자본의 무능과 무책임이라는 혹독한 현실이었다. 이것이 바로 세월호 희생자 유가족과 상당수의 시민들이 받은 충격의 실체였고, 이로부터 세월호 참사의 예외적 정치화가 시작되었다고 분석하기도 한다. 사람들의 안전을 위협하는 주체에게 생명의 보호와 안전을 요구해야 하는가? 다시 질문해야 한다. 이제 생명의 주되신 그리스도를 따르는 그리스도인들은 "잊지 않겠다", "가만히 잊지 않겠다"고 약속한 그 최소한의 양심과 애통하는 마음으로 하늘의 위로를 신원하고 세월호의 억울한 죽음의 진실이 밝

---

36 「뉴스앤조이」, 이은혜 기자, "모태신앙 예은이 아빠가 교회를 안나가는 이유," https://www.newsnjoy.or.kr/news/articleView.html?idxno=198882 (2020.07.21 접속). 세월호 유가족 대책위를 맡았던 유경근 위원장은 세월호 1주기 개신교추모예배에서 "부디 우리 한국교회가 사회에 하나님의 의를 심을 수 있도록 세월호 참사 진실을 밝히는 것에 함께 해주시고, 재발방지 대책 마련을 위해 힘써주셨으면 한다"며 "교회가 지금까지 보여준 이런 식의 의식에 머물러 있다면 유가족 부모들은 교회로 다시 돌아가지 않을 것 같다"고 말했다.

37 지주형, "세월호 참사의 정치사회학-신자유주의의 환상과 현실,"「경제와 사회」104 (2014), 16.

혀질 때까지 기억을 공유하는 공동체로 연대하고 지속적으로 그 죽음의 이유를 물어야 한다. 독일의 정치신학은 아우슈비츠라는 고난의 사건에 직면한 본질적인 질문들로 어떻게 그러한 대참사가 기억되며 전승될 수 있을까를 쉼 없이 진진하게 묻는다. 이 질문은 아우슈비츠를 고난의 기억으로 다시 불러오고, 그러한 고난의 기억은 세상의 모든 불의한 고난의 역사 가운데서 위기를 극복하도록 아우슈비츠를 역사와 사회 속에서 반복적으로 현재화한다. 그것은 또한 우리 모두를 이러한 상황에서 성서적-메시아적 종교로 재구성하게 한다. 그러므로 우리 모두는 언제 어디서든 아우슈비츠를 만난다.[38]

혹자는 아우슈비츠와 세월호를 비교하는 것은 지나친 것이라 말할 수 있다. 그러나 295명 사망, 9명의 실종자의 숫자는 한국사회의 거대한 반생명의 구조와 세력의 실체에 뿌리내린, 그리고 근대화과정에서 철저하게 배제되어 왔던 생명가치와 생명경외가 무참하게 짓밟힌 상징적 사건으로, 세월호 전후의 모든 죽임의 문화를 총체적으로 반성하고 성찰해야 하는 중대한 사건으로 보기에 충분하다. 시민사회도 단기적으로는 진실 규명을 요구하고, 장기적으로는 세월호 이후에 모든 인문학적인 성찰은 생명가치를 중심에 놓고 '국가란 무엇인가'라는 피할 수 없는 질문에 대한 근본적으로 성찰해야 한다고 말한다. 그러므로 세월호 이후 신학함은 생명가치를 최우선에 놓고 불의하게 고통당하는 타자들과 역사의 희생자와 패자들을 위한 고난에 참여하는 일이어야 한다. 기독교의 신앙은 단순히 믿어지는 것이 아니라, 이러한 자비의 믿음의 힘에 의해서 행하는 것이기 때문이다.

38 이석규, "문화적 기억과 그것의 정치-신학적 영향사에 관한 연구," 120-121.

아우슈비츠를 망각한 채로 변호할 수 있는 어떤 진리도 존재하지 않습니다.

아우슈비츠를 망각한 채로 구출할 수 있는 어떤 의미도 존재하지 않습니다.

아우슈비츠를 망각한 채로 기도드릴 수 있는 하나님도 존재하시지 않습니다.

아우슈비츠를 망각한 채로 뒤 따를 수 있는 예수도 존재하지 않습니다.

그리고 아우슈비츠를 망각한 채로 신뢰할 수 있는 그리스도의 영성도 존재하지 않습니다.[39]

이제 세월호 이후의 신학은 한국교회와 그리스도인들로 하여금 기억 공동체의 정체성을 충분히 구성할 수 있도록 통찰을 주어야 한다. 또한 그것은 반드시 고통당하고 탄식하는 생명과 연대하는 하나님 나라를 지향해야 한다.

5. 4·16 기억 공동체의 생명윤리적 과제

세월호 사건은 국민들에게 사회가 지향해야 할 삶의 가치에 대한 근본적 성찰과 생명의 가치가 중심이 된 공동체적 지향의 계기가 되어야 함을 일깨웠다. 애도는 죽음을 슬퍼하는 행위이다. 사람들은 사고 당사자들에게 "안 됐다."가 아니라 "미안합니다. 잊지 않겠습니다.", "미안합니다. 가만있지 않겠습니다."라고 말했다. 이것은 우리가 누군가의 고통을 위로하는 분리된 별개의 주체가 아니라, 사고의 원인에 간접적으로 기여해왔다는 가해자로서의 마음을 고백한 것이다. 미안함이 촉발한 기억과 저항의 다짐에는 망자에 대한 슬픔을 넘어 국가 폭력을 경계하는 잠재적인 피해자로서의 의지가 담겨 있다. 희생자에 대한 공감은 사람들이 연대로 나아갈 수 있었던 토대가 되었다.[39]

　　　세월호는 한국현대사 역사의 가장 아픈 고통의 이름인 동시에 우리 사회를 근본적으로 변화시킬 가장 중요한 전환의 자리여야 한다. 세월호 사건을 바라보며 슬픔을 넘어 함께 애도하고 기억하는 이유는 한국사회에 근본적인 자기성찰을 통해 진리를 밝히고 정의를 회복되기 위함이다. 이러한 기억의 공동체로서의 연대는 죽임의 문화를 넘어서는 생명에 대한 존엄성과 가치를 회복할 때 가능하다. 생명신학적 관점은 첫째, 하나님께서는 인간만이 아니라 모든 창조물을 통치하고 계심을 확신하는 믿음이다.창 2:8-9 신학적으로 생명 개념은 인간의 존재를 하나님의 뜻에 두며 생명의 연원을 어떤 상황에서도 하나님에게 둔다.[40] 하나님에 대한 믿음과 회개를 통해 하나님의 의도는 모든 살아있는 창조물을 보존시키시며 하나님의 통치영역은 피조물들이 하나님께서 부여하신[40]존엄성을 가지며 서로서로 교제하며 살아야 하는 존재임을 선포하고 있다. 둘째, 하나님께서 모든 창조물과 언약을 맺

39 J. B. Metz, *Zum Bergriff der neunen politischen Theologie*, 96. 이석규, "문화적 기억과 그것의 정치-신학적 영향사에 관한 연구," 120에서 재인용.
40 유경동, "생명개념과 생명윤리에 관한 법과 기독교의 입장 비교연구," 『장신논단』 47-1 (2015), 187.

고 계심을 확신하는 믿음이다.^{창 9:8-12} 이 언약은 하나님의 은총의 선물 속에 감추어져 왔고 이것은 시장에서 팔고 살수 없는 것이다.^{사 55:1} 따라서 하나님의 언약은 지배와 착취의 형태를 지닌 어떠한 계약에도 반대하며 그러한 계약을 넘어서는 하나님과의 약속이며 가난하고 소외받는 작은 자들을 포함하는 개방적 언약이다. 우리는 하나님께서 우리들에게 모든 창조물을 보존하며 돌보고 온전히 세워가기 위한 자유를 주셨다고 선포한다.^{창 2, 고전 10:23-26} 셋째, 그리스도를 통하여 모든 분열과 소외들이 공동체 안에서, 나라들 사이에서, 그리고 우주 속에서 생명의 일치를 위해 극복되어 진다고 확신하는 믿음이다. 우리는 이러한 신앙적 입장을 인식하지 못했음을 또한 예수 그리스도의 이름으로 분열과 분파를 일삼아 그리스도의 육체를 파괴한 것을 회개한다. 넷째, 성령께서는 우리에게 새 하늘과 새 땅을 향한 비전을 주셨음을 확신하는 믿음이다. 이러한 신앙적 입장은 성령께서 새 하늘과 새 땅을 향한 생명의 동산에 대한 비전을 보전하시며, 끊임없이 세계를 새롭게 하심을 인식한다.^{Col 1:16-18, Rev 21:1-5}

생명신학적 관점에서 생명의 가치를 최우선으로 하는 기독교는 기억의 공동체로서 성서적 전승과 교회에 그 근거를 가지고 아우슈비츠/베트남/유고슬라비아/소말리아와 그리고 한반도의 분단의 고통과 같은 인간 고난사의 위험스런 기억의 전달자여야 한다.[41] 즉 세월호를 망각한 채로 그리고 가난한 자와 억압받는 자들의 희생적 죽음을 망각한 채로 어떤 신학도 정당화될 수 없다. 세계의 낯설고 먼 이웃의 고통에 연대적으로 참여하고, 우리의 오늘의 생활세계에서의 희생자

---

41   이석규, "문화적 기억과 그것의 정치-신학적 영향사에 관한 연구," 126.

들을 개인적 집단적으로 기념하는 책임적인 태도는 확실히 기독교 기억문화를 형성하며 기억의 공동체를 세워나가는 길이다.

한국교회가 만약 기억공동체로서 기도와 찬양과 예배 등 예전을 통하여 죽은 자들을 기억한다면 그들을 희생시킨 현실적인 세계의 지배자들을 향한 부단한 고발과 항의가 될 것이다. 세월호 희생자들의 억울한 죽음의 진상은 반드시 밝혀져야만 하고, 그들의 고난과 죽음이 망각되지 않도록 기억의 윤리를 통해서 보존되고 재현되어야 한다. 왜냐하면 죽은 자들에 대한 기억은 과거로의 회귀가 아니라, 미래의 공동의 구원을 위한 희망의 원천이기 때문이다.[42] 기억의 정치학을 지향하는 벤야민은 역사를 완결되지 않고 불연속적인 것으로 바라보는 시각, 결을 거슬러 역사를 손질하는 것을 진정한 역사가의 과제로 보는 역사관, 미래 대신 '현재를 예언'하는 정치적 역사관, 그리고 "역사가는 과거를 향한 예언자이다." 프리드리히 슐레겔라는 사고를 주장하였다. 그는 집단적으로 확보해야 하는 기억은 존재했던 것에 대한 '아직 의식되지 않은 지식'으로 신학은 기억은 완결되지 않은 것 행복을 완결된 것으로 만들며, 완결된 것 고통을 완결되지 않은 것으로 만들 수 있다고 말한다.[43]

그러므로 기억의 윤리는 교회공동체를 통하여 예수 그리스도의 죽음과 부활에 대한 기억의 담지자로서 불의하게 살해당한 수많은 무죄한 희생자들과의 기억연대를 형성하고 기억투쟁을 지속하게 하는 기억의 공동체가 되어야 함을 강조한다. 교회가 억울한 희생자들의 고

---

42 위의 글, 219-220.
43 최성만, 『발터 벤야민 기억의 정치학』(서울: 길, 2014), 380-381.

난과 죽음에 대한 기억을 보존하고 재현하는 기억의 문화와 공간을 형성하는 중심이 되어야 한다. 교회는 이렇게 죽임의 세력을 물리치고 권력의 반생명적 정치를 감시하고, 그리고 물신 숭배를 비판하는 대항 공론장이 되어야 한다. 더 나아가 이러한 기억의 윤리는 진정한 의미의 치유와 화해를 지향하도록 돕는다. 특별히 기억의 윤리는 물신이 지배하고 있는 소비사회에서 잊어버리기 쉬운 타자의 고난에 대한 민감성과 연대성을 추구한다.

구약의 예언자들 역시 자신들의 시대에 가득 찬 고통과 절망의 소리에 신실하게 응답했다. 현실의 고통과 절망을 외면하고서는 바람직한 미래를 소망할 수 없다. 예수의 하나님 나라에 나타나는 종말론적 소망은 그 시대의 절박한 현실과 밀접한 관계가 있고 그 나라의 도래는 절박한 역사적 상황 때문에 가능해지는 것이다. 또한 각 시대의 신학자는 자신의 역사적 상황 속에서 구체적 질문을 가지고 하나님께 나아가야 한다.[44] 더 나아가 이 땅의 하나님 나라의 통치의 가능성은 어떠한 정치적 혹은 경제적 이데올로기나 세상의 군사력과 힘에 의해서가 아니라 그 주체가 하나님임을 바르게 인식하는데서 시작하는 것이다. 하나님 나라의 시작은 너무도 미미하여 세상 사람들은 잘 감지할 수 없지만 예수의 고난을 기억하고 예수의 대안적 삶의 방식을 따르려고 결단하는 기억공동체의 결단만이 하나님 나라의 비밀을 이해할 수 있는 특권을 소유할 수 있다.

---

[44] 윤철호, "통전적 신학 방법론," 『장신논단』 47-1 (2015), 132.

6. 기억과 생명감수성

하나님이 창조하신 모든 생명은 그 어떤 순간이라도 존중받아야 하는 고귀한 것이고 그 생명은 고립되어 존재할 수 없으며 공동체적 관계 속에서만 가능한 생명이다. 한국사회에서 '생명'은 그리스도인들에게 반생명문화에 저항하고 생명파괴의 세계를 바르게 분석하여 충만한 삶을 가능하게 하는 인식구성의 핵심개념이다. 그러므로 생명의 가치와 존엄성 위에 우리는 교회를 다시 세우고 세계를 변화시킬 수 있어야 한다.

하지만, 한국교회는 한국사회 속에서 변화의 주체로 서지 못했다. 작금의 한국교회는 사회의 건강한 통합과 공공선을 고양시키는 과정에서 교회의 역할 상실이 어떻게 사회 속에서 교회를 고립시키고 불신의 깊은 나락으로 떨어지게 하는지 철저하게 돌아보아야 한다. 이러한 위기상황 가운데 한국교회는 이제 생명가치를 최우선으로 하는 교회의 사명을 재발견하며 고통 받고 신음하는 세계 속에서 하나님의 선교를 수행해야 하는 생명공동체로서 세상과의 적극적 관계정립을 요구받는 교차로에 서 있다.

이를 위해 죽임의 시대에 생명공동체로 부름받은 교회는 계속해서 죽임과 고통의 역사에 대한 '기억하기'를 수행해야 한다. '기억'remembarance 이란 비록 과거는 현재 존재하지 않지만, 과거야말로 우리가 행동하기 위해서 끌어내야 하는 결론들의 원천임을 인식하는 것이다.[45] 또한 기억은 진정 존경심과 올바른 마음을 지니고 고통받은 사람들과 자신을 변호할 수 없었던 사람들에 관하여 '기꺼이 증언하려는 의지'이다. 마르쿠제는[45]망각은 복종과 포기를 지속시키는 능력이며 과거의 고통을 잊는 것은 그 고통을 야기한 세력들은 청산하지 않은 채로 그들을 용서하는 것이라고 말한다. 이렇듯 시간에 굴복하지 않고 맞서 싸워 진상 그대로 기억을 복원하는 것은, 해방의 수단으로서의 사상의 가장 고귀한 임무 중에 하나다.[46] 이렇게 때로는 위험한 통찰을 이끌어내는 과거의 기억은 진정한 미래의 약속 안에서 새로운 공동체를 견인해 낸다.

그리고 이러한 기억을 '생명감수성'을 가지고 해석하며 현재화할 수 있어야 한다. 특별히 충만한 생명을 주시기 위하여 이 땅에 오신 예수 그리스도를 따르는 공동체로서 그 어느 때 보다도 죽임의 문화를 저항하는 정의로움과 생명에 대한 깊은 감수성으로 고난당하는 자들을 기억하고, 그들과의 연대를 지속해 나가야 한다. 세월호 이후 생명의 위기는 한국교회와 기독교 공동체를 향하여 어느 때보다도 근원적인 도전을 하고 있다. 그러므로 예민한 '생명감수성'으로 고통 받는 자들에 대한 정서적 공감과 고통과 위기에 대한 표면적 진단과 피상적 치유를 넘어, 각각의 위기와 고통을 양산하는 구조와 체제 그리고 이념들을 분석하여 실천적이고 변혁적인 대안까지 제시할 수 있어야 한다. 이것이 진정한 의미에서 하나님 나라를 지향해 나아가는 한국교회의 미래적 전망을 제시하는 길이 될 것이다.

지금도 여전히 자식들과 진실을 차가운 바다에 묻어둔 채, 세월

---

45   John Berger, *Ways of Seeing* (Harmonsworth, 1971), 11. Harvey J. Kaye, *The Powers of the Past: Reflections on the Crisis and the Promise of History*, 오인영 옮김, 『과거의 힘-역사의식, 기억과 상상력』(서울: 삼인, 2004) 224-225. 에서 재인용.

46   위의 책, 224-225.

호 유가족과 실종자 가족들은 힘겹게 기억투쟁을 이어가고 있다. 이러한 현실을 직시한다면, 그리스도의 고난을 기억하는 한국교회의 '기억의 질'은 그들의 기억하고자 하는 내용에 얼마나 가까이 가느냐에 달려있고, 생명의 원천이 되시는 그리스도를 구주로 고백하는 한국교회의 '생명 감수성의 질'은 그들에게 얼마나 가까운 이웃이 되어 오랫동안 함께 공통의 기억을 회상하며 함께 그 고통에 참여할 수 있는가에 달려있다고 할 수 있을 것이다. 왜냐하면, 예수의 고난과 부활을 기억하는 교회 공동체는 고난의 길에서 그리고 그 너머에 나타나는 부활을 이해하지 않고 고통의 역사에 의한 위협과 어둠을 물리치지 않는 부활의 기쁨을 전제할 수 없기 때문이다.[47] 기독교의 신앙은 예수 그리스도의 부활의 한 가운데서 고난을 기억하면서 하나님 나라의 미래를 소망한다.

하나님 나라는 철저히 공동체이며 함께 꿈꿀 때 가능해진다. 함께 꿈꾸며 함께 그 비전을 믿음으로 공유할 때 실현된다. 분열되고 고립되고 배제되는 것은 하나님 나라의 정신에 가장 위배 된 것이다. 이러한 관점에서 이제 한국교회는 교회와 사회를 분리하여 안주하지 말고 겸손하게 이웃의 아픔과 고통에 마음을 열어야 한다. 기억 공동체의 주체로 한국교회는 이러한 삶의 자리에서 사랑의 실천을 결단하고 생명공동체의 회복을 위해 힘을 기울여야 한다. 하나님 나라가 이 땅에 임할 때까지!

[47] John-Baptist Metz and Jürgen Moltmann, *Faith and Future: Essays on Theology, Solidarity, and Modernity*, 11.

참고문헌

1차자료 - 국내서적

강남순. 『페미니스트 신학: 여성·영성·생명』. 서울: 한국신학연구소, 2002.

곽금주. 『흔들리는 20대: 청년기 생애설계 심리학』. 서울: 서울대학교 출판문화원, 2010.

국제미래학회. 『미래가 보인다: 글로벌 미래 2030』. 서울: 박영사, 2013.

기독교방송 편. 『교회와 커뮤니케이션』. 서울: 대한기독교서회, 1987.

기독교커뮤니케이션포럼 편. 『기독교 커뮤니케이션』. 서울: 예영커뮤니케이션, 2004.

김기석. 『가시는 길을 따라나서다』. 서울: 한국기독교연구소, 2009.

김남식. 『기독교 커뮤니케이션학』. 서울: 베다니, 1999.

김덕기. 『예수비유의 새로운 지평』. 서울: 다산글방, 2004.

김명용. 『온신학의 세계』. 서울: 장로회신학대학교출판부, 2016.

김수연 외 11명. 『포스트휴먼 시대, 생명,신학,교회를 돌아보다』. 서울: 동연. 2017.

김수이 편. 『한류와 21세기 문화비전』. 서울: 청동거울, 2006.

김창남. 『대중문화의 이해』. 서울: 한울아카데미, 1998.

박만. 『현대 삼위일체론 연구』. 서울: 대한기독교서회, 2003.

박장순. 『한류, 신화가 미래다』. 서울: 커뮤니케이션북스, 2007.

백원담. 『동아시아의 문화선택 한류』. 서울: 펜타그램, 2005.

문성모. 『칼바르트가 쓴 모차르트 이야기』. 예술, 2006.

신광은. 『메가처치 논박』. 서울: 정연사. 2009.

안택윤. 『삼위일체 조직신학』. 서울: 한국장로교출판사, 2012.

엄기호. 『이것은 왜 청춘이 아니라 말인가: 20대와 함께 쓴 성장의 인문학』. 파주: 푸른숲, 2010.

웨슬리신학연구소. 『관계 속에 계신 삼위일체 하나님』. 서울: 아바서원, 2015.

오형국. 『칼뱅의 신학과 인문주의』. 경기: 한국학술정보, 2006.

유용민. 『경합적 민주주의』. 서울: 커뮤니케이션북스, 2015.

이문균. 『신앙과 삶 속에서 삼위일체 하나님 알아보기』. 서울: 한국장로교출판사, 2005.

이서행. 『한국윤리문화사』. 성남: 한국학중앙연구원출판부, 2011,

이양호. 『칼빈: 생애와 사상』. 서울: 한국신학연구소, 2005.

이오갑. 『칼뱅의 신과세계』. 서울: 대한기독교서회, 2010.

이종관. 『사이버 문화와 예술의 유혹』. 문예출판사, 2003.

이화인문과학원. 『인간과 포스트휴머니즘』. 서울: 이화여자대학교출판부. 2013.

임영방. 『이탈리아 르네상스의 인문주의와 미술』. 서울: 문학과지성사, 2003.

조한혜정 외. 『한류와 아시아의 대중문화』. 서울: 연세대학교 출판부, 2003.

최성만. 『발터 벤야민 기억의 정치학』. 서울: 길, 2014.

최창섭 편. 『교회 커뮤니케이션』. 서울: 성바오로, 1993.

최한구. 『교회와 커뮤니케이션』. 서울: 성광문화사, 1994.

한국문화신학회 엮음. 『소수자의 신학』. 서울: 동연, 2017.

한국사회과학협의회, 중앙sunday. 『한국 사회 대논쟁』. 서울: 메디치, 2012.

한병철. 『피로사회』. 서울: 문학과 지성사, 2012.

1차자료 - 번역서적

Boff, Leonardo. *Trinity and Society*. 이세형 옮김. 『삼위일체와 사회』. 서울: 대한기독교서회, 2011.

Bluck, John. *Beyond Technology*, 김진경 옮김. 『언론과 기독교』. 서울: 나눔사, 1990.

Braidotti, Rosi. *Posthuman*. 이경란 옮김. 『포스트휴먼』. 서울: 아카넷, 2015.

_____. *Nomadic Subjects: embodiment and sexual difference in contemporary feminist theory*. 박미선 옮김. 『유목적 주체』. 서울: 여이연, 2004.

Cox, Harvey Gallagher. *Futuer of Faith*. 김창락 옮김. 『종교의 미래』. 서울: 문예출판사, 2010.

Crossan, John Dominic. *The Historical Jesus: the Life of a Mediterranean Jewish Peasant*. 김준우 옮김. 『역사적 예수』. 서울: 한국기독교연구소, 2000.

Fiorenza, Elishabath Schüssler. *Sharing Her Word: feminist biblical interpreattion in context*. 김호경 옮김. 『성서-소피아의 힘』. 서울: 다산글방, 2002.

_____. *Discipleship of Equals*. 김상분·황종렬 옮김. 『동등자 제자직』. 분도출판사, 1997.

Fore, William F. *Mythmakers: Gospel, Culture, and the Media*. 신경혜·홍경원 옮김. 『매스미디어 시대의 복음과 문화』. 서울: 대한기독교서회, 1998.

Geertz, Clifford. *The Interpretation of Cultures*. 문옥표 옮김. 『문화의 해석』. 서울: 까치글방, 1998.

Harari, Yuval Noah. *Homo Deus*. 김영주 옮김. 『호모데우스』. 파주: 김영사, 2017.

Johnston, Robert K. *Useless Beauty: ecclesiastes though the lens of contemporary film*. 주종훈 옮김. 『허무한 아름다움』. 서울: IVP, 2005.

_____. *Reel Spirituality: Theology and Film in Dialogue*. 전의우 옮김. 『영화와 영성』. 서울: IVP, 2003.

Kaye, Harvey J. *The Powers of the Past: Reflections on the Crisis and the Promise of History*. 오인영 옮김. 『과거의 힘-역사의식, 기억과 상상력』. 서울: 삼인, 2004.

Kraemer, Hendrik. *Communication of the Christian Faith*. 임춘갑 옮김. 『그리스도교 신앙의 커뮤니케이션』. 서울: 종로서적, 1981.

Lindberg, Carter. *Reformation theologians: an introduction to theology in the early modern period*. 조영천 옮김. 『종교개혁과 신학자들』. 서울: CLC, 2012.

McGrath, Alister E. *Reformation thought: an introduction*. 최재건 옮김. 『종교개혁사상』. 서울: CLC, 2014.

_____. *Mere Theology*. 안종희 옮김. 『삶을 위한 신학』. 서울: IVP, 2010.

_____. *Reformation Thought*. 박종숙 옮김. 『종교개혁사상입문』. 서울: 성광문화사, 2002.

Moltmann, Jürgen. *Ethik der Hoffnung*. 곽혜원 옮김. 『희망의 윤리』. 서울: 대한기독교서회, 2012.

Sölle, Dorothee. *Es mub doch mehr als alles geben: Nachdenken über Gott*. 정미현 역, 『말해진 것 보다 더 많이 말해져야 한다』. 한들출판사, 2000.

_____. *Leiden*. 채수일 · 최미영 옮김. 『고난』. 충남: 한국신학연구소, 1993.

Sontag, Susan. *Regarding the Pain of others*. 이재원 옮김. 『타인의 고통』. 서울: 이후, 2008.

Storey, John. *Cultural Theory and Popular Culture*. 박이소 옮김. 『문화연구와 문화이론』. 서울: 현실 문화연구, 1999.

WACC 편. 『기독교와 커뮤니케이션』. 서울: 대한기독교서회, 1993.

White, James Emery. *Rise of the nones: understanding and reaching the religiously unaffiliated*. 김일우 옮김. 『종교없음』. 서울: 베가북스, 2014.

1차자료 - 영문서적

Balthasar, Han U. *Mysterium Paschale: the mystery of Easter*. Translated by Aidan Nicholas. San Francisco: Ignatius press, 2008.

Bellah, R. N. et al., *Habits of the Heart: Commitment and Individualism in American Life*. New York: Haper and Row, 1985.

Browning, Don S. *Reviving Christian Humanism: The New Conversation on Spirituality, Theology, and Psychology*. Minneapolis: Fortress Press, 2010.

Cali, Dennis D. ed. *Faith and the media: reflections by Christian communicators*. New York: Paulist Press, 2010.

Chopp, Rebecca. *Power to Speak*. New York: Crossroad, 1992.

Clive Marsh and Gaye Ortiz, ed. *Explorations in Theology and Film: Movies and Meaning*. New Jersey: BlackWell, 1997.

Congress of the Men and Religion forward movement. *The church and the Press*. New York: Association, 1912.

Cowdell, S. *God's Next Big Thing: Discovering the Future Church*. Mulgrave: John Garratt Publishing, 2004.

Deacy, Christopher and Ortiz, Gaye Williams. *Theology and Film: Challenging the Sacred/Secular Divide*. New Jersey: BlackWell Press, 2008.

Derr, Thomas Sieger. et al. *Enviormental Ethics and Christian Humanism04*. Nashville: Abingdon Press, 1997.

Downing, Lisa and Saxton, Libby. *Film and Ethics: Foreclosed Encounters*. Abingdon-on-Thames: Routledge Press, 2010.

Edwards, Denis. *Partaking of God: Trinity, Evolution, and Ecology*. Collegeville: Liturgical Press, 2014.

Frances Gateward. *Seoul Searching: Culture and Identity in Contemporary Korean Cinema*. New york: State University of New York Press, 2007.

Franklin, R. W. and Joseph M. Shaw. *The Case for Christian Humanism*. Grand Rapids: W. B. Eerdmans, 1991.

Grace, Pamela. *The Religious Film: Christianity and the Hagiopic*. New Jersey: BlackWell Press, 2009.

Irigaray, Luce. *Sex and Genealogy*. Translated by Gillian G. Gill, New York: Colombia University Press, 1993.

Jantzen, Grace M. *Becoming Divine*. Blooington: Indian University Press, 1999

Kaufman, Gordon. *The Mystery of God: A constructive Theology*. Cambrige: Harvard University Press, 1993.

Keller, Catherine. *Intercarnations: Exercises in Theological Possibility*. New York: Fordham University Press, 2017.

Kim Young-jin, Jung Ji-youn and Choi Eun-young. *Four Rookie Directors*. Seoul: Seoul Selection or Korean Film Council, 2008.

Lyden, John C. *Film as Religion: Myths, Morals, and Rituals*. New York: New York University Press, 2003.

Martin, Joel W. *Screening the Sacred: Religion, Myth, and Ideology in Popular American Film*. Edited by Conrad E and Ostwalt, Jr. Colorado: Westview Press, 1995.

May, John R. and Birds, Michael. *Religion in Film*. Knoxville: Univ Tennessee Press, 1982.

McFague, Sallie. *Models of God: Theology for an Ecological, Nuclear Age*. Philadelphia: Fortress Press, 1987

Metz, John-Baptist and Moltmann, Jürgen. *Faith and Future: Essays on Theology, Solidarity, and Modernity*. New York: Orbis Book, 1995.

Min Eungjun, Joo Jinsook, and Kwak Han ju. *Korean film: History, Resistance, and Democratic Imagination*. Westport: Praeger Press, 2003.

Nauert, Charles. *The Humanism and the Culture of Renaissance Europe*. Cambridge: Cambridge University Press, 2000.

Paquet, Darcy. *New Korean Cinema: Breaking the Waves*. New york: WallFlower Press, 2009.

Ruether, Rosemary. *Gaia & God: An Ecofeminist Theology of Earth Healing*. San Francisco: Harper. 1994.

Schweiker, William. *Theological Ethics and Global Dynamics: In the Time of Many Worlds*. Malden: Blackwell Pub, 2004.

Shin Chi-Yun and Julian, *Stringer. New Korean Cinema*. New York: New York University Press, 2005.

Sogaard, Viggo. *Media in church and mission: communicating the Gospel*. Pasadena: W. Carey Library, 1993.

Vattimo, Gianni. *After Christianity*. New York: Columbia University Press, 2002.

Ward, Kevin R. *Losing Our Religion*. Eugene: WIPE&STOCK, 2013.

Watkins, Gregory J. Teaching Religion and Film. Oxfored: Oxford University Press, 2008.

Whitford, Margaret. *Luce Irigaray: Philosophy in the feminine.* London: Routledge, 1991.

Zimmermann, Jens. *Incarnatioanl Humanism: A Philosophy of Culture for The Church In the World.* Downers Grove: IVP Academic, 2012.

2차자료 - 동양소논문

강인철. "교회 안의 소통, 그리고 언론지형의 변화." 『사목정보』 2-4 (2009.4), 115-120.

구연상. "한류의 근원과 미래-문화자치성, 한류 연구의 방향." 『세계생명문화포럼 특별세미나』 (2005), 1-8.

김경한. "'기독교 휴머니즘'의 역사적 의미." 『밀턴연구』 13-1 (2003), 1-20.

김규태. "기독교 윤리적 관점에서 본 언론의 공정성 연구: 기독교윤리학자 라인홀드 니버를 중심으로." 『미간행 석사학위논문, 건국대학교 언론홍보대학원』(2010).

김민수. "매스미디어 패러다임의 전환-홍보수단에서 미디어 문화로." 『신학전망』 128 (2000.3), 74-95.

김영옥. "여성주의 관점에서 본 촛불집회와 여성의 정치적 주체성." 『아시아여성연구』 48-2 (2009.11), 7-34.

김영호. "부활과 한국 언론." 『사목정보』 3-4 (2010.4), 22-25.

김은혜. "한국교회 청년문제를 통해 본 한국교회의 위기와 기독교윤리적 대안." 『기독교사회윤리』 30 (2014), 7-36.

_____. "기독교 인간주의에 대한 성찰: 새로운 문화현상에 대한 신학적 응답." 『선교와신학』 33 (2014), 211-40.

_____. "기후변화와 생태위기에 대한 신학적 성찰: 새로운 인간주의를 향하여." 『장신논단』 36 (2009), 179-205.

김지성 · 남욱현 · 임현수. "인류세(Anthropocene)의 시점과 의미." *Journal of the Geological Society of Korea* 52-2 (April 2016), 163-71.

박영식. "창조와 삶의 신학." 『한국조직신학논총』 38 (2014), 7-35.

박일준. "나 역시 남자가 아니다: 포스트휴먼 시대의 성(性)과 젠더에 대한 성찰." 『한국연구재단 후원 한-미 인문학 특별협력 국제 학술대회자료집』(2017.10), 52-57.

박정우. "교회에서 바라본 언론의 사명." 『사목정보』 5-9 (2012.9), 90-93.

배국원. "사이버스페이스의 기독교적 의미." 『종교연구』 23 (2001.6), 41-64.

서정우. "매스미디어와 현대교회." 『연세대학교 연신원 목회자 하기 신학세미나 강의집』 13 (1993), 277-282.

신광철. "한국의 종교, 종교운동 - 그 열린 쇄신을 위하여." 『제3회 미래사회와 종교성 심포지엄 발제문』(2006), 8-9.

신응철. "문화적 기억과 자기이해 그리고 기억 책임." 『해석학연구』 35 (2014), 201-30.

심창섭. "정보(미디어) 문화 시대의 교회사명과 윤리적 과제." 『신학지남』 63-1 (1996.3), 30-51.

안택윤. "관계적 삼위일체와 포스트모던 하나님의 나라." 『한국조직신학논총』 14 (2005.9), 73-104.

여종현. "근대적 휴머니즘에서 탈-근대적 휴머니즘으로-노자(老子)의 도(道) 사유와 하이데거의 존재 사유를 중심으로." 『현대유럽철학연구』 4 (1999).

오혜진. "순응과 탈주 사이의 청년, 좌절의 에피그램." 『우리文學研究』 38 (2013), 463-488.

유경동. "생명개념과 생명윤리에 관한 법과 기독교의 입장 비교연구." 『장신논단』 47-1 (2015. 3), 177-201.

윤철호. "통전적 신학 방법론." 『장신논단』 47-1 (2015. 3), 125-149.

이기형. "청년세대의 삶과 소통의 위기: 대학안의 내부자들의 시각을 중심으로." 『한국언론학회 심포지엄 및 세미나』 5 (2011), 269-297.

이석규. "문화적 기억과 그것의 정치-신학적 영향사에 관한 연구." 『조직신학논총』 26 (2010), 111-38.

이소희. "로지 브라이도티의 유목적 페미니스트 주체형성론에 관한 연구: 전지구화와 초국가주의의 관점에서." 『영미문학 페미니즘』 13-1 (2005), 109-40.

이연. "종교와 언론: 만민교회 신도들의 MBC 난입사건과 언론의 자유." 『저널리즘비평』 28 (1999. 9), 30-34.

이원규. "교회 내 성폭력에 대한 종교사회학적 분석." 『한국여성신학』 38 (1999. 6), 64-68.

이은선. "교회 내 성폭력추방과 '성직'의 '비신화화'." 『한국여성신학』 65 (2007. 7), 10-21.

이종관. "포스트휴먼을 향한 인간의 미래." 『Future Horizon』 26 (Autumn, 2015), 4-9.

임재해. "민족문화의 전통과 한류의 민속학적 인식." 『문화신학회 발표논문』 (2012. 4).

전상진. "세대경쟁과 정치적 세대: 독일 세대논쟁의 88만원 세대론에 대한 시사점을 중심으로." 『한독사회과학논총』 20-1 (2010), 127-150.

정지석. "언론 바로 세우는 일은 좋은 사회가는 지름길." 『새가정』 429 (1992. 11), 62-65.

조맹기. "사회의 소통 문제가 위험수준인데 교회와 언론은 여전히 호형호제만을 외친다." 『사목정보』 4-8 (2011. 8), 57-60.

조성호. "대중매체에 대한 무관심은 선교의 포기." 『새가정』 384 (1988. 10), 34-39.

조주현. "실천이론에서 본 바라드의 행위적 실재론: 과학적 실천이론과 페미니스트 과학기술학(STS)의 접점." 『한국기술과학회 학술대회』 (2017. 5), 117-36.

지주형. "세월호 참사의 정치사회학-신자유주의의 환상과 현실." 『경제와 사회』 104 (2014. 12), 14-55.

진미리. "엘리자베스 쉬슬러 피오렌자의 해방을 위한 '비판적' 여성주체의 인식론적 배경." 『신학연구』 50 (2007. 6), 167-187.

최동규. "변화하는 시대, 성장하는 교회: 소통의 목회." 『활천』 674-1 (2010), 86-89.

_____. "세상과 소통하는 교회." 『활천』 678-5 (2010), 92-95.

최영희. "마리땡의 인간관과 휴머니즘." 『가톨릭 신학과 사상』 42 (2002), 169-202.

최유진. "십자가를 질 수 있나?: 케트린 테너의 성육신 모델로 본 구속교리 연구." 『장신논단』 46-2 (2014. 6), 219-246.

최창섭. "미디어 환경과 한국 가톨릭교회의 커뮤니케이션 정책." 『신학전망』 103 (1993. 12), 2-19.

최창섭. "한국 언론(매스미디어)의 현실과 교회." 『가톨릭사회과학연구』 7 (1990), 15-41.

_____. "매스미디어를 통해 본 한국 70년대의 특징: 한국 교회 커뮤니케이션의 상황적 고찰." 『커뮤니케이션과학』 2-1 (1980), 56-74.

최창섭, 변동현. "가톨릭 교회 커뮤니케이션과 미디어觀/활용현황과 연구방향." 『한국언론학회 심포지움 및 세미나』 (2004. 12), 17-53.

최현주. "이 시대와 미래 한국교회의 사명." 『사목정보』 2-11 (2009. 11), 6-18.

홍인식. "2012년 CWME 성명의 한국교회 선교에 대한 의미." 『장로회신학대학교 세계선교원, 세계기독교미래포럼 선교학술대회 발표문』(2012.11).

황덕형. "영성신학의 새로운 지평; 아타나시우스의 영성과 성결교회의 영성." 『신학과 교단』 44 (2014), 47-82.

2차자료 - 서양소논문

Anton Kozlvic. "Hollywood and Divine: Some Aspects of Christianity within the popupar Wetern Cinema." *Journal of theology for Southern Africa* 130 (March 2008), 90-107

Catherine Keller. "Entangled Hope: Transfeminist Theological Im/possibility." 안종희 옮김. "얽힌 희망: 트랜스페미니스트 신학의 불/가능성." 『한국연구재단 후원 한-미 인문학 특별협력 국제 학술대회자료집』(2017.10), 24-30.

Christian Hoff Kraemer. "From Theologicla to cinematic criticism: Extricating the study of Religion and Film." In *Theology Religious Studies Review* 30-4 (October 2004), 243.

Francesca Ferrando. "Posthumanism, Transhumanism, Antihumanism, Metahumanism, and New Materialisms: Differences and Relations." *Existenz* 8-2 (fall 2013), 26-32.

Hall, Basil. *"Calvin Against the Calvinist."* In *John Calvin* 20. Edited by G. E. Duffield, Michigan: Grand Rapid, 2016.

Jones, Serene. "Divining Women: Irigaray and Feminist Theologies." *Yale French Studies* 87 (1995), 42-67.

Linda Mercadant. "Using Film to Teach Theology." In *Theological Education* 42-2 (2007), 19-28.

Mandolfo, C. "Film as a Resource for Theological Reflection on Biblical Texts." In *Teaching the Bible: Practical Strategies for Classroom Instruction.* Edited by M. Roncace and P. Gray. Atlata: Society of Biblical Literature (2005), 114-22.

Matties, Gordon H. "On Movies as Spiritual Discipline." In *Direction* 34-2 (Fall 2005), 270-86.

Nick Bostrom. "A History of Transhumanist Thought." *Journal of Evolution and Technology* 14-1 (April 2005), 1-25.

Rosi Braidotti. "The Critical Posthumanities: Or, Is Medianatures to Naturecultures as Zoe Is to Bios?" In *Cultural politics* 12-3 (November 2016), 380-90.

3차자료 - 신문기사, 인터넷자료

금동근. "인문학"〈3〉:"포스트휴먼 인문학." 「동아일보」 (https://www.donga.com/news/Culture/article/all/20080319/8556886/1), 2008. 3. 19.

김보리. "부끄러운 자살공화국, 20대 사망자 중 절반이 자살." 「이데일리」 (https://www.edaily.co.kr/news/read?newsId=02197606599659792&mediaCodeNo=257), 2012. 9. 13.

김보화. "[2018 미투, 세상을 바꾸다]이제 가해자에게 질문하자." 「한겨레21」 (http://h21.hani.co.kr/arti/cover/cover_general/44873.html), 2018. 3. 12.

김성배. "존경-존중 가치관 다르다…세대 간 갈등 위험수위." 「이투데이」
(https://www.etoday.co.kr/news/view/932232), 2014. 6. 16.

김완. "[2018 미투, 세상을 바꾸다] '가공된 인격이 괴물 낳아'." 「한겨레21」
(http://h21.hani.co.kr/arti/cover/cover_general/45046.html), 2018. 3. 15.

김지영. "세월호 참사 5위… 재난이 남긴 충격." 「시사저널」
(http://www.sisajournal.com/news/articleView.html?idxno=140021), 2014. 9. 4

김지혜, 남지원. "[미투의 혁명, 혁명의 미투](4)성추행 고발서 남과 여 일상화된 모순 흔드는 바람으
로." 「경향신문」
(http://news.khan.co.kr/kh_news/khan_art_view.html?artid=201804252203005&co
de=210100), 2018. 4. 25.

김혜영. "자유·평등·박애는 빼고 예수 믿으라하니…누가 믿겠나." 「한국일보」
(http://news.naver.com/main/read.nhn?mode=LSD&mid=sec&oid=469&aid=000009166
4&sid1=001), 2015. 9. 24.

박명림. "통곡의 바다, 절망의 대한민국." 「한겨레」
(http://www.hani.co.kr/arti/society/society_general/634313.html), 2014. 4. 23.

"세월호 유가족이 교회 떠나는 이유 아세요." 「한국기독공보」
(http://m.pckworld.com/article.php?aid=6760024628), 2015. 4. 14.

신윤동욱. '청년의 불안은 생활을 잠식한다.' 「한겨레21」
(http://h21.hani.co.kr/arti/special/special_general/12892.html), 2005. 1. 5.

안은별. "오늘의 '개념' 20대: 김예슬? 아니 너희들!" 「프레시안」
(https://www.pressian.com/pages/articles/65799?no=65799&ref=kko), 2010. 12. 24.

양용비. "2030의 외침 '30년 후 우리, 지금의 5060들과는 다른 것.'" 「브라보 마이 라이프」
(http://bravo.etoday.co.kr/view/atc_view.php?varAtcId=3250), 2014. 6. 23.

유지영, 김윤정. "권김현영 '미투 피해자들의 폭로, 경이롭지만 두렵다'." 「오마이뉴스」
(http://star.ohmynews.com/NWS_Web/OhmyStar/at_pg_w.aspx?CNTN_CD=A0002423
214&CMPT_CD=P0010&utm_source=naver&utm_medium=newsearch& utm_campaign
=naver_news), 2018. 4. 30.

윤여홍. "한국교회 떠나는 청년들 '왜 비전은 보여주지 않고 출석만 따지나요.'" 「국민일보」
(http://news.kmib.co.kr/article/view.asp?arcid=0004614352), 2011. 2. 7.

이서희. "4차 산업혁명시대에도 제조업은 여전히 한국경제의 뿌리." 「한국일보」
(http://hankookilbo.com/v/49af46322bb440dca3fb2d1f95d65407), 2016. 8. 3.

이은혜. "모태신앙 예은이 아빠가 교회를 안나가는 이유." 「뉴스앤조이」
(https://www.newsnjoy.or.kr/news/articleView.html?idxno=198882), 2015. 4. 15.

이은혜. "[길들이는 목회자들①] '그루밍'이란 무엇인가." 「뉴스앤조이」
(http://www.newsnjoy.or.kr/news/articleView.html?idxno=215672), 2018. 1. 31.

이은혜. "[총회 결산①] 교회 성폭력 대처 극과 극." 「뉴스앤조이」
(http://www.newsnjoy.or.kr/news/articleView.html?idxno=220049), 2018. 9. 22.

이주사랑. "35년 후엔 66.4%만 크리스천 … '종교이탈' 가속화." 「뉴욕 중앙일보」
(http://www.koreadaily.com/news/read.asp?page=1&branch=NY&source=NY&category
=&art_id=3316645), 2015. 4. 17.

이하늬. "박근혜 대국민 담화, 생명의 소중함 잃어." 「미디어오늘」
(http://www.mediatoday.co.kr/news/articleView.html?idxno=116696), 2014. 5. 20.

정주호. "한국 사회갈등, OECD 27개국 중 2번째로 심각." 「연합뉴스」
　　　(https://www.yna.co.kr/view/AKR20130820170600003), 2013. 8. 21.

천지우. "NCCK, 목회자인문학 전국모임." 「국민일보」
　　　(http://news.kmib.co.kr/article/view.asp?arcid=0006901576), 2013. 2. 14.

한국다양성연구소. "#MeToo 운동이 가지는 파급력의 원인과 나아가야 할 방향-2."
　　　「허핑턴포스트코리아」
　　　(https://www.huffingtonpost.kr/entry/story_kr_5aa62710e4b07047bec7eb2d), 2018. 3. 12.

http://www.biblenet.co.kr/s07_5.php?bo_table=s07_5&wr_id=75&type=&ctype=&stz=

「기독공보」. "한국교회, 2014년 걸림돌을 제거하라 3 - 교회 내부 요인."
　　　(https://www.pckworld.com/article.php?aid=6294373910), 2014. 1. 9.